风起五十年

—— 风电地标与风能人的故事

◉ 秦海岩 著

中国水利水电出版社
www.waterpub.com.cn
·北京·

图书在版编目（ＣＩＰ）数据

风起五十年：风电地标与风能人的故事 / 秦海岩著
. -- 北京：中国水利水电出版社，2023.8
ISBN 978-7-5226-1765-7

Ⅰ．①风… Ⅱ．①秦… Ⅲ．①风力发电－电力工业－
中国－通俗读物 Ⅳ．①F426.61-49

中国国家版本馆CIP数据核字(2023)第164500号

书　　　名	风起五十年——风电地标与风能人的故事 FENGQI WUSHI NIAN——FENGDIAN DIBIAO YU FENGNENG REN DE GUSHI
作　　　者	秦海岩　著
出 版 发 行	中国水利水电出版社 （北京市海淀区玉渊潭南路 1 号 D 座　100038） 网址：www.waterpub.com.cn E - mail：sales@ mwr.gov.cn 电话：（010）68545888（营销中心）
经　　　售	北京科水图书销售有限公司 电话：（010）68545874、63202643 全国各地新华书店和相关出版物销售网点
排　　　版	中国水利水电出版社微机排版中心
印　　　刷	北京印匠彩色印刷有限公司
规　　　格	160mm×230mm　16 开本　24.25印张　326千字
版　　　次	2023 年 8 月第 1 版　2023 年 8 月第 1 次印刷
印　　　数	0001—4500册
定　　　价	**118.00元**

题　记

有风就有电，一个个人物，一座座地标，给无始无终的时间刻上了刻度，人们在半个世纪的风电时空中穿梭，遇见中国风电故事。

前面的话

　　从 25 年前开始，我的时光一直在风电岁月中流淌，和众多同仁、和身边的风一同摸爬滚打，一同期待旋转的风轮遍布大江南北、戈壁荒滩，风电成为电力系统的主力军。不断流逝的时光带走了青春和不惑，但能和时间抗衡的，是驻扎在内心的风电意志和梦想。

　　在中国，对风电来说，它是从小型机组单纯为小海岛和牧区蒙古包提供照明开始的，一路风雨也一路彩虹，有过被寄予厚望的自豪，也有过被非议诟病的苦闷，好在热爱它的人不放弃不抛弃，一年又一年和时间站在一起，终将风电变成了物美价廉的能源，站在实现中国"碳中和"战略目标的前沿！

　　多年前，作为风电奋斗者，我希望自己和所热爱的风电都能行进在自己最期待的路上。时间在风电身上留下各种各样的印迹，我也在这些印迹中加深了对中国风电的认知。

　　风电在地表之上，以高塔和风轮的方式呈现给世界，无论它多么高耸健壮，都是视线能

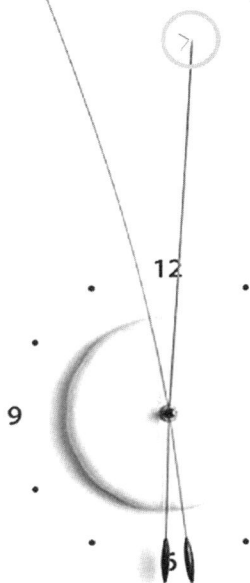

够到达的地方，风轮在天空有多高远，风电人在地面上就有多努力。我所希望的是，通过对一座座风电地标、一个个风电人物的记录，并以个人的视野和方式来诠释中国近半个世纪的风电史。

本书记录的，有些物已不存在，有的人不再归来……正在前行的我们却需要留存这些记忆，是传承，也是致敬未来。

遗憾的是，由于各种原因，有些人没有成为书中的人，但他们的故事同样精彩，同样是推动风电前进的重要力量。

目 录

上 篇

行者力量

1976—2022

　　流逝的岁月，不同的年代，一群拥有远大目标的人，因为同样的热爱，踏上共同的道路，成为越走越远的行者。

贺德馨：

钱学森的 18 封亲笔信给他力量

> 钱学森的亲笔信涉及我国风电发展思路、产品探讨、技术验证与计算等内容，这些成为贺德馨的奋斗目标和方向。

2001 年，因为国家高技术研究发展计划（863 计划）课题"风力发电机组规范"编写工作，我有幸结识了贺德馨（时任某基地总工，大家都称他"贺总"），后来贺总成为我进入风电事业的导师。20 多年，一路走来，我能近距离学习贺总的风能人生真谛、知识和智慧，实属非常幸运。

贺总 1961 年毕业于西北工业大学空气动力学专业，早期从事航空领域相关研究工作，后来接到科学家钱学森要他"搞风电"的指示后，便全身心投入到我国的风电事业。1982 年到 1996 年的 14 年间，贺总共收到钱老的 18 封亲笔信，涉及我国风电发展思路、风能产品探讨、技术验证与计算等内容，成为他推动风能基础理论研究和风电产品创新，以及组建行业机构、服务国家风电发展规划和战略研究上的奋斗目标和力量。

风电行业感谢和铭记贺总的贡献，2013 年贺总荣获"中国风能终身成就奖"。这个奖项由《风能》杂志社、国家可再生能源中心、风能行业企业及相关机构共同发起，旨在向社会传播风能价值，弘扬风能人艰苦创新精神、凝聚风能行业发展力量，缔造积极进步的产业文化。

早期开展的风能基础理论研究，贺总记忆最深的是"扩散型风能装置"的探索与实践。1982年10月18日，钱老给贺总的信中提到了"扩散型风能装置"的理论探索。实际上，25年前也就是1957年，钱老在发表于《科学记录》第一卷第一期《关于大型风力发电站》一文中提到的"风洞风车"概念就是"扩散型风能装置"的理论指导，也为后来贺总在扩压型风能转换装置应用上的研究与探索奠定了基础。

为什么进行这样一项研究？20世纪80年代初，从全球看，为提高风能转换系统的效率，除了传统的水平轴和垂直轴风电机组得到发展外，许多概念型的风能转换系统也相继出现，期望用较小尺寸的风轮来获取更多的能量，其中扩压增强型风能转换系统颇为引人关注，并已经进行了大量理论和试验研究工作。

从理论上说，扩压段可以增强来流的能量密度，从而大幅度地增加流量和功率输出，但实际上扩压段的大小受到一定限制，一方面扩压段不能太大，否则会导致整个结构庞大，而且气流在扩压段中的损失也会加大；另一方面扩角也不能太大，以避免气流产生分离。

正是在这种"两难"境地中，一种被改进结构的装置——扩压引射型风能转换系统出现了。贺总说，这种系统的雏形就是钱老构想的"风洞风车"，这是一种带引射气流扩压增强型风能转换系统。这一设想，比后来国外提出的扩散型风能转换装置要早十几年。

1986年，贺总带领技术人员对扩压引射型风能转换装置进行引导性试验，测定了扩压引射后在风轮处的增速效应，其试验结果表明了这种方案的可行性。在此基础上，1988年中国空气动力学中心、中国科学院工程热物理研究所和中国科学院电工研究所联合研制了一台千瓦级扩压引射型风能转换装置，分别在12米×16米和8米×6米大型低风速风洞试验段中进行整机性能试验，结果显示扩压引射器使流经风轮的气流速度升高，在同样的来流速度下增加功率输出；这种装置的输出功率对风向的变化不敏感，在一定风向角变化范围内可以不考虑调向。

1990 年，这台扩压引射型风能转换装置在野外进行考核运行，其应用实践结论明晰，在同样风轮直径的情况下，带引射气流的扩压流道对增加风轮输出功率有明显的作用。同时，在一定的风向角度范围内，扩压引射型风能转换装置的风向角变化不会使系统的输出功率降低，而且其具有抗强风的能力，当风速超过额定风速时，风轮的转速不再继续增加，输出功率开始降低，因此该系统特别适合在风向变化不大的强风地区使用。

我和同事在讨论如何提升风能捕获系数的问题时，还提到了贺老在小风轮时代探索扩压引射型风能转换系统的价值，也就说到了贺老的两项研究成果，一项是壁压信息洞壁干扰修正方法在风电机组等模型风洞试验中的应用与发展；另一项是风电机组偏航特性和叶片三维流动研究。这两项成果分别在 1991 年、1995 年获得国防科工委科技进步一等奖。

有同事感慨道，1991 年能研究出风洞试验结果修正方法这样的成果，还是相当厉害的，这让起步阶段的我国风电少走了弯路。当时，贺老用改进的壁压信息矩阵法，首次成功地对风电机组风洞试验进行洞壁干扰修正，意味着风电机组风洞试验技术的发展与进步。

风电机组偏航特性和叶片三维流动研究，是贺老在国内外首次系统地在大型低速风洞中对风电机组偏航特殊性和风轮叶片三维流动性进行研究，通过对风轮叶片进行测力、测压和流动显示试验获取了大量的数据，揭示了叶片三维流动和非定常流动的特征，以及对叶片和载荷性能的影响，建立了数据库。其研究成果对修正建立在二维流动基础上的动量叶素理论提供了科学依据，并被后来国内外同行应用于验证计算流体力学方法的可靠性，以及用于发展新的计算模型。

这两项成果均在国内外产生积极影响，提及其影响力和时代价值，贺总谦虚地说，这些成果属于团队，也属于 1986 年至 1992 年间的中国与瑞典政府间的风能科技合作项目，"我只是这个国际项目的主持人和中方负责人，做了应做的工作。"虽然这些成果离不开团队，但贺总无数个日夜的思考、计算和试验，团队的每位成员都知晓这一点。

早期的基础理论和风能产品研究对后来贺总积极推进我国兆瓦级风电机组产品引进技术的消化吸收和创新提供了帮助。贺总回忆，"1981 年我们还正在生产小型风电机组时，钱老说风力发电机组发展的目标是 1.5 ～ 2 兆瓦，当时有点不理解。后来，在原能源部的组织领导下，进行过 1 兆瓦风电机组的设计，由于技术上的原因没有形成产品。"

2001 年后，我国风电逐步进入快速发展期，国内多家企业购买国外兆瓦级风电机组设计和生产许可证，这时期的贺总带领年轻人建立风电机组设计数据库、完善设计计算工具及分析方法、开发多体动力学分析等新的评估方法和规范、建立整机多柔体动力学仿真模型，助力企业完成了从引进技术的消化吸收到自行设计开发兆瓦级机组产品，再到开发低风速、高海拔、抗台风等适宜不同地域气候特性的机型及技术应用创新。

贺总是行业的贺总！贺总 65 岁那年被医院确诊为肺癌后，行业多位有影响力的人士想去看他，可都被他婉拒了，我知道他不愿意因他耽误别人的时间。"干了一辈子自己热爱的事业，不后悔，人生值啦！"贺总说，"从 1978 年接受风能研究工作任务后，我有幸亲自聆听到钱老的教诲，也与风能结下了不解之缘，爱上风能，早已是我生命中重要的组成部分。"

我知道，贺总亲自聆听过的"钱老教诲"，以及钱老给他的那些亲笔信都成为他生命中重要的财富。1980 年 12 月 2 日，钱老在办公

贺德馨：钱学森的 18 封亲笔信给他力量

室听取贺总工作汇报后，要求打破部门界线，协同作战，组织全国力量搞风力发电，将研究工作纳入到国家科技发展规划中去。

响应钱老的要求，贺总积极倡导和协调风能组织建设工作，1981年12月中国科学技术协会正式批复在中国空气动力学会和原中国太阳能学会下成立风能专业委员会，1984年11月在原国家科委、原国防科工委等有关部委的共同指导下，又成立了中国风能技术开发中心。风能专业委员会和中国风能技术开发中心的成立对推动我国风能技术进步和风能产业发展，特别是在促进"横向经济联合"方面起到了重要的作用。

1982年5月7日，全国风能专业委员会成立，全体代表合影。

1986年5月16日，钱老给贺总的信中强调，"中国风能发展的

贺德馨：钱学森的18封亲笔信给他力量

出路在于横向经济联合",希望"中国风能技术开发中心要像'二汽'那样干,不然没有出路。"更受鼓舞的是,1990年9月10日,钱老给贺总的信中提出了"我国21世纪的供电"设想,指出"风力发电今后不能停留在小打小闹,要大干,从你们自己提高认识开步!面向21世纪的社会主义中国!"

1990年9月,在原能源部召开的"新能源(发电)工作座谈会"上,贺总转达了钱老的意见,引起会议代表的热烈反响,时任能源部部长黄毅诚在能源部召开的一次风电场建设规划会议上明确指出:"我们应当不失时机把风电提上议事日程,实行统一规划和组织领导,调动各方面的积极性,使风力发电成为我国电力工业的一个方面军。"

1990年9月10日,钱学森写给贺德馨的信件。

在阅读钱老的一封封书信中,贺总认识到钱老在思考中国风能开发利用时,一直贯穿着系统工程和系统科学的思想,把风力发电研究作为服务"四个现代化"建设的一项战略性工作,从国家层面统一规划,把风能事业做好。

作为中国可再生能源学会风能专委会主任,贺总带领同事接受了原国家科委的委托,对"六五"期间我国新能源(风能)攻关项目进行了论证，并对 1980—2000 年我国新能源（风能）规划提出了设想，从"七五"开始，我国风能利用纳入了国家科技发展规划。同时，从"六五"起，贺总先后主持和参与小型风电机组攻关、风电场规划方法研究、大型风电机组概念设计、风电机组设计软件包开发、风电机组检测认证等多项国家重点科技项目及风能国际合作等项目，并在人才培养方面作出了突出贡献。

后来，贺总将更多的精力聚焦于我国中长期可再生能源发展战略目标和要解决的关键问题上，亲自参与由国家发展改革委、中国工程院、中国科学院等部门组织的多个国家级战略研究项目以及国家间的国际合作项目，成果斐然。

我体会最深的是，贺总参加的由中国工程院院士、中国工程院副院长杜祥琬领衔的"中国可再生能源发展战略研究"项目。在这个项目中，贺总担任风能课题组组长，他在"风力发电技术路线图"中提出的我国风电发展 2010—2030 年间的"四步走"战略，到目前已走完了"两步"，当下正处于"第三步"的行进中，从现在的发展情况看，未来可期。

"第一步"中提出的，2010 年前解决资源评价、电网和自主创新风电设备国产化问题，除了电网问题复杂、解决难度大而未实现外，其他两个目标都得以实现。正是基于十年前的创新基础，到 2022 年，我国陆上风电主流机型为 6～7 兆瓦，海上主流机型为 10 兆瓦，且 16 兆瓦海上机型也已下线。

"第二步"中提出的，2020 年"风电成本和火电成本接近，力争实现并突破既定的风电发展目标，届时风电的成本接近其他常规能源发电技术，风电在电源结构中开始具有一定显现度"的战略目标也已实现。2020 年陆上风电已实现平价，既清洁又经济的风电迎来更大的发展空间。就我国风电发展战略而言，无论回首还是前瞻，贺总都会感到欣慰，向他心中的风电事业会心而笑。

贺德馨：钱学森的 18 封亲笔信给他力量

2014年，贺德馨（前排右六）出席第十三届世界风能大会。

　　贺总的风电事业不仅在国内，在国际上也有影响力：2004—2011年，连续四届担任世界风能协会副主席；2011—2015年连续两届担任世界风能协会主席。贺总常在国际会议上强调，"我们要互相学习，互相支持，为了保护地球、造福人类而努力工作。"

施鹏飞：

40年追风心永恒

为使风电装机容量统计数据准确可靠，他每年跑很多地方，几乎所有中国重要的风电场和整机制造厂都曾留下他的足迹。

多年前，我是从"中国风电场装机容量统计"知道施鹏飞的，后来有幸一起从事中国可再生能源学会风能专委会和《风能》杂志的一些工作，因此我和施鹏飞亦师亦友，他对风电事业的热爱和执着以及严谨细致工作态度和科学精神，令我受益匪浅。

施鹏飞是推进我国风能开发利用的开拓者，尤其我国早期的风电场都有他的足迹。可以说，他做的"中国风电场装机容量统计"都是用脚跑出来的，一年又一年的数据叙述着中国风电背后的故事。

正如一句经典的名言，一个人可以走得快，一群人能够走得更远，始于施鹏飞老师的脚步，我们风能专委会接过"中国风电装机容量统计"接力棒，将这项工作持续到第26年，传承是一种向上向远的力量。

淡定的心态

施鹏飞的经历表明他有一颗淡定的心。

1940年12月，施鹏飞出生于昆明，那时他父亲在西南联大担任工学院院长。抗日战争结束后，他们一家人随学校回迁北京。施鹏飞是清华附小和附中的学生，因品学兼优被保送进入北京四中。

施鹏飞1965年毕业后被分配到位于青海省的第一机械工业部青海第一机床厂工作，他在这儿整整工作了十年。改变发生在1980年，当时施鹏飞所在的第一机械工业部西宁高原机电研究所接到了教育部派员到荷兰学习风能利用技术的名额，最先被选中的一位学术人员却因为只懂俄语被退了回来。于是，机会意外地落到了英语不错的施鹏飞头上。当时，施鹏飞是西宁高原机电研究所技术情报室主任，工作中用到英语的次数比较多。施鹏飞回忆，20世纪五六十年代，中国大多数学校教授的外语是俄语，北京四中却开了两个英语班，他就在其中。

就这样，在西安外语学院接受数月语言强化培训后，施鹏飞作为访问学者出国留学，1981年在荷兰代尔夫特理工大学及荷兰能源

研究中心（Energy Research Centre of the Netherlands，ECN）学习研究风能，进入到了一个全新的行业领域。此后，施鹏飞接受邀请赴英国里丁大学工程系进修半年，进行风力、柴油混合发电系统计算机模拟研究，1983年回到国内后，被借调到中国风能技术开发中心任对外联络部主任，负责执行原国家科委的政府间国际风能合作项目，其间还承担了联合国亚太经社理事会地区风能工作组秘书处的工作，

1981年，施鹏飞（右一）在荷兰能源研究中心参加300千瓦试验机组测试。

开启了十年追风人的里程。

虽然施鹏飞从小在北京长大，但由于当时户口控制严格，全家无法调入北京，只好落户山东烟台，关系挂在烟台农村能源办公室，工作却在北京，没有北京户口的施鹏飞生活在北京有诸多的不容易，淡定的心态、进取的精神使他很快成为一名权威专家，其细致工作和坦率直白的作风，赢得了人们的信任和敬重。

1995年，原电力工业部组织召开了北京国际风能大会，这是我国风电从科研示范向产业化发展的一个转折点。随后，施鹏飞被调到了风电前期工作的归口单位原电力部水电水利规划设计总院任新能源处处长，1996年55岁的施鹏飞入户北京，刚好是入户北京的上限年龄。1998年，施鹏飞担任水电水利规划设计总院副总工程师，2001年光荣退休。

寻 求 真 知

来荷兰学习与研究之前，施鹏飞研制的机器是在室内恒温条件下工作，而风电机组却在野外多变的环境里运转。1981年在荷兰能源研究中心，施鹏飞参加了300千瓦风电机组的性能测试和10千瓦风电机组的概念设计，这让他大开眼界，仿佛看见了风电的基础真知。

施鹏飞在担任中国风能技术开发中心对外联络部主任期间，负责执行原国家科委的政府间国际风能合作项目。施鹏飞记得，他所负责执行的第一个国际合作项目，是中国和比利时政府间的国际科技合作项目，由比利时政府赠送4台200千瓦风电机组，在福建平潭建成800千瓦示范风电场。这是当时欧洲单机容量最大的风电机组，也是当时我国最大的风电场，1986年10月并网发电。

"平潭项目的成功实施，对当时我国并网型风力发电起到了很好的示范作用。"施鹏飞回忆，1991年12月，我国自主研制的首台200千瓦风电机组在平潭风电场并网发电，这是我国风电设备研制进程中的一个重要探索。这台机组由原水电部杭州机械设计研究所、福建机器厂、上海玻璃钢研究所等单位联合研制，机组为三叶片、下风向、变桨距调节，风轮直径 32 米，1993 年 4 月通过原能源部组织的技术鉴定。实际上，这台机组的研制特别艰难，设计与制造、运行与调试及并网都是挑战。

在我国风电示范化发展初期，施鹏飞参加的项目大多是进口机组的项目。1989 年他参加了广东南澳岛 390 千瓦项目，这是南澳的首个风电项目，引进瑞典的 3 台风电机组，其中 1 台 90 千瓦、2 台 150 千瓦。这个项目 1989 年 6 月并网运行。此后，南澳岛又陆续完成了二期、三期和四期项目建设，安装的全部是国外风电机组，到 1994 年底装机容量 4680 千瓦。

施鹏飞任职中国风能技术开发中心期间，还承担了联合国亚太经社理事会的地区风能工作组秘书处的工作，促进了亚太地区的风能合作。谈到中国风能利用技术输出时，施鹏飞举例说，"当时我们利用国际组织的资助，将中国的风力提水机输出到斯里兰卡，用于海水制盐。"

除了做好风能利用技术的输入和输出，施鹏飞还特别注重将全球风电情报信息和基础理论介绍到国内来。1987 年 12 月，施鹏飞翻译了英文版法国作者 D. 勒古里雷斯《风力机的理论与设计》一书，由机械工业出版社出版发行，成为我国风电产业化和商业化起步阶段经典读物。

1996 年，原国家计委实施"乘风计划"加快国产风电机组攻关。施鹏飞在与人合著的《风力发电》一书的绪论中介绍，风电机组国产化部署是招标选定国内总装厂，随后与国外风电机组制造商合资生产 600 千瓦和 660 千瓦风电机组，加快风电机组国产化批量进程。

作为风电专家，施鹏飞参与了"乘风计划"的实施过程，在这个过程中他也着重研究了 1996 年全国风电场装机容量及品牌的实际情况，但他发现地方提供的数据既不准确也不全面，便从 1997 年开始独立统计全国风电的装机情况。为此，他直接联系开发商和制造商，数次实地调查以确保数据准确无误，被认为是中国风电装机容量统计唯一权威可靠的统计数据。实际上，这是一项十分耗时耗精力耗体力的工作，施鹏飞十分辛苦，他曾对我调侃道，"能将这项工作持续做下去，全凭我这张老脸！"

施鹏飞的中国风电装机容量统计为分析研究中国风电产业提供了可靠的基础数据，为使数据准确可靠，他每年跑很多地方，几乎所有中国重要的风电场和整机制造厂都曾留下他的足迹。从时间段来说，没有人比他更了解中国风电业 2010 年以前的真实状况。

"不休"的风电生活

2001 年，施鹏飞退休返聘，任中国水电工程顾问集团公司专家委员会委员，2004 年任中国风能协会副理事长、中国可再生能源学会风能专业委员会副理事长。

就像运动的惯性，对"退而不休"的施鹏飞来说，风电已然成为他生活的一部分，实质性主持和参与我国大型风电场项目的规划，可行性研究报告的评估，组织编制风电前期工作规程规范、国家标准等一些重大事件。

施鹏飞体会最深的，是 2003 年到 2007 年间的风电特许权政策的实施。作为特许权项目评标专家，施鹏飞参与了我国陆上进行的 5 期风电特许权项目评标，也提出过一些改进建议。在他看来，"风电特许权政策扶助了风电行业的兴起，推动了风电设备国产化进程及风电规模化发展。"

施鹏飞对一些特许权项目进行过实际调研，并建议将特许权项目开发及工程经验应用到我国 7 个千万千瓦级风电基地规划与建设以及海上风电场示范项目的招标中，将风电推向陆海更大规模的方向发展。

"退而不休"的施鹏飞，当然会一如既往地精心做好他的"中国风电场装机容量统计"工作，"2007中国风电场装机容量统计"让他眼前一亮：2007年新增市场份额数据显示，中国内资企业产品占55.9%，内资企业的新增市场份额首次超过外资企业。金风科技份额最大，占新增总装机容量的25.1%。

惊喜在延续，"2008中国风电场装机容量统计"2008年累计市场份额中，中国内资与合资企业产品占61.6%，内资与合资企业的累计市场份额首次超过外资企业，金风科技份额最大，占累计总装机容量的21.6%。外资企业产品占38.4%，西班牙Gamesa的份额最大，占累计总装机容量的12.8%。

施鹏飞的统计数据说出了中国风电的演进史。施鹏飞感到中国风电的发展实在太快，他一个人的精力已难以胜任这项工作了，做完2008年的统计工作后，他将2009年及以后的中国风电装机容量统计工作转交给风能专业委员会继续实施。从一个人到一个组织，也是一种长跑接力，这就有了风能专委会出品的《中国风电产业地图》。

作为参与和见证中国风电产业从无到有、从弱到强的老资格专家，施鹏飞在中国第一部《中华人民共和国可再生能源法》的立法过程中起到了积极作用，并对《中华人民共和国可再生能源法》的修订及实施作出了贡献。如果说《中华人民共和国可再生能源法》是中国风电的基石，施鹏飞也是为基石奠基的风电人之一。

"退而不休"的施鹏飞，为风出差仍是家常便饭。70岁那年，他仍坚持骑自行车上下班，每天两小时，骑行28公里，他说这是他上中学时养成的习惯。81岁那年，坚持每天走路4000～6000步，仍然出现在风电大会和展览会上，致辞或做报告、主持专题讨论，回答有关中国风电的问题。

杜祥琬：

科学家转身为国探求最优能源方案

他此前研究的核物理领域和能源领域之间存在交叉，核聚变过程中产生的能量或成为未来能源利用的核心。

我和杜祥琬的交往是从参加由他组织的"中国可再生能源发展战略研究"开始的。这项研究 2005 年 10 月正式启动，中国工程院院士、中国工程院副院长杜祥琬任项目组组长，我是综合组和风能课题组的成员。2007 年 12 月，中国工程院"可再生能源"项目组发布了研究报告。

2002 年以后，杜祥琬从强激光技术研究领域转身探索能源转型新方向，我就有了多一些见到他的机会，也曾邀请他做客《能明白会客厅》，畅谈他对我国能源安全与发展及其最优解决方案。

杜祥琬是中国工程院院士，应用核物理、强激光技术和能源战略专家。我较为熟悉的，是他在能源领域的家国情怀。2021 年"中国风能新春茶话会暨 2021 风电发展论坛"上，杜祥琬获颁"中国风能人·杰出贡献人物"奖杯。83 岁的杜祥琬精神矍铄，表示中国风能到了历史上最好的时候，"要担大任必须做好自己"，进而推进高比例可再生能源发展，使国家能源更安全、更有韧性，以更经济的方式实现更高水平的绿色发展。

"跨界科学家"杜祥琬平易近人，聊起过往一次又一次转变研究领域的人生经历，他说："国家需要的事，我觉得有意义，就去做了。"

1964 年，杜祥琬以优异成绩从苏联莫斯科工程物理学院原子能专业毕业，进入中国工程物理研究院（原二机部第九研究设计院），从事氢弹原理研制工作。1966 年我国氢弹原理实验成功，1967 年我国第一颗氢弹在西部大漠爆炸成功。

"为民族的兴盛和老百姓扬眉吐气，做成一点有用的事，这种精神享受是无可替代的。"回顾那段激情燃烧的岁月，杜祥琬深情地说，"核武器让中国人不仅站起来，而且腰杆硬起来！"

时间来到 1986 年 3 月，我国启动国家高技术研究发展计划，即"863 计划"，涉及生物、航天、信息、激光等七个领域，杜祥琬被委任为激光专家组首席科学家。在核物理领域已深耕多年的杜祥琬，转到强激光技术研究领域，带领团队奋战 20 多年，使我国高能激光系统的科学技术达到世界先进水平，并推进到装备实用阶段。杜祥琬把这段"最难、最焦虑"的时光，变成了自己"成就感最强"的科研经历。

不过，杜祥琬并没有在这条"成就感最强"的道路上"像挖井那样做得更深一点儿"，而是投身能源环保、应对气候变化领域。2002 年，64 岁的杜祥琬受命出任中国工程院副院长，主管能源学部，再次转移研究阵地。"我一听这个事很大，很需要，很有意义啊，就做了。"把人生价值与国家需要相融合，这是杜祥琬的人生最优解。

在任期间，杜祥琬主持并参与了关于中国能源发展战略和应对气候变化的咨询研究工作，做了大量创新性研究和开创性工作，提出应重新认识中国的能源资源禀赋，"富煤、缺油、少气"的说法没有错，但随着可再生能源的快速发展，非化石能源在中国的能源结构中占比越来越高，这样的认识已经跟不上时代发展。杜祥琬坚定地认为，"如果非化石能源的资源足够多，比例足够大，我们的能源就足够安全。"

早在 2005 年，中国工程院曾做过可再生能源发展战略的研究，当时中国能源界认为，非水可再生能源"微不足道"。但经过研究后，

杜祥琬：科学家转身为国探求最优能源方案

中国工程院的专家们认为，非水可再生能源将来一定是"举足轻重"，它将会从一个补充能源变成主流能源，而且可再生能源比例越高，国家能源就越独立和安全。

后来风电、光伏的发展成就证明了杜祥琬团队战略预见的准确性。据国家气候中心主任巢清尘研究员和王阳副研究员团队评估报告，在当前技术水平下，我国风电和光伏的技术可开发量为 565.5 亿千瓦，其中光伏 456.1 亿千瓦，风电 109.4 亿千瓦，约为"碳中和"情景下所需风光装机容量的 9 倍。值得注意的是，风电 109.4 亿千瓦，仅是 100 米高度陆上和近海的风能资源技术可开发量。截至 2021 年年底，我国风电和光伏装机容量为 6.34 亿千瓦，仅为技术可开发量的 1.12%。这意味着，我国风电和光伏资源开发没有"天花板"。

也正因此，杜祥琬强调，"重新认识我国能源资源禀赋，对于确保国家长远的能源安全，引导能源转型具有方向性、战略性的意义。"在杜祥琬看来，风光资源在我们的国土，其开发利用不受国际地缘政治变幻的影响，我们要做的是，不断提升可再生能源在一次能源结构中的占比，持续增大可再生能源的总量。

基于我国能源资源禀赋的新认知，杜祥琬提出向高比例风电、光伏可再生能源发展的路径，也就是资源、技术和经济性，这也是可再生能源发展的三个重要支撑。近 10 年陆上风电和光伏项目单位千瓦平均造价分别下降 30% 和 75% 左右，其度电成本进入化石能源的成本区间，风电和光伏参与市场竞争的现实，证明了其发展路径的可持续和可预见性。

中国究竟需要什么样的能源格局？杜祥琬能源研究团队也这样问自己。从能源结构优化的角度来看，"如果我们能够掌控更多的可再生能源，那么中国能源体系独立性和安全性就越高，这一点是明确的。"

杜祥琬带领团队进行全国调研，加深了他对我国用能现状的认知，中东南部是我国能源的主要负荷区，但由于少煤，只好长期依靠西电东送、北煤南运这种远方来电的用能路径。尽管我国可再生能源资源密度呈现"西北强、东南弱"的特点，但这并不等同于中东南部没有资源。据初步计算，中东部 14 个省（自治区、直辖市）的风能资源技术可开发量达到 11 亿千瓦，太阳能技术可开发量为 9 亿千瓦，而目前这些地区已经开发的风能、太阳能发电装机不到可开发量的 1/10，开发空间仍然十分广阔。

因此，杜祥琬提出"身边取"和"远方来"相结合的能源新思路，尤其对东部地区来说，做到高比例可再生能源自给，可以大大减少西电东送和北煤南运的压力。东部地区在充分挖掘自有可再生能源的基础上，不足的部分由西、北部地区来满足，以需求优化能源结构。反过来，西北部地区，特别是"一带一路"沿线的地区也不要过度依赖外送，应当通过大力发展经济来增加本地消纳，从而做到东西部同步优化。

杜祥琬深入河南调研，验证能源"身边取"的可行性，因为这涉及能源空间格局的革命性变化。比如兰考县，人口 80 多万人，是以农业为主的典型县。2016 年，兰考的清洁能源比重为 7%，外来电高达 63%。2018 年，国家能源局批准兰考为全国首个农村能源革命试点建设示范县，旨在通过试点看看广大农村地区能不能建立起绿色低碳、安全高效的现代能源体系，进一步积累可复制的经验。到 2020 年，兰考自发自用电力占到 66%。杜祥琬表示，兰考县已经建成多个集中式与分布式的风电、光伏项目。"我们正在做下一步的能源规划，既要让公众受益，又需让企业有利。"杜祥琬坚定地说。

杜祥琬认为，能源"身边取"的本质是经济性的范畴。结合中东部和西部能源资源场景，天津大学、华北电力大学独立做了一项研究，其结论显示，在东部包括中东部开发 1 千瓦时分布式的光伏或者风能，与西电东送 1 千瓦时电力相比，东部自发电的成本低于西电东送的成本。杜祥琬强调，"这一点很重要，因为经济性是分布式可再生能源的基础。"

分布式能源是重要发展方式，大大改变了传统能源生产和消费方式、消费模式，有助于城乡一体化能源转型。而且建设一大片能源低碳能源网络，每一网不大，无论是农村还是城市都可以建立这个网，可以和大电网互动，也可以独立运行。如果各地能够把自己身边的太阳能、风能、生物质能等非化石能源开发出来，不仅是能源的生产者，也是能源的消费者，这样一个改变不仅是能源结构本身的变化，也是空间格局的变革。杜祥琬认为，如果我国有了高比例的产消者，中国能源局面将会发生革命性的变化。

在杜祥琬看来，能源在过去就是能源，现在能源要和信息技术进行深度和广度融合，物理电网要成为智能电网，提高多种能源服务效率，降低交易成本。能源转型不仅是能源结构低碳化，还涉及必须建立一个新能源电力体系、新的运行机制，即能源体制革命。

科学家杜祥琬转身到能源领域是能源界的幸运，他此前研究的核物理领域和能源领域之间存在交叉，核聚变过程中产生的能量或成为未来能源利用的核心。这一点，同样令人期待！

021

2021 年"中国风能新春茶话会暨 2021 风电发展论坛"上，杜祥琬（右二）获颁"中国风能人·杰出贡献人物奖"奖杯。

石定寰：
风能科技路上有他清晰的身影

> 持续的风电科技计划的实践，他逐渐认识到风电机组科技创新和检测认证技术能力建设的重要性和必要性。

在风电界，说到与科技相关的风电科技攻关计划和项目，石定寰是绕不过去的人物。当然，不止是风电领域，石定寰的能源人生融入了整个可再生能源系统。

1967 毕业于清华大学工程物理系的石定寰，在吉林省蛟河市工作了 5 年后，调回清华核能所从事科研工作，后又到原国家科委工作，开始了他的"追能"科技人生，被同行戏称能源领域的"科技活字典"。

我记得，2002 年深秋的一天，因为单位一个风电科技项目的申报工作，我到石定寰的办公室请教。他对项目本身并没有多少话，只是强调说，"我国风电亟待科技项目的引领，一个科技项目要有超越项目本身的生命力。另外，我国风电发展也需要基础理论支撑和共性技术服务，这一点上我们尤其缺乏，需要尽快补上。"这番话，虽已过去多年，但我记忆犹新。

从农村用能认识到可再生能源科技进步的紧迫性

石定寰的可再生能源人生是从研究农村用能开始的。

1980 年 10 月，石定寰被调至原国家科委二局，当时二局的职能涉及能源、材料和海洋科技发展等事宜。由此，石定寰开始了能源政策研究和可再生能源推进与探索工作。

"我来得正是时候！"石定寰回忆说，"当时国家科委二局正在大力开展能源发展政策研究和可再生能源探索工作，组织研究制定中国能源政策纲要。"

这件大事的大背景是，1979 年国家指派一个专家组专门研究改革开放新时期的国家能源发展政策和战略。当时，有些能源专家反映，中国能源安全存在不少问题，甚至在某种程度上存在能源危机，因为石油能源资源不足，煤炭就成为主体能源，但煤产量却不能满足经济社会需求，而且带来难以控制的环境污染。也正因此，可再生能源探索与发展事宜就被提到了国家层面的议事日程。

石定寰有幸参与到国家层面的能源发展政策研究与实施进程中，他所在的原国家科委发起组建了中国能源研究会，首次将新能源和可再生能源以及农村能源建设纳入了研究范畴。"这些工作对我来说都是全新的。"石定寰回忆说，"我之前在清华大学学习核能，工作也是在清华大学核能技术研究所，对太阳能、风能等可再生能源接触很少。不过，我对可再生能源发展还是充满信心。"

一次国际会议更加坚定了石定寰对发展中国可再生能源的信心，他笃定可再生能源在中国必定大有作为。1981 年 8 月 10—21 日，联合国新能源及可再生能源会议在肯尼亚首都内罗毕召开。出席会议的有 135 个国家的代表团和联合国所属的 34 个国际组织及 32 个政府间组织的观察员，联合国秘书长和许多国家的政府首脑到会发表了讲话。会上通过了《促进新能源和可再生能源发展与利用的内罗毕行动纲领》。这是联合国第一次召开的新能源和可再生能源全球大会。

时任我国国家科委常务副主任、党组副书记武衡带队参加大会，并发表了宣言。此次大会掀起了世界第一次发展可再生能源和新能源的高潮。

新能源和可再生能源是指除常规化石能源和大中型水力发电、核裂变发电之外的生物质能、太阳能、风能、小水电、地热能以及海洋能等一次能源。这些能源资源丰富，可再生且清洁干净，是最有前景的替代能源。石定寰说，他与新能源和可再生能源的亲密接触是从农村可再生能源利用开始的。

"我们在能源发展政策研究事项中，专门有一章新能源和可再生能源在促进农村能源发展方面的应用研究内容。城市能源主要是商品能源，但当时广大农村缺少商品能源供应，农民的能源主要是靠秸秆。当时，无电农村人口上千万，无电户占人口比例很高，因此解决农村用能问题是一个重要任务。"石定寰回忆说，"农村用能是当时我们研究新能源和可再生能源发展政策的重点。"

石定寰回忆，他和同事曾组织多个部门到河南周口考察农村用能问题。之后，向国务院提出建议，以可再生能源和新能源建设为手段逐步改进农村能源结构，并提出在原国家农业委员会中设立农村能源局，加强农村能源工作。此项建议得到时任国家农业委员会主任万里的批准，并最终成立了农村的能源局，推动了农村的能源建设与发展。

在能源政策研究基础上，石定寰等人向中央提出了我国能源政策13条建议，其中一条建议就是通过发展可再生能源和新能源，逐步解决农村用能问题。后来，国务院专门建立了农村能源和新能源领导小组，并提出了"因地制宜，多能互补，综合利用，讲求效率"的方针，加强农村能源建设，开发利用沼气、太阳能、风能、水能、地热等可再生能源和新能源。

但石定寰也意识到，当时我国在风能、太阳能技术及产品实际应用上还有较大的差距，如何用科技进步缩小可再生能源产品在农村地区的推广和应用成为他心中的新课题。

石定寰：风能科技路上有他清晰的身影

从科技规划开始引导可再生能源科技进步

石定寰是新能源科技产业的推动者和传播者,也是改革开放 30 年科技工作的见证者和参与者,先后参加了国家"七五""八五""九五""十五"科技规划的制定和高新技术领域重大科技项目的组织实施工作,为推动我国科技发展作出了杰出贡献。

这段评价的背后,饱含了石定寰为新能源科技发展与进步所做的大量调研和实质性推进工作。石定寰回忆,原国家科委首次制定和实施"六五"计划时,将可再生能源和新能源开发纳入了国家攻关计划,这也是中国首个科技攻关计划,1983 年开始执行,实际运作时间只有 3 年。

当年,我国新能源的产业规模非常小,光伏仅在开封、宁波和昆明等地有三家很小的企业,生产规模都不到 1 兆瓦;风力发电处在发展初期阶段,"六五"科技攻关安排的是几十瓦小型风电机组,以满足内蒙古牧区用电需求,大型企业参加攻关,取得了突破性成果。"这是我国最早开始的科技攻关项目。"石定寰强调了这一点。

"六五"期间,我国在新能源领域科技攻关资金仅有 300 万元,"也正是这 300 万元,启动了我国新能源最初的科技研究工作。"石定寰回忆。

"七五"期间科技攻关经费明显增加,达到了上千万元,"七五"到"九五"期间,国家在新能源科技攻关经费近 1 亿元。

有一次,我和施鹏飞老师聊起了国家科技攻关计划,施老师说他对"七五"科技攻关计划尤其印象深刻,"风能开发利用"被列入攻关计划,项目内容包括研发 55 千瓦风力发电系列及相应的成套设备,并形成了生产能力。当时,丹麦、美国、英国、荷兰等国家生产制造的市场主力机型也仅为 50 ~ 100 千瓦。作为"七五"科技攻关成果,由山东工业大学、保定惠阳航空螺旋桨制造厂、山东能源研究所、青岛大华机器厂等单位参与研制的两台 FD15–55/11kW 风电机组 1990

025

年 10 月在山东长岛县石嘴山并网发电，1991 年 1 月在山东蓬莱通过
国家验收。

施鹏飞老师还提到，为促进对引进大型风电机组技术进行消化吸
收，科技部专门安排了风电科技攻关项目，为提高国产化率提供科技
支持。这方面，金风科技董事长武钢体会最深。武钢说，金风科技的
成长得到了原国家科委科技攻关计划的支持，可以说没有科技攻关技
术最初的扶植，也许就没有金风科技的今天。

武钢说石定寰是须感谢的人之一。早在 20 世纪 90 年代初，石定
寰就主持过达坂城风电场的科技鉴定，见证了金风科技前身新疆风能
公司早期技术引进创新等开拓性工作。在石定寰的支持帮助下，"中
国新疆达坂城风电试验场"项目通过了由水利部主持的科技鉴定，并
获得 1993 年度水利部科技进步三等奖。

石定寰（左二）在中航惠腾调研。

石定寰：风能科技路上有他清晰的身影

金风科技受益于国家科技攻关计划的项目不止于此。金风科技承担了"九五"国家重点科技攻关项目 600 千瓦国产风电机组研制，在引进消化国外先进技术的基础上，经过 3 年奋战，陆续研制成国产化率分别为 33%、54%、78%、96% 的 10 台 600 千瓦风电机组，在达坂城风电场先后投运。1992 年 12 月顺利通过科技部与新疆维吾尔自治区科委联合组织的成果验收及鉴定，被评为 2000 年度自治区科技进步奖一等奖，2002 年度国家科技进步奖二等奖。

在石定寰看来，与此前的科技攻关成果明显不同的是，金风科技 600 千瓦风电机组在成果转化及规模化、市场化方面也取得较好成绩，这是他最乐见的科技进步。

从过往的实践认知中确认可再生能源重心

石定寰的工作经历十分丰富，曾任科技部预测局副处长、工业技术局副局长、高新技术发展及产业化司副司长、工业科技司司长、科技部秘书长以及国家中长期科学和技术发展规划领导小组办公室成员、战略研究组组长。这样的工作经历，在客观上为石定寰提供了一个广泛接触各个领域的机会。他说，"虽然我不可能成为各个领域的专家，但是通过自己的努力，能够对各个领域宏观发展趋势及其科技需求认知更到位，可以使我从全局和系统的角度观察与思考，对重大科技问题作出正确的判断。"

石定寰说，他在政府部门工作 30 年，见证了中国能源政策及产业不断发展，尤其是中国可再生能源的发展。比如，国家持续将国产风电机组研制项目列入科技计划，促进了科技成果产业化和市场化。正是这种持续风电科技计划的实践，石定寰逐渐认识到风电机组科技创新和检测认证技术能力建设的重要性和必要性。

所以，这就是为什么国家"863 计划"支持了兆瓦级风电机组及其零部件研制，沈阳工业大学承担了 1.2 兆瓦变速恒频风电机组研制；

金风科技承担了 1.2 兆瓦直驱式永磁风电机组研制，其样机 2005 年 5 月在新疆达坂城风电场投入运行。

在国家"863 计划"支持的系列项目中，北京鉴衡认证中心（简称鉴衡）承担了风电系统检测技术和技术规范研究，历经 4 年的能力建设，2007 年 4 月为华锐风电 1.5 兆瓦风电机组颁发了产品认证证书，这是我国认证机构颁发的首张风电认证证书，填补了国内空白。我记得，颁发证书的当天，石定寰打电话向我表示祝贺，并鼓励我们鉴衡继续通过检测认证为风电行业创新和持续发展作出努力。

后来，石定寰到中国可再生能源学会工作，我有了较多见到他的机会，有幸当面请教和探讨一些风电发展问题。石老希望我们鉴衡加强共性技术研发与能力建设，他说："没有公共实验平台的支持，无论一个国家，还是一家企业，都不可能产生原始技术创新。对企业而言，自建实验平台利用率太低，且成本投入高，经济性不好，所以单个公司难以建设顶级水准的技术研发实验平台，而鉴衡是第三方技术服务机构，完全可以在这方面有更大作为。"

正是在石老鼓励下，我们鉴衡一步一步踏实向前，2010 年建成保定叶片检测中心。2011 年 9 月，国家能源局正式批复依托鉴衡成立国家能源风能太阳能仿真与检测认证技术重点实验室，为行业技术进步和自主创新提供基础服务。2018 年 6 月，国家认监委批准鉴衡在广东阳江建设和运营国家质检中心。2021 年 1 月，阳江国家检验检测中心投运。这是国内唯一国家级海上风电装备公共技术研发实验平台，也是迄今为止世界上最大的叶片检测实验室。国家检验检测中心投运那天，石老来到现场视察，希望这座实验室能为我国海上风电原生技术创新提供验证与支持，甚至为全球海上风电可持续发展作出贡献。

石定寰：风能科技路上有他清晰的身影

史立山：

风电行业亦如人生，紧要处常常只有几步

> 一个基本的共识是，看一个新兴行业扶持政策的成效，大致有两个维度，一个是行业创新，一个是市场的力量。

说起史立山，行业称他为"中国风电政策起草人"，从国家发展改革委能源局可再生能源和农村能源处处长，到国家能源局新能源司副司长，史立山在近 20 年的国家公职职业生涯中，和他的同事们一起致力于通过政策的制定和实施促进包括风电在内的可再生能源发展。比如风电从小到大、由弱到强，到 2022 年陆上、海上风电都实现了平价，风电成为了清洁且经济的美好能源。2022 年，史立山获得"中国风能人·杰出贡献人物"奖。这个奖项由《风能》杂志社、国家可再生能源中心、风能行业企业及相关机构共同发起，旨在向社会传播风能价值，弘扬风能人艰苦创新精神、凝聚风能行业发展力量，缔造积极进步的产业文化。

风电业内知道，风电行业每个关键时期的关键政策，几乎都是在史立山的组织、调研及修订下出台的，没有谁比他更能解读中国风电政策以及风电行业的发展轨迹。

2022 年 9 月的一天，史立山和我聊到了中国风电的过往，他认为中国风电起步于一个特定的历史时期，当时国际环境非常好，欧洲各

国包括美国对中国风电提供了支持和帮助，他们认为风电等新能源和可再生能源是全人类共同的一个友好事业，但现在可能难以回到那样的国际环境了。说到国内环境时，史立山显出喜悦的神情，他说，"当时一些设备制造企业和投资企业，都是一心一意来做风电这件事情。尤其每届政府对风电的管理也比较简明，让行业参与者都可以一门心思搞技术创新、管理创新和制度创新，使得我国风电有了一个积极向上的起步。"

一个基本的共识是，看一个新兴行业扶持政策的成效，大致有两个维度，一个是行业创新，另一个是市场的力量。

从行业创新看，近十年，我国风电技术快速迭代、大功率机型层出不穷，2012 年我国陆上主流机型为 1.5～2 兆瓦，海上主流机型为 3～4 兆瓦；到 2021 年我国陆上主流机型为 5～6 兆瓦，海上主流机型为 8～13 兆瓦。全球十大风电设备制造商，中国占据六席，风电机组产品销往美国、法国、瑞典、澳大利亚、罗马尼亚、巴西、巴拿马、巴拉圭、阿根廷等 30 多个国家和地区，成为中国高端设备产品出口的重要部分。

从市场看，2012 年我国风电并网累计装机容量 0.63 万亿千瓦，到 2021 年风电并网累计装机容量超过 3.28 亿千瓦，连续 12 年稳居全球第一。2012 年，我国风电发电量为 1008 亿千瓦时，约占全国总上网电量的 2.0%；到 2021 年，风电发电量占全社会用电量的比例为 7.9%，彰显更强的"双碳"达标效应。

回看我国风电发展历程，风电行业也如人生，正如中国作家柳青在长篇小说《创业史》中所说的那样，"人生的道路虽然漫长，但紧要处常常只有几步，特别是当人年轻的时候。"史立山认为，我国风电行业由小到大，有两个举措发挥了重要作用，一个是风电特许权招标，另一个是《中华人民共和国可再生能源法》的颁布，前者是推进风电行业规模化发展的政策引擎，后者是行业发展的法制化基石。

　　提及 2003 年开始推行的风电特许权招标，史立山强调，它是一个特殊时期的特殊政策，旨在通过风电特许权项目建设推进风电规模化、国产化，进而培育并壮大市场的力量。尽管此前我国实施的"双加工程"等扶持政策推进了风电发展，但发展仍然缓慢，到 2000 年全国风电装机容量还不足 40 万千瓦，而且这 40 万千瓦的风电设备基本是从国外购买的，成本高昂。此后的 2001 年、2002 年，年均新增装机容量仅为 6 万千瓦，与美好预期相差甚远。

　　为什么呢？其实道理就摆在明面，风电价格很高，物价部门批电价，有的批到 1.5 元 / 度甚至 2 元 / 度，这么贵的电价没有谁愿意使用，也就失去了发展的机会。正是这样的现状和现实，时任国家发展改革委副主任、国家能源局局长张国宝提出了"把蛋糕做大、推进国产化和引入竞争机制"的建议，史立山要做的就是把这三方面的建议具体到特许权招标政策中，且留有优化完善的余地，使其成为中国风电规模化降本发展的引擎。

　　史立山回忆，尽管在制定特许权招标政策的过程中听取了多方面的意见和建议，但这一政策的出台还是引起了不少争论。比如电价，原本都是由物价部门根据成本和适当利润来核定的，但特许权项目其电价是由投标方决定的，而且是低价者中标，物价部门还是希望项目电价由他们来核定，而不希望由招标来定价，他们担心这样的招标会形成恶性竞争，使得风力发电企业无钱可赚，会影响风电投资商的积极性；也有意见认为，恶意报价会扭曲正常的价格，伤害到风电行业的价值。意见也好，担心也好，都可以理解，但史立山相信无论国企还是民企，不可能一直在做赔本的生意，通过竞争可以促进项目降本，引入竞争会比政府人为定价更加科学一些，更有利于反映电价的真实水平。

　　特许权项目招标是招标方和投标方之间的一种契约。尽管招标方还是地方政府，但改变了以往政府建风电场，谁投资项目由谁做，开发商再到政府跑电价的套路。在特许权项目招标中，政府要为项目场址提供"三通一平"和并网等一系列的条件，并在标书中作出承诺；作为投标的企业，要按照中标的规模、工期和电价来执行。

回头看，史立山认为，特许权项目招标政策非常有效，它调动了行业的积极性，也确实通过规模化的建设，给国内的制造业提供了一个起步的平台，使国内的制造企业快速成长，到 2007 年我国风电新增市场份额中，国内产品已占到 55%，国产风电机组装备制造能力得到大幅提升；在风电场建设方面，掌握了风电场运行管理技术和经验，尤其是通过特许权项目招标发现了合理的电价价位，在全国形成了四类地区标杆电价，你要在某个地方建设风电场，就依据这个地区的电价来核算项目的经济性，进而让投资风电成为一个可持续的生意。

到 2010 年，中国风电累计装机容量达到 4182.7 万千瓦，超过美国跃居全球第一。从此，中国风电装机容量越飞越高，在"风电大国"的道路上越跑越远，成为世界风电的风向标。

史立山点赞特许权项目招标政策对中国风电的重要贡献，同时他也强调《中华人民共和国可再生能源法》的基石作用。这部法律的推进工作是和风电特许权项目招标同步推进的，史立山将此比喻为"上帝送给我们的一个很好的礼物"。这部法律由全国人大环资委来立法，加快了立法节奏，2003 年开始起草，最终在 2005 年 2 月 28 日第十届全国人民代表大会常务委员会第四次会议上通过，并于 2006 年 1 月 1 日起开始实施。史立山评价说，这效率"在立法史上是非常少见的"。

在史立山的心目中，《中华人民共和国可再生能源法》的根本宗旨就是鼓励可再生能源，为可再生能源大力发展创造一个法律环境，这就把风电行业的发展提到法律层面予以保护，固定电价、全网分摊和全额收购是其最核心的内容。

固定电价和全网全额收购，对投资企业来说，只要建设风电项目，就能按照项目的固定电价卖给电网，以此来核算其投资的收益，解决了后顾之忧，调动了投资企业的积极性。全网分摊，调动了地方政府支持风电的积极性，因为高出平均电价那一部分，统一由国家来承担，而不用地方政府来承担。

那么，地方政府自然会千方百计来支持风电的建设与发展，甘肃、新疆、河北、蒙东、蒙西、吉林、江苏沿海等七大千万千瓦级基地正是风电政策驱动下的风电成果。

由 2021 年平价风电上溯到 2003 年招标电价，行业政策的使命担当，谱写了一个时代的风电之歌。史立山认为，一个支持和驱动行业健康持续发展的政策一定是与时俱进的一个组合，一项政策有其使命的开始，也有其结束的岁月节点，风电行业政策的进退也基本遵循了这样的逻辑。

从历史看，风电行业扶持政策主要包括财政支持、税收优惠和上网保障政策。财政支持是世界多个国家发展风电的成功手段，在中国有所不同或改进的是，中国政府把财政支持作为扶持风电发展的一项重要制度建设。

比如，对上网电价和费用分摊的资金管理提供保障制度，这在《中华人民共和国可再生能源法》得到了规定，国家财政设立可再生能源发展基金，资金来源包括国家财政年度安排的专项资金和依法征收的可再生能源电价附加收入等，并对资金用途做出了明确规定。财政支持还体现于对技术研发、技术进步、试验示范等方面的经济帮助上。

史立山举例，2008 年财政部发布《风力发电设备产业化专项资金管理暂行办法》（财建〔2008〕476 号），采取"以奖代补"方式支持风电设备关键技术研究，规定对符合支持条件企业的首 50 台兆瓦级风电机组，按 600 元 / 千瓦的标准予以补助，并向关键零部件中的薄弱环节倾斜，补助资金主要用于新产品研发，增强国产化的技术能力。史立山回忆说，当时这项财政支持旨在鼓励企业重视和加快技术研发，以优势企业带动行业整体技术水平提升，形成与规模化相匹配的国产化实力及发展能力，实现可持续发展。

从"激励"的角度看，风电税收优惠政策实际上是在价格及费用分摊和财政支持制度基础上进一步扶持风电产业发展的经济激励政策。国家对于列入《可再生能源产业发展指导目录》的项目给予税收优惠，国家发展改革委《可再生能源产业发展指导目录》中列举了风力发电项目和设备/装备制造项目，到2008年12月9日财政部、国家税务总局颁布《关于资源综合利用及其他产品增值税政策的通知》（财税〔2008〕156号），明确规定利用风力生产的电力实行增值税即征即退50%的政策。

可以说，税收政策是对风电项目投资效益影响最直接的政策，增值税和所得税优惠降低了投资企业的负担，改善了项目的经济性，主要体现在三个方面：一是风电上网电价部分的增值税减半征收，且减半部分即征即退；二是设备增值税抵扣，可使风电场建设所购置的设备等所缴纳的增值税在售电环节进行抵扣，使风电场运行初期的增值税负担降低到零，大大改善了项目现金流；三是所得税三年免两年减半。史立山回忆说，当时实行的税收优惠政策不仅激励了投资企业，更是大大推进了风电行业发展。

说到风电上网保障政策，史立山强调，这是"国家实行可再生能源发电全额保障性收购制度"下的"一种落实"。2006年1月15日，国家发展改革委发布《可再生能源发电有关管理规定》（发改能源〔2006〕13号），明确可再生能源发电规划纳入同级发电规划，规定开发建设原则、主管和审批、上网电价确定方式和费用分摊原则，明确了电网企业和发电企业的责任，保证风电顺利并网。

但实际效力不及预期，其原因是多方面的，关键症结在于输电线路审批建设滞后，且"风火发电"利益矛盾及供热火电优先，多种因素叠加导致了"弃风"现象愈演愈烈。史立山记得，到2012年，我国风电"弃风"电量达200亿千瓦时，而我国风电发电量仅占全部电力消费量的2%。"弃风"电量最严重的吉林省，其风电年利用小时数仅有 1400 小时。

为解决风电"弃风"问题，2013 年 1 月史立山到大唐新能源吉林白城洮南风电供暖示范站调研，寻求利用风电冬季供暖的新路径。这是一座供热面积为 16 万平方米的蓄热式电锅炉示范站，安装了 9 台 2000 千瓦的电锅炉，利用用电低谷时段的风电弃风电量进行加热和储热，在用电高峰时段电锅炉停运，由储热系统进行供热。"两年的运行实践表明，利用蓄热式电锅炉解决建筑取暖在技术上是可行的。"当时，这样的结果令史立山感到欣慰，"如果北方地区的城镇实施以电代煤供热工程，把燃煤小锅炉供热改造为风电蓄热锅炉供热，每增加 100 万平方米的电锅炉供热面积，就可以增加有效电力负荷 10 万千瓦，节约 4 万吨标煤，这相当于一把钥匙打开两把锁，既可大幅减少煤炭消费，也可以有效消纳风电电量，减少弃风限电，促进风电更大规模发展。"

正是基于这种认知，史立山被称为我国风电供暖工作的最初倡导者。2013 年 3 月 15 日国家能源局下发的《关于做好风电清洁供暖工作的通知》（国能保新能〔2013〕63 号）明确提出，将在北方具备条件的地区推广应用风电清洁供暖技术，鼓励新建建筑优先使用风电清洁供暖技术，支持利用风电清洁供暖技术替代已有的燃煤锅炉供热，力争用 2 到 3 年的时间使风电弃风限电的问题有明显好转。此后，推进北方地区冬季清洁取暖，成为提升风电利用小时数的"常规操作"。

回看近 20 年的风电政策，有些政策的使命结束了，有些政策的使命仍在担当中，前行与退出都是时代的光影。比如"风电设备国产化率超 70%"的要求，首次出现在国家发展改革委 2005 年 7 月 4 日发布的《关于风电建设管理有关要求的通知》（发改能源〔2005〕1204 号）中，4 年后的 2009 年 11 月 25 日，国家发展改革委发布《关于取消风电工程项目采购设备国产化率要求的通知》（发改能源〔2009〕2991 号），取消了"风电设备国产化率要达到 70% 以上，不

035

史立山：风电行业亦如人生，紧要处常常只有几步

满足设备国产化率要求的风电场不允许建设"的规定，要求"风电项目设备由项目单位根据国家有关标准和技术要求，按照《中华人民共和国招标投标法》的有关规定，公开、公平、公正招标采购"。

这一政策的取消意味着其使命的结束，所有国内外企业将在同一个平台上展开竞争。2005 年之前，中国仅有几家风电设备制造商，风电建设主要依赖进口设备，而 2008 年当年新增份额中本地化机组占比 75.6%，全国整机商超过 70 家，具备了和外国企业同场竞争的基础和能力，市场会因此收获更合理的价格和优质的服务，更有益于中国风电健康发展。

与上述政策的"4 年寿命"相比，电价政策则经历了十几年的进程。史立山感慨，"风电上网电价政策的持续改进推动了风电平价上网的进程。"到 2021 年、2022 年，陆上风电和海上风电先后实现了与燃煤发电标杆上网电价平价的目标。这意味着，我国风电电价补贴政策的终结，也表明这项政策完成了它的历史使命，光荣"退休"了。

2023 年 5 月 10 日，史立山（左六）在阳江国家海上风电装备检验检测中心调研。

在史立山看来，我国风电电价政策的演进历程，实际上是一部上网电价补贴退坡史。2009 年，我国确定了四类资源区的陆上风电标杆上网电价，2014 年确定了海上风电标杆上网电价。2015—2018 年，国家发展改革委分别四次下调了风电标杆上网电价，总体降价幅度约为每千瓦时 9 分钱。2019 年起，我国风电标杆上网电价调整为指导价，通过竞争方式确定其上网电价水平，风电电价补贴成为历史。

武钢：
一个风电长跑者的三个梦想

> 他的梦想始于达坂城柴窝堡风力发电试验场，那儿是他看到的未来人生和事业最远的地方，也是他 35 年来漫漫风电长跑的起点。

武钢说他有三个梦想，1987 年到 2022 年的 35 年间，已经实现了两个，还有一个梦想，正在实现的长跑路上。在我看来，武钢的梦想坚韧持久，一个梦想在实现的同时也催生了另一个梦想的力量。武钢的梦想说明，梦想也可以行稳致远，梦想的前行在于实现的力量。

一个又一个梦想的实现，武钢在中国、在世界有了更大的影响力。2015 年 10 月，在以色列耶路撒冷召开的第十四届世界风能大会上，世界风能协会（World Wind Energy Association，WWEA）举行了理事会成员换届竞选，武钢当选 WWEA 副主席，成为理事会中的首位中国企业家。

2017 年 6 月，第十六届世界风能大会在瑞典马尔默举行。WWEA 举行了理事会成员换届竞选，武钢推荐我接替他竞选 WWEA 副主席，我当选 WWEA 副主席后，武钢希望我通过 WWEA 这个国际平台，促进中国风电行业与国际对接，进一步扩大和深化国际协作，在各国的共同努力下实现更具可持续性的能源供给与消费模式，打造一个环境清洁、能源充足的未来社会。

1993 年冬天，武钢（左）与外国专家在达坂城风电一场。

第一个梦想：在新疆达坂城安装成百上千台风电机组

1986 年 11 月，新疆水利水电研究所所长王文启带领几个年轻人，在达坂城柴窝堡湖畔硬生生地竖立起两台来自丹麦的风电机组，一台是 Wicon-100kW 并网风电机组，另一台是 Wicon-55kW 独立运行风电机组，1987 年 1 月 1 日正式投产发电。这就是达坂城柴窝堡风力发电试验场的全部风电资产。

1987 年，29 岁的武钢从学校的一名教师转行接任了柴窝堡风力发电试验场场长，王文启称武钢是一个有长远眼光的年轻人。回忆当年，武钢说当时很多人不理解风怎么就变成了电用，而且还属于清洁能源。如果能把更多的风变成更多的清洁能源，那是值得用一生来做的好事，何况风取之不尽、用之不竭，这天长地久的大好事一定是需要一颗做事持久的心来成就。

历时 1 年多时间的试验验证结果显示，Wicon-100kW 并网风电机组年利用小时数为 3700 小时，引起丹麦、英国风能专家对新疆达坂城风区的高度关注和兴趣，他们希望到达坂城进行实地考察和研究，准备期间的武钢特别补强了英语和风电技术，欧洲专家来到柴窝堡风力发电试验场后，所有的沟通交流和学习研究都比较高效，且取得了满意的成果。

在达坂城柴窝堡风力发电试验场，武钢的第一个梦想是，在达坂城能够安装成百上千台风电机组。后来，这梦想被画成了大幅油画，几乎挂满了一面墙，中外专家来达坂城风电场考察调研，大多会在画幅前留影纪念。

1989 年 10 月 24 日，在达坂城，武钢梦想成片开发的风电场并网投运了。当年他们利用丹麦政府 320 万美元的混合贷款进口丹麦 Bonus 公司的 13 台 150 千瓦失速型机组，加上原柴窝堡湖畔迁移来的 Wicon-100kW 机组，达坂城风电场并网容量为 2050 千瓦，成为当时中国也是亚洲装机规模最大的风电场。

担任达坂城风电场场长的 6 年间，爬风电机组是武钢的必修课，一次次的攀爬、一次次的故障排除、一次次零部件维修，加深了他对风电机组的了解和感情。风电场住处床下及办公桌下堆满了各种部件，齿轮箱、偏航减速器、发电机等等，用来分析、认知和研究故障机理。印刷电路板是最难搞透的，因为层数太多，一条线从这个端子进去，你不知道它从哪个端子出来，谜一样的电路，执着的武钢还是组织大家研究了个通透，甚至包括某只电容的作用。

武钢说学习和研究风电是个快乐的苦差事。"你要让风电机组好好发电，你就得好好研究它。比如叶片，它的叶尖线速度不同，其受力也不一样。为理解其原理，我们把叶片吊起来，用轻卡纸靠上去，慢慢地抠下翼型，然后再放到地面上，用尺子丈量它的尺寸，以此来认知翼型的流线和升力。"

在武钢看来，做风电除了知识、技术和智慧，还要有一颗勇敢的心。1992 年 3 月 16 日上午 10 时，Wicon-100kW 机组因为叶尖气动刹车阻尼伞没有打开，致使机组制动失灵，发生了飞车，隔着很远的距离，在场的人能感到脚下在颤抖，令人不安。场长武钢站出来，一步步攀到 23 米高的工作台，用千斤顶顶住刹车，实施人工 90 度偏航，避免了损失和事故。

武钢攀爬过风电机组的次数不计其数，唯有这次刻骨铭心。事后，他想到这台机组的制动器衬片磨损很严重，无备件更换，发生飞车也是难免的。当时，武钢也对我国其他风电场的建设和运行情况做过调查，风电场建设使用的机组依靠进口，价格高、故障率高、维修成本也高，缺少备件，处处受制于人。如果风电机组不能国产化，我国的风电事业就难以规模化发展。

做了 6 年的达坂城风电场场长，武钢体验到了艰难和困苦。达坂城风电场电价每度电不到 6 分钱，风电场全年的收入还不够提取折旧的费用，企业亏损。其间，也有领导希望武钢从水利系统调到电力系统，走一条宽广大路，可武钢舍不得风电场的 14 台风电机组，既然选择了这条羊肠小道，他希望能和兄弟们一起走到遥远的风电春天。

实际上，武钢的梦想始于达坂城柴窝堡风力发电试验场，那儿是他看到的未来人生和事业最远的地方，也是他 35 年来漫漫风电长跑的起点。

第二个梦想：制造出中国人自己的风电机组

1993 年，武钢担任了新疆风能公司副总经理，是于午铭的副手。从组织关系上说，新疆风能公司是新疆水利厅的下属公司，达坂城风电场是新疆风能公司的风电场。因为新疆电力局也在达坂城建成了风电场，新疆风能公司的风电场改为达坂城风电一场。

即便在艰难的日子里，武钢也在带领团队坚持风电技术方面的学习与研究，拓展国际交流、研究达坂城风电一场 14 台机组的运行情况成为当时最主要的抓手。1995 年 5 月国内首次举行的北京国际风能会议上，新疆风能公司参与交流的论文数量最多。这一年，新疆风能公司迎来来自德国"黄金计划"的一缕春光。新疆风能公司使用"黄金计划"的援款，引进了德国 Tacke、Jacobs 等 3 个厂家的 8 台大型风电机组，达坂城风电一场的累计装机容量达到 6100 千瓦。

更具未来意义的是，新疆风能公司引进的这 8 台机型属当时世界最先进水平，且技术上各有特色，其中 Tacke–600kW 机型 1996 年末投运时为全国单机容量最大的机型。更多的进口机型让武钢他们对国外风电机组的技术发展情况有了更多了解，通过对这些机型技术的消化吸收以及优缺点比对研究，他产生了制造风电机组的想法，想得多了，成了扎根心田的一个梦想。

武钢回忆，因为"黄金计划"的实施，武钢有了带队到德国 Tacke、Jacobs 等公司进行技术培训和考察风电机组制造的机会。武钢还带队到丹麦瑞索（Risø）国家实验室学习考察，当时被这家实验室的试验资料和项目震撼到了。比如为试验空气动力学特性，他们在叶片上粘贴纤细的鹅毛，在前方吊一个大桶烟雾发生器，让烟雾吹过叶片翼型，然后用高速摄像机拍下烟雾在叶片翼型上的角度和流速，以此建立数学模型。

后来，武钢也像美国、英国等国家的专家来 Risø 实验室研究问题、解决问题，再接受问题、带回问题一样，成了这家实验室的"走读研究生"，每次来这儿都会背回报告和资料。现在，金风科技资料室里陈列的很多有价值的报告，其中有些是当年武钢从 Risø 实验室背回来的，这些报告让做技术的金风人"倍感新鲜"。

一次次的技术历练和不断提升的认知，像一块块汁液饱满的青砖把武钢制造风电机组的梦想越砌越结实。1997 年夏天，新疆风能公司与德国 Jacobs 公司签订了失速型 600 千瓦风电机组的生产许可证及技术转让合同，武钢的第二个梦想启程了。

一边加快引进机组技术的国产化工作，一边筹备成立适应市场机制的新公司，1998年6月新疆新风科工贸有限责任公司（金风科技前身）成立，600千瓦风电机组国产化落到了实处。可就在起步之时，外国人给武钢泼了一盆冷水，说你们中国人肯定造不出风电机组来的，武钢问为什么，老外说中间有五大核心部件，你们是不具备生产能力的。

可武钢相信，"在风电机组国产化这件事上办法总比困难多，同时也坚信唯有国产化风电机组时代到来，中国风电才能真正迎来规模化发展的春天。"

武钢回忆，"当初，我们写了200多份合作邀请函，发到国内外的200多家企业和机构，邀请他们和我们合作共同开发零部件制造工艺等项目，由我们来整合组装，使其成为整机产品，历经1年多时间的艰苦努力，首台600千瓦国产化机组在达坂城风电一场并网发电，实现了从0到1的突破。"

从1998年到2000年的3年间，新疆新风科工贸有限责任公司陆续研制投运了10台600千瓦机组，首台机组的国产化率为33%，而到了第10台机组，其国产化率达到了96%。

我记得，武钢和我聊起金风科技600千瓦机型国产化率的提升过程时说，他们为此做了很多工作，也吃了很多苦，审核了数百张图纸，做了数百次的检测和调试。武钢还强调了标准、测试和认证的重要性。他说，行业基础打牢了，国产化及其创新才会行稳致远。也是基于共同的认知，我和武钢多次参与行业标准的讨论和制定，各自的团队也在认证用标准、检测与认证规则等进行过多次交流，金风科技750千瓦机型获得了鉴衡颁发的产品认证证书。值得提及的是，在武钢的倡导下，金风团队到今天已经参与了31项国际标准和近400项国内标准的编制和修订。

对武钢来说，有两个时间节点是重要的，2001 年 3 月新疆新风科工贸有限责任公司完成了公司增资及改制，变更为新疆金风科技股份有限公司；2002 年 5 月，于午铭退休了，做了于总多年副手的武钢成为金风科技的掌舵人。武钢深知于总牵挂的是，金风科技承担的国家"863 计划""后续能源课题"中的兆瓦级风电机组研制项目，这也是武钢看重的项目。

600 千瓦、750 千瓦机型批量生产后，金风科技研制的目标机型是兆瓦级主动失速型机组，但经过概念设计、载荷计算等环节后，他们发现这类机型不是一个理想的技术方向，本就内心向往创新和挑战的武钢和于总一样产生了研制其他机型的想法。恰巧，他们得到了国外研制直驱永磁型机组的信息，这样的机型可以把机组高速运转的机械部分去掉，通过电力电子器件实现与电网同步连接，其挑战在于当时大功率电力电子技术还不是很成熟，但考虑到电力电子器件的快速

发展趋势，这个挑战完全可以应对。

当时，国外也仅仅是研究，并没有成型的直驱永磁样机，这让武钢更坚定了研制直驱机组的方向。这一想法得到了国家"863 计划"的支持，于是金风科技就把兆瓦级机组的研制方向由主动失速型调整为直驱永磁型。

这项技术来源于金风科技与德国 Vensys 公司的联合开发，2004年初开始联合设计，2005 年 6 月完成 1.2 兆瓦直驱样机的研制，安装在达坂城风电一场，这是中国首台本土生产的具有自主知识产权的兆瓦级风电机组。武钢十分看好直驱技术，于是超前布局，2008 年 1 月收购了 Vensys 公司 70% 的股权，这一决策使金风科技在技术自主上迈出关键一步。

此后，金风科技完成了机组产品单机容量多次升级，仅从 2012 年到 2023 年，金风科技机组单机容量从 3 兆瓦升至 16 兆瓦，装机市场份额连续 12 年中国第一、连续 8 年世界前三，到 2022 年机组产品销

往 38 个国家和地区。在武钢看来，金风科技的机组产品在单机容量上与国际水平的距离已经很近了，可以说实现了从跟随到领跑的梦想。

第三个梦想：
让中国风电机组走向世界

武钢的第三个梦想正在实现的路上，他的信心和底气在于，金风科技以及更多的中国制造正在彰显更丰沛、更蓬勃、更持久的力量，可以让全球更多的国家和地区用上中国风电机组，富足的风能让更多人享受绿色低碳美好生活。

梦想就是奋斗，除了研制出产更低度电成本的风电机组产品，武钢通过金风科技启动的"风润中华"公益行动，组织项目组到乡村做调研，探索风电在乡村地区"星火燎原"之势的路径。2016 年，金风科技项目组期望在广西天等县推广由"村民入股分红"的风电开发应用模式，形成项目"命运共同体"。于是，项目组成员到村民家走访，普及风能资源利用知识、算经济收入账，以及采用"彩绘风机"把风电场建设成富有当地风俗特色的旅游地，最终当地政府和村民认同了金风科技推荐的"农民入股分红"风电开发模式。

一座 5 万千瓦的"彩绘风电场"坐落在海拔 1000 米的牛头岭上，百米高的机组塔筒、叶片上，铜鼓、壮锦、木棉花、打榔舞这些图案将风电场打造成了一道壮族文化特色风景线。

2019 年 5 月的一天，一场百年不遇的暴雨袭击了天等县，洪水冲进村落，冲毁了道路，金风科技天等项目组全体人员和村民一起迅速投入到救灾工作中，有些村民也惦记着牛头岭上的"彩绘风机"，当得知它们安然无恙后心才踏实下来。事后，天等项目组向武钢汇报了当时的情况，武钢对项目组积极参与救灾和村民关心风电场的行动感到十分欣慰。武钢询问了项目组在其他乡村推进风电项目遇到的问题和困难，连同金风科技其他项目组在风电下乡进程中遇到的"非技术"

问题进行了研究和思考，整理成提案提交到国家层面的平台上，影响有影响力的部门和人员，促进风电下乡，加速农村能源结构转型，更好地推进乡村振兴。

武钢是十二届全国人大代表、十三届全国政协委员、党的二十大代表，也是全国劳动模范、享受国务院特殊津贴的专家，本身就是有影响力的人。每年的两会前，武钢都会付出很大的精力专门做调研，以完善他的"议案"或"提案"。继 2021 年全国两会提交《充分发挥风电在乡村振兴中作用的提案》后，2022 年全国两会，武钢再次聚焦风电与乡村的"融合"，提交《关于实施风电下乡"整县推进"的提案》，推动风电在广大农村地区的应用与发展。

武钢乐见的是，2021 年国家能源局、农业农村部、国家乡村振兴局三部门联合印发《加快农村能源转型发展助力乡村振兴的实施意见》（国能发规划〔2021〕66 号），提出将能源绿色低碳发展作为乡村振兴的重要基础和动力，支持乡村新能源开发利用，推动农业生产、农民生活、农村交通用能清洁化、低碳化，建设生态宜居美丽乡村。

武钢执着于风电在乡村的应用，但不止于此。中国实现"双碳"目标的进程更是为风电应用打开了更大的空间。早在 2011 年，金风科技在自己的科技园区建成了智能微网系统，风电光伏、储能系统和智能控制是其中的三个项目，这也是十年后金风科技"碳中和"园区零碳解决方案的雏形。武钢说，历经十年演进，金风科技可以为多个行业提供以风电为支撑的定制化零碳解决方案。

金风科技的智能微网及风电系统助力福建三峡海上风电国际产业园区成为全国首个可再生能源"碳中和"工业园区。2021 年 5 月 28 日，北京绿色交易所向这家产业园区颁发了"碳中和"证书，标志着该产业园成为全国首个实现"碳中和"的工业园区。此次"碳中和"认证由鉴衡对园区能源替代、节能减排等手段和措施进行鉴证，并对这家

武钢作为风电企业唯一的党的二十大代表，建言国家可再生能源行业高质量发展。

产业园温室气体排放进行核查。另外，金风科技还助力天津港第二集装箱码头成为全球首个零碳码头，意味着金风科技"源网荷储"一体化零碳能源解决方案在港口场景应用成为现实。

　　65 岁的武钢，正带领金风科技通过产品创新推动产业发展，让更多工业单位用上可负担的、可靠的可再生能源，为国家优化能源结构、实现"双碳"目标贡献力量。

张传卫：

观势谋局，让风电越做越有势

> 明阳智能十年磨一剑的坚韧，形成海上大兆瓦机型的先发优势，引领了中国风电半直驱技术潮流。

张传卫看到新能源未来趋势，2006 年创办了广东明阳风电技术公司，也是后来明阳智能的前身。此前的创业经历让张传卫明白，做风电必须谋"局"，才能让风电业务成为可持续的生意。于是，他"谋划"半直驱技术路线，希望借力资本市场，把风电越做越实。

张传卫做到了，他的半直驱技术一路走强，机组产品从 3 兆瓦做到了 16 兆瓦，陆上、海上及漂浮式一样也不少，在资本市场也是如鱼得水，2010 年 6 月明阳智能在美国纽约证券交易所（New York Stock Exchange，NYSE）挂牌上市，成为国内首家在北美上市的风电企业，后又择时从 NYSE 完成私有化退市，2019 年 1 月登陆国内资本市场，在沪市 A 股主板顺利上市。

2022 年 7 月，明阳智能全球存托凭证（Global Depository Receipts，GDR）在伦敦证券交易所（London Stock Exchange，LSE）正式挂牌上市，成为互联互通存托凭证业务新规落地以来，首家完成 GDR 境外上市的 A 股上市公司。明阳智能已由风电扩展到光储氢一体化全产业生态，彰显可持续发展的竞争优势。

2022 年 7 月 1 日，张传卫（左一）察看明阳阳江总装厂。

越 过 门 槛

　　张传卫 1962 年 6 月出生于河南信阳固始县一个贫苦农村家庭，17 岁那年应征入伍，后来转业到重庆成为一名端上"铁饭碗"的公务员，没过几年就当上科长，仕途嘹亮。

　　由于家庭原因，张传卫 1988 年调回信阳老家工作，1990 年张传卫出任信阳驻广东办事处主任，置身广东改革开放的市场氛围，一颗创业的种子在张传卫的心田萌发，但真正化成行动则是 1992 年的初春，这一年张传卫刚好是而立之年。

　　当过解放军军官、做过政府官员的张传卫对政治与政策比较敏感，1992 年 1 月"邓小平南方谈话"令他感到"创业的春天"来了，他和 6 个伙伴筹集 1.2 万元，在广东中山创办中山市明阳电器有限公司，做起了输配电设备生意。尽管挣了钱，但他心里仍不踏实，"高端制造、核心技术、可持续"成为他心中企业升级的三个考量因素。

　　于是，他进军风电行业。2011 年 1 月，张传卫在"2010 CCTV

中国经济年度人物"揭晓现场会上表示，"以往都是发达国家的企业来中国以技术换市场，他期望能够改变这个规则，让明阳智能走出国门以技术换市场。"央视在评述张传卫当选"年度人物"理由时，称他"得技术而得天下，打响风电企业美国上市第一枪，是一个新能源信仰的布道者，以海上陆上之风电三峡，挥斥着人类愿景。"

这样的信息表明明阳智能已经越过了技术门槛。2006年，明阳智能引进德国设计公司Aerodyn的双馈技术，但基于对现有和未来市场的分析，董事长张传卫毅然决然地与Aerodyn公司深入合作，转舵半直驱技术路线，也称为超紧凑型（SCD）风电机组技术。

在张传卫看来，半直驱可以融合双馈与直驱的优秀基因，并通过技术创新弥补其可能出现的不足，尽力减少敏感部件，去掉齿轮箱高速级，在一定程度上提升发电机转速，以进一步控制机组重量与体积，实现机型的轻量化和高性能。

这"冒险的一步"，终于在2010年5月29日落地成真，明阳全球首台3兆瓦紧凑型（SCD）风电机组在中山明阳工业园下线。人们发现这款机型紧凑得就像北京的串糖葫芦，它没有传统意义上的机舱底盘、机舱、轮毂，只是一个弯头就把所有部件都整合到了一起，结构简约却是技术的体现。

按照张传卫的执意，明阳智能与德国Aerodyn公司合作，结合中国风况和气候条件设计、生产出针对南方地区的抗台风机型。为什么张传卫强调超紧凑型（SCD）技术方案的抗台风特质？一方面，明阳着重考虑机组在广东台风区域的台风适应性，支持两叶片与三叶片配置；另一方面，明阳智能双馈1.5兆瓦机型在设计开发及运行上积累了经验，其抗台风技术方案经过了台风的考验。

半直驱SCD样机后的批量投运让张传卫的"冒险之心"踏实下来，明阳智能走出了一条双馈和直驱之外的第三条技术路线。令张传卫欣慰的是，从实际运行数据看，按单位值计算，SCD机型的度电成本较传统产品降低 15% 以上，彰显更高的客户价值。

自 主 转 型

与其他国内风电整机制造商一样，张传卫掌舵的明阳智能也经历引进技术、联合设计、自主创新的技术历程，但有所不同的是，明阳智能的自主创新意识更强，十年磨一剑的坚韧，形成海上大兆瓦机型的先发优势，引领了中国风电"半直驱潮流"。

张传卫认为，"创新必须自主才是名副其实的创新"，能掌控的创新才能打造"高端制造"的梦想，让清洁能源普惠大众。实际上，在与明阳智能合作的过程中，Aerodyn 公司主要提供的是新型半直驱概念级方案，还难以称之为产品。张传卫认为，这正好可以让明阳智能的工程师们将自身的产品梦想寄托于这一技术方案，设计出全球最先进的风电机组。张传卫希望明阳智能的工程师明白，他们不只是在研制一款机型，而是在打造一条完整的半直驱产业链，包括主控、变桨与偏航、变频集成控制系统和无机舱罩设计等。

"这是一个自主转型的过程，尽管艰难，但必须启动。"2014 年，张传卫与张启应讨论三叶片半直驱机型的研制，希望通过这款机型的落地成为明阳智能自主转型的标志性产品。张启应原在 Aerodyn 公司工作过，知悉明阳智能真正实现自主转型的关键环节在哪里，唯有通过搭建产品研发体系，实现真正意义上的自主创新能力，才能真正推进自主转型。

张启应评价张传卫是一位进取型的实干家，为明阳智能内部创造了创新平台与空间，整机及零部件设计团队逐渐掌握机组最底层的设计方法与规律，使半直驱技术及其应用与产业化都有章可循。张传卫特别提出，明阳智能要根据自己的技术需求来整合国际资源，比如一款齿轮箱的设计，与英国、德国和瑞士等机构合作，吸收其各自优势，进而获得最佳技术方案。

张传卫明白，超紧凑半直驱机型供应链的可靠性决定了明阳智能自主转型的成败，且其国产化是最为重要的因素。由于明阳智能掌握了超紧凑半直驱机型的底层技术逻辑与全套设计能力，与部件商的合作更灵活、更有效，也更有益于推动超紧凑半直驱技术路线部件国产化的落地实施。张传卫看重的一个合作结果，是通过与航空齿轮箱生产厂家的合作，明阳智能的齿轮箱使用了柔性销技术，也就是明阳智能的齿轮箱做到了航空级产品的高可靠性。以此类推，明阳智能又将半直驱产业链的高可靠性拓展到发电机，其内部磁钢布置方式由表贴式改为镶嵌式，提升了可靠性。

为什么张传卫如此看重明阳智能的自主转型，这与他在国外的一次考察经历有关。张传卫回忆，在欧洲中介机构的协助下，他带团队到欧洲考察风电技术，可人家根本不让他们接近风电机组，只允许远距离观看，而且还不准照相。"真的是受到了很大的刺激，当时我暗暗发誓，一定要造出中国人自己的大型风电设备。"一路考察下来，张传卫看清了一个现实，没有核心技术一定受制于人，而真正先进且成熟的技术你也很难买到，唯有自主研发才可以支撑明阳智能可持续的明天。

从委托设计到联合设计再到自主创新，明阳智能与 Aerodyn 公司合作了十年，尽管付出了巨大的成本，但也完成了技术积累，培育了自主创新的优质基因和技术研发能力。

2017 年 1 月 10 日，明阳智能向 Aerodyn 公司付完最后一笔款项，合作协议终止。"公司有权进一步使用和开发现有的 SCD 技术，同时开发各种自身专有技术。"在张传卫看来，"这是明阳智能自主转型之路的里程碑。"

知 难 而 进

与张传卫一同创业的同事称张是一个知难而进的人，这也成为明阳智能的一种精神。在明阳智能进入风电领域的那年，一次班子会上张传卫说，"风电清洁但太奢侈了，只有普惠大众才能发展壮大。看好的事，再难咱们也要坚持做下去。"

此后的十几年间，在张传卫的倡导下，明阳智能就做了两件事，一件是用技术和产品降低风电成本，另一件是将风电融入到清洁能源领域，将更多的"不可能"变为"可能"，让明阳智能成为"碳中和"路上的一颗明亮的星。

明阳智能是国内风电领域机组大型化最为执着也最先发力的整机公司。到 2020 年 10 月，明阳智能推出了单机容量 11 兆瓦、风轮直径 203 米和 6.25 兆瓦、风轮直径 172 米两款海陆大容量超紧凑半直驱机型，明阳智能也因此成为国内首家海上风电机组单机容量最大、风轮直径突破 200 米的整机公司。令张传卫欣慰的是，这款定位于国际市场的 11MW-203 海上机组产品，在国内市场也获得了大量的订单。

十年前张传卫在央视表态，希望明阳智能走出国门以技术换市场，到 2022 年上半年，明阳智能风电机组产品及技术已赢得保加利亚、巴基斯坦、印度、意大利、挪威、西班牙、日本、越南等多个国家的市场，其 16 兆瓦的海上机型也将在欧洲同全球顶级的海上风电整机制造商同台竞技，展现中国风电产品技术实力。

为什么张传卫如此看重风电机组大型化，其背后的逻辑在于持续降低风电度电成本，而且半直驱技术的特质恰好具备满足机组大型化发展的基本要素，这也是张传卫选择半直驱技术路线并为此奋斗不止的"秘密"。

到 2021 年，明阳智能海上漂浮式大容量机组已经下海，其轻量化意味着更小的浮体，能进一步降低项目的综合成本。由漂浮式风电，张传卫看见了海上制氢的前景。2021 年 4 月 17 日，张传卫在央视《对话》节目向时任中国石油化工集团有限公司董事长、党组书记张玉卓讲述了明阳智能海上制氢的探索成果，他说海上风电年利用小时数

5000 小时，度电成本可做到 0.35 元以下，1 公斤绿氢成本接近 33 元。而张玉卓期望海上风电度电成本降到 0.25 ～ 0.20 元的范围，这样海上风电制氢就有了竞争力。

在张传卫看来，以新能源为主体的新型能源系统，氢能可以代替储能又可以代替天然气，用来调节电力系统的平衡。面向未来的新型电力系统，一定是清洁、稳定和廉价的，在现阶段要让三者各自完美几乎是不可能的事情。也正因此，张传卫认为，能源供应体系的"风光水火"与"源网荷储"两个一体化发展成为历史必然。通过一体化综合能源管理方式的整合来弥补劣势，让新型能源系统由"不可能"变为"可能"。

实际上，张传卫 2015 年就已开始布局，寻找从"0"到"1"的机会点，先后成立了量云能源公司和光伏公司。明阳锡林郭勒盟"零碳"产业园、明阳通辽"风光火储制研"一体化综合能源管理系统，都是可以复制的绿色工业项目和新型能源样本系统。这几乎，就是张传卫和明阳智能下一个十年的新征程。

王承煦：

清华校园的风电技术研发

1983 年春天，原水电部在笠山召开"Φ6-4kW 立轴独立运行风电机组"鉴定会，72 岁的时任清华大学校长刘达亲临现场，挂着拐杖拾级而上，走过 300 多级台阶，登上山顶观看了这台试验样机的运行。

我是从王承煦教授编著的《风力发电实用技术》一书认识王教授的，后来邀请王教授来风能专委会参加活动的次数多了，我就有了更多和王教授当面交流的机会，感受到他对风电的热情、学识和灼见，也知道他与风电结缘是从为草原牧民设计风力发电机开始的。

1975 年深秋的一天，中国农业科学院草原研究所的几个同志找到清华大学，请清华大学帮助他们设计制造独立运行的风力发电机，以解决牧民蒙古包家庭用电问题。草原研究所的同志说，"到了夜晚，蒙古国那边灯火通明，而我们这边没电可用，漆黑一片，心里感到不是滋味。"

草原研究所同志的一席话，打动了清华大学电机系领导的心。那时正值开门办学，王承煦和系里的老师、学生为蒙古包设计制造独立风力发电机的科研行动得到了校领导的积极支持，电机系的领导同意他们将系内附属车间用于风力发电机样机的制造。后来，他们多次携带制成的小型风电机组的部件到内蒙古，在商都畜牧机械厂完成了小机组的安装和试运行。他们研制的独立运行风电机组在牧区引起了热烈反响，当时小型风电机组的运转情况还被某电影制片厂专门记录了下来。

看似偶然的事件，却成为后来王承煦教授专注风电技术研发的契机。

两种机型多种技术探索

微型独立风电机组在内蒙古牧区及其他地区的成功发电，引起了当时国家科委、水电部等部门的关注。1978 年冬季，王承煦和同事随同水电部的官员到福建、浙江、江苏等地考察，了解国内少有的风电机组运行情况，发现大多独立运行的机组一旦带上负荷，电压"随风而舞"，很不稳定，照明灯泡忽明忽暗。

"这是个大问题！"王承煦认为，采用同步发电机的独立运行风电机组要克服这一问题，必须配备合适的荷载。换句话说，就是风大的时候要启用更多用电设备，风小的时候则要甩掉一些用电设备，这就需要精确的负载调节控制系统，可这套控制系统比较复杂，甚至比并网还要复杂。

那时候王承煦意识到，从技术角度看，尽管风力随机性强，不可控，但风力发电机发出的电压、频率必须是稳定的。这就要求风轮要有精确的调速装置。当时，已有的机械调速装置跟不上风力的瞬间变化，这是造成风电电压、频率不稳的直接原因。

正当王承煦考虑选择何种技术路线的时候，时任清华大学副校长张维从瑞典斯德哥尔摩开会回来，带给他一套风电国际会议论文集，他从这套文献上了解到国外正在研发名为达里厄（Darrieus）的 Φ 形风电机组，使他想起中国的"走马灯"式风车，尽管文献没有提供更多的技术数据，可这种立轴机型不用像水平轴风电机组需要竖立很高的塔架，机组设备直接搁置在地面，便于安装维修，很吸引人。但这种风电机组不能自行启动，要靠外力的带动才能运行起来，还有就是要在风电机组主轴上加装一个 S 形的辅助风轮帮助启动。为解决这一问题，王承煦和他的研究组提出"用异步电机作为发电机"的设计思想，即异步电机连接到电网，由电网送电带动异步电机作为异步电动机运行启动，当风速增加时该异步电机在风轮带动下转速变快，当超过同步转速时，就转为发电机运行状态，向电网送电了。另外，与同步电机严格的并网条件相比，异步电机的并网相对更容易些。

基于这样的技术路线，1979 年 3 月，王承煦领导的风电科研组完成了 Φ6-4kW 立轴并网运行和独立运行两种风电机组的设计方案，由清华大学、北京玻璃钢研究所和浙江电力修造厂三家合作，于 1980 年 6 月完成了样机制造，安装在北京八达岭风力发电试验站。

这次技术探索表明，并网风电机组可以采用异步发电机运行，而且采用变极双速异步电机可以提高风能利用率。这是我国第一台变极双速异步风力发电机的并网运行。该机风轮叶片为跳绳绳索型，风轮直径 6 米，采用行星摆线针轮增速器，并研制了相应的控制系统。

057

王承煦团队研制的 Φ6-4kW 立轴风电机组，1980 年 6 月安装于北京八达岭风力风发电试验站。

王承煦：清华校园的风电技术研发

这期间，他们还完成了 Φ6–4kW 立轴独立运行风电机组的样机制造，安装在浙江镇海笠山风电试验站（该站由联合国援建）。该机组采用直流发电机，可直接对蓄电池组进行充电，然后向直流负载供电，也可通过逆变器转变成交流向交流负载供电。

1983 年春天，原水电部科技司在笠山召开"Φ6–4kW 立轴独立运行风电机组"鉴定会，72 岁的时任清华大学校长刘达亲临现场参加会议，拄着拐杖拾级而上，走过 300 多级台阶，登上山顶观看了这台试验样机的运行。

王承煦带领团队研制的这两台风电机组，是两种机型多种技术探索，为后来我国中小型风电机组的发展提供了技术支持。我国小型风电机组在原国家科委、机械部等部门组织的多次攻关活动中，清华大学电机系风电科研组也都积极参与，促进了小型风电机组制造工艺和技术水平的成熟，其机组产品远销美国、德国、希腊、比利时、瑞典、日本、阿根廷、印度尼西亚、马来西亚、蒙古等国家。

与德国进行技术合作与研究

在王承煦教授看来，作为一个大学教师，搞风电机组科研必须具有前瞻性，一定要选择具有先进技术含量的关键课题进行研究。20 世纪 70 年代中期进行牧区小型风电机组研制的同时，王承煦就和他带领的风电科研组开始了"变速恒频"风力发电系统的研究工作，他们用可调速的直流电机模拟变速运行的风电机组带动的同步发电机，用电磁滑差连接装置来调节同步发电机的转速，使之恒定，从而实现恒频恒压输出电能。

在实验室获得成功的基础上，1979 年他们将整套自行研制的设备运到四川绵阳大型风洞实验室与风电机组配装后，进行了风洞吹风试验，再次获得成功。试验表明，在风速变化的情境下，发电机输出电能的频率变化误差小于 1.0%。他们写出了《变速恒频发电系统的理论分析及实验研究》一文，在《清华大学学报》上发表，并在全国电机工程学会大会上作了报告，之后又申请了国家专利。

王承煦科研组的研究成果引起了当时国家科委等部门的关注和重视。1981年，国家科委和德国研究技术部签订的农村可再生能源利用示范合作项目启动，国家科委和北京市科委指定清华大学电机系参加"农村风能可利用示范项目"合作研究并参加技术谈判。

谈判进程比料想的艰苦，而王承煦更想通过技术合作了解德国的风电设计理念和核心技术。鉴于王承煦在垂直轴风电机组设计方面的对等技术见解，德方公司同意了他提出的在中国安装风电机组要满足的三项技术要求：一是必须满足变速恒频；二是机组能够实现并网运行和独立运行两种运行方式；三是独立运行要配备负载调节和精确的控制系统。后来的设计、制造过程表明，德方的投入较大，而且在技术上信守协议。

1982—1986年，王承煦每年都要在德国工作一段时间，全程参与了两台30千瓦、直径12米达里厄型垂直轴风电机组样机的设计和制造。这两台样机，一台在中国，一台在德国，在中国的这台安装在北京昌平，在德国的那台安装在德国南部的巴符州。

1986年，中德双方组成验收组对安装在中国的样机进行了运行验收，合作项目圆满完成。1987年，王承煦与国家科委官员应德国联邦研究与技术部（BMFT）及经济合作与发展部（BMZ）邀请，赴德国参加由德国政府召开的"发展中国家可再生能源利用会议"，王承煦在会上宣读了《30kW立轴风电机组研究》论文，后被收入会议论文集。

令王承煦感到遗憾的是，在当时条件下，这一中德合作的技术成果并没有在我国变成生产力，但欣慰的是，正是通过中德技术合作项目，王承煦与德国有关方面建立了技术互信。1989年6月，德国研究技术部主管可再生能源事务的费肯博士邀请他到德国做风能技术研究，随后奥尔登堡大学校长给他发来了邀请函，请他到奥尔登堡大学进行合作研究。

1990 年 3 月 2 日，王承煦来到德国的奥尔登堡大学，在这家大学的可再生能源研究室做风能技术研究。1991 年 3 月 2 日，他到德国移民局办理了离境回国手续。"这么守时，到点就走！"德国移民局的官员对他"到点就走"的行动感到有点吃惊。

王承煦的想法很简单，他已经完成了在德国的"风力—柴油联合发电系统"技术研究项目，正是需要回国应用的时机。那时候，他在德国所做的研究中使用的都是中国国内提供给他的中国风况数据，正好符合中国国情，只待实地实践。后来，他与德国同行合作完成的这一研究成果在西班牙马德里举行的欧共体风能会议上发布，回国后他又带研究生继续进行"风力—柴油发电系统运行性能的仿真研究"，取得新的进展和应用。

教学科研两路并进

随着人们对可再生能源认识的提高，我国也更加重视风力发电，王承煦和他的风电科研组为原水电部连续开办了 5 期风力发电培训班，学员来自新疆、内蒙古、福建、浙江等地，同时还在校内电机系高年级开设了风力发电技术选修课，做到了普及与提高相结合。

在中德合作项目进行的过程中，王承煦也没有停止他的技术探索，他确立了两项研究技术课题：一个是变速恒频交流励磁风力发电机研究；另一个是风电机组特性仿真模拟器研究。1984 年，王承煦把这两个课题分别交给新带的两位研究生来做，到 1987 年他们毕业的时候，风电机组特性仿真模拟器系统已经研制成功，变速恒频交流励磁技术研究也取得重要成果。

风电机组特性仿真模拟器，其实就是一个由计算机控制的模仿风电机组特性的软件系统，用它带一台发电机就可以在实验室里做风力发电试验，而不用到风电场用真正的风电机组去做。这台仿真模拟器，可以把风电机组特性包括风电机组的惯性用软件的形式予以演示，而且把普通气象数据输入到计算机后，可以把风电机组运行情况模拟出来。直到 2008 年，清华大学风力发电实验室仍是按照这样的原理来做试验的，所不同的只是用更先进的计算机及辅助设备予以实现。

与风电机组仿真模拟器课题研究相比，变速恒频交流励磁风力发电机研究用时更长些，由前后两届研究生接力完成，也就是后来所说的双馈电机。这让王承煦感到欣慰。

清华大学电机系对双馈型风力发电机的技术研究一直没有中断过，随着研究工作的步步深入，由清华大学电机系设计的兆瓦级双馈发电机软件已被多家电机制造厂采用，成为我国兆瓦级风电机组的关键部件。

1995 年 10 月，王承煦出版了《风力发电实用技术》。该书深入浅出地阐述了风力发电的基本知识、主要设备的工作原理和运行方式，以及风力发电装置安装场地的选择及经济性分析；该书通俗易懂，深受业内外读者的好评；该书发行量超过 2 万册。2003 年 3 月，王承煦再次合作主编出版了《风力发电》专著，该书成为业内科研人员及大专院校教学的参考、教育读本，到 2008 年已连续再版四次，发行量超 8000 册。

牵线"黄金海岸计划"

王承煦离开德国的前夕，费肯博士从波恩来到奥尔登堡大学看他，同他探讨了中国风电的发展前景及技术路线。费肯博士说，"将来齿轮箱可能会是你们遇到的大问题。"后来，王承煦回想费肯博士的话，越发感到费肯博士以诚相告，算得上是金玉良言。

这次相见，费肯博士还向他透露了一个信息："德国政府正在执行一个'黄金海岸计划'，这是一个专门援助和支持发展中国家的风电建设项目。中国没有申请，因此这个项目的赠款都援助了印度。"费肯博士真诚地对王承煦说，"你们如果愿意和德国交流，我们可以邀请你们的官方代表团来德国访问，谈谈这个援助计划的实施。"

当时西方对中国进行经济制裁和技术封锁，费肯的话是一种信号。王承煦心想，怎么能不愿意？想到自己的国家，他立即回答说，"好，我会把这个计划告诉我国的有关部门。"

回国后，王承煦立即把这个讯息告诉了原电力部农电司新能源处的负责人。在得到电力部的首肯后，王承煦又迅速和费肯博士联系，告诉他中国电力部愿意组团赴德国考察风电。很快，电力部就收到德国联邦研究与技术部（BMFT）发来的正式邀请函，邀请中方派代表团赴德考察。后来，中国代表团访问了德国，并确定用"黄金海岸计划"的部分赠款引进了德国数十台 250 千瓦的风电机组，这是当时国内引进的单机容量最大的风电机组，分别安装在内蒙古、辽宁和海南的风电场。

谈及这一事情，王承煦深有感触地说，一些与中国打过交道的国外有识之士，对中国的发展与进步还是会客观和公正看待的，只要我们自尊、自重、自强，别人就会愿意与你合作并帮助你。

王承煦：清华校园的风电技术研发

陈通谟：

因风创造"辉腾锡勒"地名的人

> 1992 年夏季的一天，一架小型飞机由锡林浩特向呼和浩特飞去，透过舷窗他发现大青山顶上有一片开阔地，草地间还有星星点点的湖泊，不禁在心中惊问：这是什么地方？

说到内蒙古风电历史，就会说到陈通谟，业内有"陈通谟是内蒙古风电第一人"的说法。早年的陈通谟积极推广实用化的小型风电应用，解决偏远地区牧民用电，后来着手内蒙古风电场项目建设，希望内蒙古丰富的风能资源由电网输送到北京等地，更希望更多的后来者把内蒙古风电事业越做越大。

风电是陈通谟热爱的事业，他说，"从 1976 年开始，我就喜欢上了风电，我的儿子延续了我的风电事业，我希望我的孙子也能成为风电领域的奋斗者，三代牵手成为风电世家。"

建成全国第一个风电村

"更立西江石壁，截断巫山云雨，高峡出平湖。"因为毛主席的这句诗，年少的陈通谟似懂非懂地知道了三峡水电。1955 年，清华大学水电专业开始招收第一批学生，陈通谟坚定地选择了水电专业，他想成为三峡水电的建设者。

但是，三峡工程在当时颇受争议，一直搁置不前，他也因此改变了人生目标。当时，清华的学生热情高，到农村生活、到边疆工作也是一种向往，陈通谟是团支书，他选择了到内蒙古自治区工作。

20 世纪 60 年代，内蒙古没有多少水电项目，陈通谟被安排在电力局新组建的农电处工作，成了局里的农村电力年轻人。由于经济基础差，内蒙古农村没有通电，陈通谟的工作就是帮助各县旗解决农村通电问题，就这样在农电处工作了 20 年，辛苦却也充实。

1976 年，全国首届风电会议"风力发电协调会"在内蒙古集宁举行。之所以在集宁举行这样的全国会议，是因为内蒙古商都牧机厂与清华大学合作，在草原上为牧民竖起了 100 台额定功率 100 瓦的风力发电机，在全国产生了积极影响。陈通谟参加了这次会议，尤其对会议提出的"因地制宜，多能互补，综合利用，讲求实效"16 字方针格外赞同和欣赏。可以说，这次会议更加提振了内蒙古发展风力发电的士气，更重要的认知在于，风电的实用性已形成了另一条为散居牧民或人口稀少村镇解决电力问题的新途径。在那个因处处缺钱而电力设施极为落后的地区，风电成为陈通谟做好农电工作的新抓手、新希望。陈通谟风电生涯就是从这次会议开始的。

说干就干，陈通谟利用他可以动用的十万元科研费和村里自筹的部分资金，牵头在商都县大拉子乡建成全国第一个风电村，为村里每一户人家建了一个风机小电站，受到当地百姓的热烈欢迎。紧接着，陈通谟做了一件令人刮目相看的大事情，牵头建成了韩乌拉风电站，安装了 100 瓦至 1000 瓦各类风机十多台，连接了一屋子的电瓶，以直流方式为乡政府所在地每日输送电力 4 小时，只是好景不长，仅仅运行了两年就停止使用了。

这也成为陈通谟心中挥之不去的遗憾。陈通谟回忆，当时由于直流电没电表，有些村民违反规定使用了更大瓦数的灯泡，使得整屋蓄电池严重亏电后系统崩溃。如果当时管理到位，也许这座电站的使用

陈通谟：因风创造"辉腾锡勒"地名的人

时间会更久。

后来，陈通谟又尝试风光互补家庭供电系统建设，该系统由一台额定功率 100 瓦风力发电机、一个 40 瓦光电板、坦克用铬电池组以及内蒙古大学研制的 200 瓦逆变器组成，为乌拉克中旗巴彦涵盖新木乡的 26 户牧民供上了电。这套系统运行稳定，实用性强，得到了较为普遍的应用。

为了风电自降职位

1986 年的一次出国考察成为陈通谟的第二次人生转折点。

当年，陈通谟参加由原水电部组织的"5 人组"中国专家考察团赴美考察风电，在美国考察了 3 个风电场，其中两个最重要，一个在北加州，另一个在南加州。这次考察陈通谟发现风电已不是他概念中的"小应用"，风电在美国已成为电网供电的一个重要电源，已发展成为大型产业。

"一个风电场有 2000 台风电机组，一台电脑管理 100 台风电机组，实现了整场遥控、遥测自动控制，并自动打印报表，真是大开眼界，原来风力发电可以成气候！"多年后，陈通谟还能回味起美国风电给予他的震撼。在南加州，沿着山坡向上缓行，当陈通谟一行登上坡顶，一片片风电机组映入眼帘，上千台风电机组潮水般有节奏地运动。"陈先生，今天海岸上刮的是内蒙古风。"美国同行喜好幽默，他知道陈通谟来自内蒙古。可这样的话却令陈通谟怎么也笑不出来。

当时的陈通谟只知道自己生活的内蒙古常常刮风，却并没有把它看作能够大力发展利用的资源。可远在千万里之外的美国人都如此重视并已经用上了"自己家门口"的风，这对陈通谟来说是很大的刺激，他心里发誓，"我回去就干！"

回到内蒙古后，陈通谟想大干一场，有朋友劝他别冲动，甚至泼冷水："得了吧，去美国转一圈看看就行了，你还当真了？咱们内蒙古没钱没技术，少人才还缺设备，别做风电大梦啦！"

实际上，从美国回来后，陈通谟就跑计委，可计委的人没听说过风电，不给立项，他就给风电项目改个名字，叫长线路中间的一个电源支撑点。然后，找电力局长申请项目启动资金，局长不批，他就给局长看他去美国考察风电场的照片，包括他们"5人组"在飞机上的照片，照片上有水电部的官员，飞到美国考察风电可不是看看那么简单，是希望内蒙古能把大风电干起来，像美国南加州一样利用好自家门口的风资源！

"好！"局长说，"向党组汇报！"

电力局党组同意为陈通谟成立了风电办，他也因此从农电转到风电工作上来。这个风电办实际上是一个科级单位，而当时的陈通谟已经是处级干部了，为了理想中的大风电，他主动辞去农电处的职务，将自己的全部心思放在内蒙古风电开发上。

发现"辉腾锡勒"

在互联网上搜索"辉腾锡勒"，你会发现它是一个旅游区，而它本初的名字"辉腾梁"已被旅游者渐渐淡忘，那里除了"风吹草低见牛羊"外，最壮观的景物是一个个矗立空中徐徐旋转的风力发电机，就风电场装机容量来说，曾经做过一个时代的"亚洲一哥"。

因为陈通谟的发现，内蒙古有了"辉腾锡勒"这个地名。

成为内蒙古风电办主任后，陈通谟开始寻找建设大型风电场的最佳地点。通过气象局多年的风力数据，按照美国建造风电场风速不得低于6米／秒的标准，陈通谟最先找到了三个地区，其中一个叫朱日和，1987年至1988年的测风数据显示，25米高度风速达到9米／秒，1989年12月朱日和风电场正式并网发电，成为内蒙古第一个并网发电的风电场。

找风场，陈通谟乐此不疲，他找到的十个风电场场址均已列入内蒙古电力发展规划，总计装机容量超过 268 万千瓦，其中辉腾锡勒的规模最大。

那是 1992 年夏季的一天，陈通谟陪同来内蒙古考察风能资源的英国风能专家加法诺夫夫妇，他们乘坐的一架小型飞机由锡林浩特向呼和浩特市方向飞去，透过舷窗陈通谟惊讶地发现大青山顶上有一片开阔地，草地间还有星星点点的湖泊，他禁不住怔了一下："这是什么地方？"

作为风电办负责人，自 1986 年开始，他的足迹遍及内蒙古大地，目标是在内蒙古选出优良风场的场址，可随着测量范围的扩大，似乎最后的惊喜还没出现，但期待还在心里。回到呼和浩特后，陈通谟还在琢磨从飞机上看到的那块绿地，多年踏勘选址经验告诉他，这里不同寻常。他想起自己在内蒙古电管局农电处工作时，曾陪着华北电管局的领导，从凉城县穿过卓资县到察右中旗考察，路过一个叫灰腾梁的地方，风很大，8 月初的季节，两个人穿着短袖衬衫坐在吉普车里，冷得直哆嗦。想到此，他心中一惊：他在飞机上看到的地方就是灰腾梁。

灰腾梁，蒙语意思是"寒冷"，位于内蒙古乌兰察布市中旗境内阴山山脉中段，受西伯利亚冷高压和蒙古高原气旋活动影响，常年干旱多风，极端最低气温 -42℃，极端最高气温 36℃，一天最大温差在 25℃左右。

后来，陈通谟和时任电力部农电处处长尹炼又专程跑了一次灰腾梁，这才确信灰腾梁是难找的绝佳的风场场区，尹炼激动地说，"应列为国家开发的重点风区。"陈通谟在内蒙古绕了一大圈，最后发现最近的一个风区最好！

接下来，陈通谟编制了一份装机容量 120 万千瓦的开发规划和测风报告，得到了原国家气象局气象科学研究院风能专家朱瑞兆的重视。"120 万千瓦可是世界级了，我来找人开鉴定会。"朱瑞兆作为世界气象组织风能组组长、世界知名专家，出面邀请了美国、英国、印度、意大利、日本的风能专家，由他亲自任组长，在内蒙古自治区电管局的大会议室召开"风能资源评审会"。与会专家看完汇报演示后，评价"这里的风比美国加利福尼亚的风还要好"，一致同意朱瑞兆写的评审结论并签字，审查会圆满结束。

1993年上半年，陈通谟在为风能资源审查会编制报告时，一直在想为风电场取个好名字。灰腾梁这个名字难免让人联想到灰蒙蒙一片荒凉的山梁，显然不能诠释他心中对这个地方所倾注的热情和寄予的希望。思来想去，他想到了辉腾锡勒。"辉腾"与"灰腾"谐音，取辉煌腾飞之意，"锡勒"在蒙语中是"台地"的意思，其原意为"桌面"。随着风能资源评审会的召开和专家的传扬，从1993年下半年起，内蒙古就有了"辉腾锡勒"这个响亮的地名。

当时的辉腾锡勒仅有一纸规划，要上项目则面临着缺资金、缺设备、缺技术、缺管理经验、缺政策的尴尬局面，同时地方领导对于大型风电的发展前景也有不同看法。陈通谟却一心想用"借鸡下蛋"的办法，探索一条"白手起家"之路，就是利用国外政府贷款并采购他们的设备进行风电场项目开发。

辉腾锡勒第一个成功的项目，是丹麦政府的混合贷款项目，安装9台丹麦Micon-600kW风电机组，1995年并网发电。其实，这是内蒙古接触到的第二个丹麦政府混合贷款项目。早在1987年，由于地方某些部门的犹豫，内蒙古曾经与当时中国第一个丹麦政府混合贷款项目失之交臂，而那个项目最终在1988年落地新疆。这一点，陈通谟感到遗憾。

1995年3月，内蒙古电管局风电办改制为内蒙古风电总公司，陈通谟任副总经理。有了成功的经验，陈通谟放开手脚，辉腾锡勒的发展可谓蒸蒸日上，不但安装了全国第一台600千瓦风电机组，也安装了第一台1.5兆瓦风电机组，到1997年陈通谟退休时共有7个品牌的风电机组在辉腾锡勒广袤的风电场中运行。

陈通谟：因风创造"辉腾锡勒"地名的人

2007 年 9 月 24 日，陈通谟（中）在内蒙古风电装机容量实现百万千瓦庆典上。

　　如果说是陈通谟发现并成就了辉腾锡勒，那么也可以说，辉腾锡勒将陈通谟推到了其人生的高光点。陈通谟的名字从此在风电行业变得家喻户晓，他的观点影响了许多风电人，他的话语也从来不缺乏听众。

孙如林：

从退役旋翼开始探求风轮上的能量

> 直升机旋翼是受发动机驱动旋转产生所需要的气动力，而风轮是吸收风能而旋转带动发电机旋转，从轴向动量理论看，气流穿过旋翼后是收敛的，而风轮是发散的，所以选用直升机桨叶做风轮叶片效率较低。

20世纪70年代，我国还没有玻璃钢叶片，退役直升机旋翼桨叶成为风电叶片的主要来源。退役直升机旋翼桨叶重回天空旋转，画出了中国风电试验探索的轨迹。正是这一点，孙如林感慨，"从军工技术惠泽于风电开发应用，到后来继续服务风电发展，这是他人生中值得自豪的一段生命旅程。"

退役旋翼桨叶回到天空

1978年，我国还难以自主研制专用于风电机组的叶片，因此福建省电力局研制55千瓦风电机组时，希望能够利用退役直升机旋翼桨叶改为风电机组的风轮叶片。于是，福建省电力局就到中国直升机设计研究所寻求帮助，这项任务就落到孙如林的肩上。

那时，孙如林在中国直升机设计研究所总师系统办公室工作任副总师，按矩阵管理模式，纵向分工负责预先性课题研究，横向按专业能力负责直升机旋翼系统技术把关。直升机有一种飞行状态，即当直升机发动机出现故障不能工作时，旋翼旋转是利用下降的相对气流，使用自转产生升力平衡直升机重量缓慢下降，这种状态称直升机自转下滑状态，即风车状态。孙如林认为，正是由于该状态与风轮气动原理是相同的，都是从风中获取能量，所以在技术上，直升机专业人员进入风电叶片行业较为容易。

福建省电力局所说的这款 55 千瓦风电机组由福建省电力中心实验所、福建省机械研究所等单位联合设计，最初的风轮直径为 21 米，但经孙如林通过计算后将风轮直径调整为 16 米，1982 年 5 月在福建平潭风力发电试验站成功运行。该机组的研制被列入国家"六五"（1981—1985 年）科技计划，在福州发电设备厂完成样机试制，其风轮为水平轴下风向布置，自动调速调向，叶片采用直 –5 型退役桨叶，塔架高度 16.2 米，为空心圆柱形混凝土结构。

"这台 55 千瓦机组的运行结果是可以发电，但是风能利用系数 C_p 值仅为 0.22，与贝茨理论最大值 0.59 有较大差距。"孙如林解释，"直升机旋翼是受发动机驱动旋转产生所需要的气动力，而风轮是吸收风能而旋转带动发电机旋转，从轴向动量理论看，气流穿过旋翼后是收敛的，而风轮是发散的，所以选用直升机桨叶做风轮叶片效率较低。"

清华大学王承煦教授 1995 年 10 月出版的《风力发电实用手册》一书提到了这款型号为 FD–16–55kW 的机组，它与 1986 年 9 月投运的 4 台比利时 Wind Master 200kW 机组同在平潭风电场并网运行。

首次进入风洞试验的风电机型

我国"六五"期间，原国家科委安排了 3 千瓦风电机组科研攻关项目，并采用招标方式确定攻关单位，最终中国直升机设计研究所成为两个中标单位中的一家。

就这样，中国直升机设计研究所任命孙如林为该攻关项目总设计

071

孙如林提到的 3 千瓦机组，整机风洞试验。

师，他带领团队用近 3 年时间，完全按照直升机设计流程自主完成了 3 千瓦风电机组的设计与制造，以及主要部件的地面试验、整机吹风试验和外场运转测试。

这台机组设计采用水平轴、上风向型式，风轮直径 6.6 米，采用离心变距系统，大风保护采用折尾系统，塔高分别为 10 米、12 米。完成地面试验后，整机安装在绵阳 29 基地低速空气动力研究所（简称低速所），在 8 米 ×6 米风洞扩散进行 1 个月吹风试验。孙如林回忆说，整机吹风试验受到低速所所长贺德馨的大力帮助和支持，吹风经费由原国家科委直接支付。"经过测试，这台机组风轮 C_p 值为 0.44，并能在不到 3 米 / 秒的风速下启动。"孙如林欣慰的是，各种试验工况下机组运行平稳，变距系统、变桨过程的性能达到设计要求。其风洞试验最大风速达 18 米 / 秒，大风保护系统达到设计要求。

这是我国风电机组首次进入风洞试验。此后，这台样机安装在福建平潭岛风电场进行运行测试，其测试结果达到了攻关任务书的要求，作为科研成果列为推广生产项目。回忆 3 千瓦风电机组项目，孙如林认为并不完美，虽然气动部分获得了一致好评，但电控系统却屡屡出现元件老化问题，需要经常更换零部件。"当时我就深有体会，我们的风电机组研发之路之所以走不下去，电控系统、电子元件不过关也是重要的因素之一。这方面的部件，直升机是进口的，可以不计成本，风电机组是民品，只能买国产的，但当时国产元件确实不太过关。"孙如林遗憾地说。

在国外做 200 千瓦叶片气动外形设计

受原国家科委委派，孙如林 1985 年年底赴比利时布鲁塞尔自由大学研习风电机组设计，成为我国最早被公派出国做风电机组设计的访问学者。布鲁塞尔自由大学（Free University of Brussels，VUB）是一所综合性大学，孙如林在流体动力学系学习，受教于查尔斯·赫思（Charles HIRSCH）教授。查尔斯·赫思是比利时皇家科学院院士，在计算流体动力学方面赫赫有名。

可是，查尔斯·赫思教授没有给孙如林安排科研任务，他只好踏踏实实地在图书馆翻阅关于风电机组的资料。直到 3 个月后，查尔斯·赫思教授找到孙如林，安排他设计 200 千瓦风轮叶片的气动外形，然后计算其气动载荷。

此时的孙如林才真正感到了压力。因为，此次海外学习计划的时间为 1 年，也就是说，他只能在仅剩的 9 个月时间里完成 200 千瓦风轮叶片的设计，时间紧、压力大、难度高。孙如林拼了，用一个月时间完成了叶片气动外形设计，查尔斯·赫思教授审核通过后，他开始建立计算力学模型、编计算程序、试通程序、写报告，其中试通程序和载荷计算研究报告是花费时间和精力最多的，只能加班熬夜苦干，最终还是按时向查尔斯·赫思教授提交了载荷计算研究报告，并送到

073

了比利时技术政策部。在比利时，凡是获得其资助的外国留学生的研究成果都要经过审查。正当孙如林准备回国时，查尔斯·赫思教授告诉他，200千瓦叶片气动外形设计的研究报告经审查后得到认可，希望孙如林延长1年的学习时间。

从第2年开始，孙如林开始做垂直轴风电机组的气弹稳定性研究。虽然该课题难度更大，但由于此前已有3个月的理论积累和9个月的研究经验，加之相关人员也较为熟悉了，他的精神压力比第一年小了许多。"实际上，风轮叶片设计是一个多目标多约束的优化过程。如果风轮载荷大，则会增加整机重量和成本。如果载荷计算方法不准，获得值小于实际运行载荷，会影响整机的安全和可靠性。"因此孙如林认为，作为风电机组总体设计，其稳定性是首要的。总体设计，实际上是一个集成的优化过程，除考虑性能、可靠性、重量和成本外，机组在各种风况下的稳定性是首先需要得以保证的。这是孙如林在比利时布鲁塞尔自由大学做项目研究时得到的认识。

回国后，在比利时的学习研究所得派上了用场。"八五"期间，孙如林参与了我国"200kW风力发电机组研制"等项目，为我国风电机组国产化探索作出了贡献。

中航惠腾叶片出世

作为享受国务院政府特殊津贴的专家，1999年62岁的孙如林退休后来到中航惠腾风电设备股份有限公司（简称中航惠腾）担任总工程师。当时，中航惠腾仅有两个设计人员，这么单薄的设计力量难以做好叶片开发工作。怎么办？孙如林做了两件事，一件事是通过整合行业资源寻求合作，做出行业顶尖的叶片动力特性报告。于是，中航惠腾向国内研究机构、院校提出了有关叶片设计的要求，也向其提供了中航惠腾的原始数据，但其分析计算结果的准确性由中航惠腾来确定，这样就获得了更接近"实战"的叶片设计技术报告。

孙如林：从退役旋翼开始探求风轮上的能量

　　另一件事是梳理手中的国外翼型特性数据，通过比对研究确保国外数据的准确性和适用性，"为我所用并可用"。实际上，孙如林早已发现有些国外翼型特性数据不准确，如何通过比对研究确保外来数据的可用性呢？孙如林想到了"九五"期间，中国直升机设计研究所在西北工业大学翼型研究中心的 NF-3 风洞，对 FFA-W3 族翼型做吹风试验得到的三种翼型气动特性曲线和数据。有了这些气动特性曲线和数据便可以对国外的翼型特性数据进行深入研究，以便有效吸收和利用国外的先进技术。

　　这两件事项为中航惠腾 600 千瓦风电叶片研发及商业化生产提供了扎实的支撑。2002 年中航惠腾 600 千瓦风电叶片实现了量产，打破国外叶片商在中国风电叶片市场中的绝对优势，2005 年中航惠腾国内叶片市场份额占比超过 50%。

　　通过渐进的设计与制造经验积累，中航惠腾 750 兆瓦、1.2 兆瓦和 1.5 兆瓦等主流叶片产品均由内部设计或优化改进完成。回忆叶片往事，孙如林特别提到了"参考样机设计法"，也就是使用成熟的样品，进一步对其进行优化和改进，最终达到自己的设计要求。比如一款来自国外原型 750 兆瓦叶片，其运行中经常发生振动现象，孙如林对这款叶片的气动外形做了设计改进，并在其结构设计中增加结构阻尼器，成功解决了振动问题，其结构阻尼器获得了国家专利。

　　作为"863 计划"项目，国产 1.2 兆瓦叶片也是采用"参考样机设计法"完成了其样机研制，2005 年安装于金风科技 1.2 兆瓦直驱机组上，良好的运行表现为金风科技 1.5 兆瓦直驱机型研发做了技术准备。"通过'参考样机设计法'实现风电叶片的本土化生产，做到了降本、可靠性和风况实际的适应性。"在孙如林看来，这为我国叶片独立设计与制造奠定了基础。

　　在很长的一段时期内，中航惠腾在叶片市场扮演着龙头企业的角色，已有的辉煌定格进我国风电发展史册。

朱瑞兆：

中国风能储量变化知多少

> 1995 年，原国家气象局对外公布，我国陆上 10 米高度处风能技术可开发量约为 2.53 亿千瓦。"这个数据比较准确，这是我们用求积仪一块块计算出来的。"

1980 年冬天，50 岁的朱瑞兆知道了中国陆上风能资源的储量大约有 1.6 亿千瓦，但这只是 10 米高度的资源量。"显然，随着高度的不同，这个量会有变化，50 米高度的资源量大致可以翻一番。"朱瑞兆的"发现"，使得试验中的中国风电瞬间展现了光明前景。考虑到当时的情况，这一数据并没有对外公开，仅有很少的专家和领导人知道。

朱瑞兆被誉为探求中国风能储量的泰斗，非常支持在我们风能专委会的工作，有些重大活动也会亲临现场。我记得 2009 年 6 月的一天，79 岁的朱瑞兆老师来风能专委会，走起路来脚步生风，精神矍铄，说到他健康的身体，朱老师先是放声大笑，然后诙谐地说，"赶上一个风能好时代，我一年到头几乎与风同行，身体就是这么练成的。"

业内的评价足见朱瑞兆老师是因卓越成就而为众人敬仰的人。朱瑞兆老师在与风能结缘之前，一直从事建筑气候研究，也就是风压对建筑的压力。风压与建筑的关系十分密切，风压是建筑设计中的基本参数之一。过高地估计风压数值，必然形成"肥梁胖柱"，造成浪费；相反，如果将风压数值取小，房屋建筑则会被风吹毁，造成损失。正是因为在建筑气候方面的多项研究成果，朱瑞兆出席了1978年全国科学大会，获得"全国先进科技工作者"称号。

1980年以后，朱老师的主要研究精力转向了风能。当时他感到自己做风压研究已经做到了编制荷载规范的高度，再往上做空间已不大，而风能则是新的领域，有较大的发展空间。其实风压和风能关系密切，所不同的是，风压是风速的平方，风能是风速的立方。

实际上，朱老师转向风能得益于一次国际会议。1979年的秋天，朱老师作为世界气象组织（WMO）的报告员，参加了WMO在美国华盛顿举行的世界气象年度大会。其间，朱老师听到有些外国专家谈到太阳能和风能，尤其美国已经开展了风力发电，这令朱老师感到新奇和兴奋。这次会议改变了朱老师的研究方向，当然这个方向符合我国能源经济发展的方向。

摸 清 家 底

中国风能资源储量有多少？ 1980年夏天，朱瑞兆在原国家科委的支持下，开始了摸清中国风能资源家底的艰苦工作。尽管这是我国首次开展风能资源普查，但鉴于当时部门对这项工作的认识和重视程度所限，所有的风能普查工作只能在工作之余进行。朱瑞兆老师组织了40多个人做这项工作，但只有他是专职的，其他人都是利用晚上和休息日的时间来做，有时候为赶进度，工作到午夜也是常有的事情。朱老师回忆说，那时同志们都被这项开创性的风能普查工作鼓舞着，热情高涨，把做事看得很重，把辛苦和加班补助看得很淡，就这样他们花了半年多的时间，才把全国风能资源基础数据的统计工作做完。

那是一项统计量很大的工作，何况当时连手按的计算器都没有，完全是人工计算。朱老师在全国 29 个省（自治区、直辖市）选择了 300 个气象站点，从每个站点 30 年的气象资料中选出 3 年的数据，也就是风速大值年、小值年、平均年，这样算下来大约有 800 万个数据。

简单说，他们分析了我国 3～20 米/秒范围内各风速的出现时数，计算了风能密度，给出了"我国有效风能密度、有效风力出现时间百分率、全年 3～20 米/秒风速小时数和全年 6～20 米/秒风速小时数"4 张分布图，并描述了它们的特征，进而分析了我国风能资源潜力。

通过这次普查，基本探明我国风能资源的储量大约为 1.6 亿千瓦，甚至更多，但这一数据并没有对外公开。1981 年第 2 期《太阳能学报》发表了朱瑞兆、薛桁联合署名的《我国风能资源》一文，该文在"小结"中只是使用了"我国相当多的地区有着丰富的风能资源"这样的表述，并没有公布具体的储量数据。但文中的"风能密度的计算、我国风能资源分布、风能随高度变化"等技术性内容为当时试验中的中国风电提供了极具价值的技术支撑。

此后，朱瑞兆老师又对中国风能区划进行了研究。当时，世界气象组织对全球风能资源进行了估算，按风能密度和相应的平均风速将全球风能划分为 10 个等级。但是，世界气象组织所作的风能区划，对我国的分区有较大偏差，如内蒙古偏小、黄河和长江中下游偏大，对青藏高原标明"不了解"等。那么，中国风能区划要考虑哪些因素呢？这是朱老师当时考虑的问题。

朱老师当时主要考虑了三个因素，也可以说是三个指标：一是风能密度和利用小时数，风能密度越大，利用小时数越多，风电机组利用效率就越高；二是风能的季节变化，这也是设计蓄电装置和备用电源的重要参数；三是风电机组最大设计风速，也就是极限风速，极限风速取得过大会造成浪费，取得偏小风电机组则有被损坏的危险。要使风电机组安全可靠地运行，必须推算出一定重现期下的最大风速。

朱瑞兆：中国风能储量变化知多少

　　朱瑞兆老师根据有效风能密度和 3 ～ 20 米 / 秒风速的全年累计小时数、风能的季节分配及 30 年一遇时最大风速指标，将全国划分为风能丰富、较丰富、可利用和贫乏 4 个区，以及 30 个副区。通过分区找出全国各地风能的差异，以便充分利用风能资源。

　　朱瑞兆老师提出的这三项指标对风电机组制造商也具有很高的参考价值。到现在，业内专家仍对朱老师 1983 年初确立的"中国风能区划"指标给予很高的评价。1985 年，朱老师主导的"我国风能资源的计算和区划"项目获得国家科学技术进步奖三等奖。

　　回顾首次风能资源普查工作，朱瑞兆老师还是感到有些遗憾，比如站网密度较疏，在一定程度上影响了数据的准确性。之后，虽然一些省份也陆续开展了进一步的风能资源调查，但内容与标准参差不齐，就全国范围而言，某些方面缺少可比性。在这种情形下，我国于 1984 年 9 月至 1987 年 7 月开展了第二次风能资源详查。与首次普查相比，这次是对我国风能资源丰富和较丰富地区 19 省（自治区、直辖市）风能资源状况的详查研究。这次详查对新疆、内蒙古、甘肃等 19 省（自治区、直辖市）的 748 个气象台站连续 10 年的风能资料进行了收集、统计和计算，完成了技术总结报告及分省（自治区、直辖市）报告 21 篇，详细论述了这些地区的风能资源状况，以及开发可能性和建议。

　　这项成果成为我国首份全国范围内重点风能资源按地区划分且详尽的数据资料，为我国有效地开发利用风能资源、制定风能开发规划、机组选型、场址选择提供了科学依据，具有普遍的指导意义。从当时的情况看，这项成果从风能密度公式出发，依据实有气象资料，得出平均风能密度估算公式，同时针对我国地形复杂的特点，考虑青藏高原空气密度小对风能等影响，计算了每一个站点的空气密度，从而修正了国外通常将风能公式中的空气密度取作常数的概念，进而提高了计算的精度，在计算中还应用了 Weibull 模型进行资源估算，并导出

朱瑞兆（左三）在 1988 年全国风能开发利用研讨会上。

平均风能密度、有效风能密度等计算公式。朱瑞兆对本项目的创造性贡献在于他提出了本项目的总体方案和有效的研究途径和计算方法。

1989 年 7 月，"全国 19 省（自治区、直辖市）风能资源详查研究"项目获得国家科学技术进步奖二等奖。这是朱瑞兆第二次在风能资源研究领域获得国家科技进步奖。

1997 年 11 月，67 岁的朱瑞兆退休了，他是原国家气象局退休较晚的人，之所以这样，是因为原国家气象局需要这样的泰斗。

之前的 1995 年，原国家气象局对外公布，我国陆上 10 米高度处风能技术可开发量约为 2.53 亿千瓦。这又回到中国风能资源储量的问题：风能资源的开发利用潜力究竟有多大？这是一个关乎中国风能资源开发利用前景的关键问题。朱瑞兆认为，"陆上 2.53 亿千瓦这个数据比较准确，这是我们用求积仪一块块计算出来的，而海上 7.5 亿千瓦的数据则是一个大概的估计，误差可能大于陆上。因为相对陆上，海上风能资源评估的难度更大，缺乏必要的技术数据支持。"

随着技术进步，我国风能资源的技术可开发量评估又有新成果。

国家气候中心主任巢清尘研究员和王阳副研究员团队，基于高时空分辨率风能资源数据，利用地理信息系统空间分析方法，系统评估了中国陆地和近海风能资源。2022 年 5 月发布的评估结果表明，中国陆上 100 米高度的风能资源技术可开发量约为 86.9 亿千瓦，中国近海 100 米高度的风能资源技术可开发量约为 22.5 亿千瓦。

到 现 场 去

在我国风能开发初期，现场是朱兆瑞老师最想去的地方。

"多年来，朱瑞兆活跃在风能一线，哪儿需要哪儿就是他的落脚地，全国 80% 的风电场有他工作过的身影。"朱瑞兆的同事这样评价朱瑞兆。

20 世纪 80 年代初，朱老师在湖北待过 3 个月之久，他与湖北省气象局、湖北省电力设计院的科技人员一道，完成了"阳逻跨江输电铁塔风的梯度观测研究及应用"课题。该课题充分利用阳逻铁塔 146 米的身高，分别在不同高度安装了 9 层测风仪，对近地层风的垂直变化作了大量的统计与分析，为我国平原地区的近地层风特性研究与应用提供了有价值的数据。简单讲，近地层风的研究既能掌握各个不同高度上的风能潜力，又可以为风电机组本身和塔架结构的设计提供重要依据。

当风力发电渐成商业化气候的时候，风电场选址成为业主头痛的问题。这种情况下，风能资源专家朱瑞兆就成为"最被邀请的人"，有人称他有"点风成金的金手指"！

但辛苦和付出只有朱老师自己最清楚。朱老师去的地方大多地形复杂，在复杂地形条件下，风电场选址要通过实地勘测来确定，工作量很大，十分辛苦，用脑更用体力。他在广东的横琴岛、硇洲岛实地勘测时，那儿除了山石树丛什么都没有，更困难的是根本找不到上山的道路，只好从当地请了两个老乡做向导，摸索着前行，看看哪儿更适合安装风电机组，的确是费力费脑的工作。后来，横琴岛、硇洲岛

081

都建起了风电场，想到风能资源得到了开发利用，那苦那累都成了他美好的回味和记忆。

"几十年来，朱瑞兆在荒漠、在草原、在海岛，他选址的多个风电场，可以说有口皆碑。"朱瑞兆面对这样的评价，仅是一笑而过。我曾问他哪些风电场是他最得意的选址时，朱老师只是爽朗地大笑，乐呵呵向我讲起了他在海南岛的"盐碱衣衫"、在辉腾锡勒的沙尘暴。

不记得哪一年了，朱老师在海南岛实地勘测风电场选址，正是夏天最热的时候，衣服湿了又干，干了又湿，回到住处发现浑身的衣服已是一片片白碱。在辉腾锡勒实地勘查时遇上了沙尘暴，那真是伸手不见十指，他们几个人在原地一待就是几个小时。在朱瑞兆看来，对干风电事业的人来说，这都是家常便饭，实在算不得什么。

风电场一旦选定，接下来就是风电机组位置的选择了。最初几年，机组位置的选择还没有软件可以使用，机组装在哪里全靠人工计算定位，尽管后来有了这方面的软件，但容易出现偏差，尤其稍微复杂的地形，软件就很不靠谱了，最终还得靠人工解决问题。机组位置的选择是一个重要的气象研究问题。也就是说，风力的大小与地形、地理位置、机组安装高度、机组间的距离等因素关系密切。

早在1981年11月，朱瑞兆就在《气象》杂志发表了《风机位置选择中的一些气象问题》一文，后来他在现场进行的风电机组定位只是对一些研究成果的实际应用。

多年后，当我邀请朱老师给我们讲讲过去风电场选址以及风电机组定位的故事，朱老师乐呵呵地说，"那时在南澳、在商都，我和杨校生跑选址……那时在长岛，我和王文启定机位……"朱老师说到的这些名字都是值得我学习和尊敬的风电人物。

贾大江：

单调中的坚定——21 年设计中小型风电机组

> 呼和浩特一刮风，他就会从睡梦中醒来，以为自己在北京八达岭西拨子做试验，十多年后这种"闻风而起"的神经过敏症才慢慢消失。

中学时期的贾大江对数学、物理以及航空模型产生了浓厚的兴趣，初中升高中时数学成绩拿到了呼和浩特市第四名，扎实的数学底子为他以后接触空气动力学打下了基础。恰在此时，贾大江遇到了他的空气动力学启蒙老师，这位由于政治原因从北京航空航天大学下放到呼和浩特第二中学的老师以前从事的就是航空模型方面的工作。课堂之余，这位老师也乐于给孩子们讲授一些空气动力方面的基本知识，贾大江对空气动力学有了最初的感悟，并逐渐发展成一种喜好，这种感悟和喜好使他后来在研究所接触风力发电显得得心应手。

1976 年，贾大江进入内蒙古工业大学机械制造专业，其实在这之前，他在工厂待过几年，对机械制造接触很多，基本的知识都学到了。因此，对自己的专业，他主要是参加考试，而去其他院系或周边其他学校听课才是贾大江的一门必修课。他去内蒙古师范大学进修数学，去内蒙古大学进修物理。"那时的进修非常简单，找个熟悉的人和教务处主任打个招呼，就可以搬个板凳过去听课了，没有人会管你。"

说起当时的时光，他庆幸而且怀念。课后，贾大江也迷恋各种各样的小制作，"那时候总是买来一堆零件，焊一焊，接一接，组装电视机、收音机都是常事。"

1979 年，贾大江进入中国水利水电研究院牧区水利科学研究所工作，并一直担任该所风力发电项目负责人。当时的研究所主要负责三项工作：水力发电、牧区水利灌溉和水资源。作为风力发电项目带头人，贾大江领着一批同事专门从事风力发电系统的研究、开发和推广工作。20 世纪 80 年代的内蒙古是我国搞风力发电最早的省（自治区）之一，当时的水利电力部提出要解决内蒙古牧区的水利电力问题，因此牧区水利科学研究所也就设在了呼和浩特。内蒙古有丰富的风能资源，自从设立这个研究所以后，与风力发电相关的项目便一个接一个，有国家的项目，有内蒙古自治区的项目，也有研究所自定的项目。

作为主设计师，贾大江负责研制的风电机组有 300 瓦、500 瓦、1 千瓦、2 千瓦、5 千瓦、10 千瓦、20 千瓦到 50 千瓦、100 千瓦、250 千瓦等等。当时，所有与风力发电相关的项目都是跟着国家和地方的政策进行的，几乎一个机组系列就立一个项目，因此贾大江所设计的每一个机型都是当时我国风电行业发展史上的一个缩影。

回顾过去的职业生涯，贾大江认为风电设计是一种态度。

20 世纪 80 年代，我国风力发电刚刚起步，当时设计出来的风电机组大多会出现这样那样的问题，但是贾大江坦言，他设计的机组确实很少出现什么毛病。

对于风电机组设计，贾大江非常赞同墨菲定理中的一个理论："如果你担心某种情况发生，那么它就更有可能发生。"墨菲定理经常用来形容越是担心的事情越容易担心，但是贾大江以此形容设计中的敏感性，一点也不为过。

他认为在机组设计过程中，"你如果对某个地方有所怀疑，那个地方迟早会出问题，所以应该趁早发现问题并纠正它。"对此，贾大江深有体会。一次偶然的机会，他了解到某制造商使用的是石墨轴承，当时心里便嘀咕："石墨轴承和非石墨轴承不好区别，石墨里面如果搁点炭黑，那怎么辨别出来呢？"果然，几个月后，轴承供应商在提供的十几台轴承中使用炭黑替代了石墨，最终造成轴承到冬天便无法运转。最后，经过反复分析，贾大江发现轴承中使用铜石墨效果会很好，而且不易被假冒。

对于自己所设计的机组一直没有出什么问题这一点，贾大江认为很大程度缘于这种怀疑的态度。在做具体设计时，他善于参考别人的经验，前车之鉴后事之师，"看到别人的很多问题，也就记在心里了，整个设计工程都是这样，这么多年都如此。"

对于设计，贾大江还坚信另外一个观点："任何一个设计者总会觉得自己设计的东西不够完美，总觉得还有可改进的地方，这是很正常的。"在他看来，没有一个设计是天衣无缝的，标榜没有毛病的设计根本就不算一个设计。

贾大江认为风电机组的设计就是一个不断平衡各种矛盾的过程。比方说，风轮设计需要高效率，电机的转速越高，电机越轻，但是风轮转速太高而造成太大噪声也不行。电机也一样，如果想用最高级的磁钢，价格等方面都需要平衡，不一定最好的就是最合适的。选材需要平衡，逆变器的问题也要平衡，什么逆变器更合适，选择的电压又与变流器有关。整个设计过程，从大方面来讲，风轮、电机还有变流器，本身就要平衡，控制器又要控制这几个大部件，又在平衡。所以，不能说某个设计满意到家，只能是说得过去。另外，贾大江还认为，搞风电机组设计是最基础的工作，还需了解施工环境、企业的生产能力，太难的设计，企业也许用不了。

说起自己设计的机型，贾大江认为有两款是令他满意的。一款是直径2.5米风轮、300瓦风电机组，这个机组送到二九基地进行风洞试验，获得全国第一。后来这款机型又送到美国桑迪亚的一个空气动

085

力研究室进行风洞试验，也被评为当时世界上最好的小型风电机组。说起这款机型的销量，贾大江很自豪，"转让，加上各种仿造的，这个机型销量最少有 50 万台。"

1986 年，贾大江还设计了我国国内保有量最大的一款立轴式 2 千瓦风电机组，该机组当时还获得了原水利电力部科学技术进步三等奖。这些设计出来以后，一般都是转让或者卖给工厂，如当时的商都牧机厂、内蒙古水利机械修造厂，这些工厂再将生产的产品卖给牧民、渔民或其他一些单位。1992 年，由贾大江主设计的 FD2.5-0.3/7 型风电机组也相当成功，获得内蒙古科学技术进步三等奖。

1995 年开始，贾大江已经开始设计 50 千瓦永磁直驱型风力发电机了。之前，贾大江也设计过同步齿轮箱风力发电机，也是永磁机，但是很多试验证明齿轮箱容易坏，铁氧体材料的性能也一般，到 20 世纪 80 年代后期，随着具有极高的磁能积和矫顽力的钕铁硼材料慢慢被应用，以及所设计机型的加大，贾大江开始转到永磁直驱风力发电机的设计上。

作为一位设计者，贾大江最大的愿望就是看着自己亲手设计的机型可以得到认可和推广，可以说他的好些梦想实现了。贾大江回忆说，这是一个艰苦的过程，艰苦也是风电人特有的一种生活方式。

熟悉风电设计的人都知道，风力发电是一个很复杂的工程，涉及空气动力、自动控制、机械、电机等学科，要求数学底子好，还需要编程等技能。每一个机型的设计其过程都比较艰苦。不过，在贾大江看来，这些苦都是可以习惯的。对往事，他轻描淡写，淡定而且乐观："风场可以积累经验嘛，比如 50 千瓦的机组，我们安装在宁夏的风场，安装以后就在那里待两三个月，天天看着风电机组做试验，因为只有现场才能总结出最真实的经验。"

每个项目正式开始前，都会有一段不短的调研期，这个时期需要搜集各种资料，研究各国各地的情况。那时的交通和通信不太发达，贾大江每次都带领着自己的团队奔波于各大情报所、图书馆，从内蒙古的情报资料所、图书馆到国家的情报资料所和图书馆，设计组需要考察各地工厂的标准件生产能力，研究国外风电机组的发展现况。

1986年，贾大江撰写的一篇关于直径6米、立轴可变几何型风力发电机的论文在欧洲国际风能会议上发表，但是囿于经济因素，当时所里不能提供足够的经费。为此，贾大江亲自跑到内蒙古一个管科研的副主任那里寻求外汇支持，从而也获得了第一次去意大利罗马参加国际风能会议的机会。后来，他还相继去过德国、英国、澳大利亚等国交流风电发展问题。

当时，原水电部的实验基地在北京八达岭西拨子，设计好的风电机组都会拿到西拨子去做试验，虽然一直对自己设计的机组很有信心，事实证明也没有出过什么问题，但是呼和浩特一刮风，贾大江就会从睡梦中醒来，以为自己在西拨子做试验。十多年以后，这种"闻风而起"的神经过敏症才慢慢消失。

数年后，贾大江坐车路过八达岭时，还可以看到当年安装在西拨子风电试验场自己设计的机组。只是，现在那里已物是人非，周围盖起了高楼大厦，成了旅游景点，也没有风了。

内蒙古也有风电试验场，在这里也发生过一些让人后怕的经历。有一年，贾大江带着一批学生去现场做试验，路上正好赶上天下大雪，而且越下越大，鹅毛大雪很快盖住了前面的路，他们的汽车无法继续前行。车上的人只好步行赶路，从五六点一直走到晚上12点多，有些学生实在走不动了想停下来，当时有经验的人都知道如果停下来就可能被冻死，所以鼓励大家继续前行，一路投石问路往乡所在地靠近，最后这批人终于遇到一个老乡，得以避难。

第二天雪停了以后，找了两辆车去拖搁在雪地里的汽车时，整个汽车都被雪埋住了。对此，贾大江表示当时并没有觉得苦，因为这是风电人工作和生活方式的重要组成部分。

087

吴运东:

那时风电国产化也有闪光点

用"直-5"旋翼作叶片更像一种因陋就简的风力发电试验活动,而我国风电有了玻璃钢叶片后,在整体上将风电机组的研制提升到一个质变的进程。

就风电国产化而言,吴运东的经历折射了我国风电机组研制上的几个光芒时刻。吴运东回忆说,20世纪80年代到90年代的20年间,我国风电工业基础比较薄弱,风电机组研制是从使用退役直升机旋翼作为风电叶片开始的,后来我国有了玻璃钢叶片,风电机组的设计与制造有了较大的试验空间。

但真正规模化的风电设备国产化,是在后来引进国外1.5兆瓦风电机组技术以后发生的巨大变化。"此前20年风电机组研制探索也为我国风电引进技术的消化吸收和创新奠定了基础。"到2009年,吴运东带领团队结合中国风况实际,将引进的1.5兆瓦风电机组技术衍生出7个机型,并批量运行。

用退役"直-5"旋翼作叶片设计变桨距风电机组

1978年在西北工业大学攻读硕士学位的时候,吴运东就对风力发电机设计和制造产生了兴趣,甚至梦想设计和制造中国的风电机组。

1980 年 12 月，35 岁的吴运东硕士毕业后，来到了浙江省机械研究所工作，真正开始了他设计和制造风电机组的梦想。令他自豪的是，他所在的研究所参与了我国首台具有现代工业概念的 FD13–18kW 水平轴风电机组的研制，这台机组于 1977 年 8 月由绍兴迁至嵊泗岛。后来，吴运东主持了这台 18 千瓦机组的增容改进工作，依旧采用退役直升机"直 –5"旋翼作叶片，风轮直径由原来的 13 米加大到 16 米，使这台机组容量增加到 22 千瓦，1984 年改为并网运行，实现了向电网连续供电，引起了原水电部的关注。

1982 年，原水电部给浙江省机械研究所下达了用"直 –5"旋翼作叶片设计 30 千瓦风电机组的课题，这给吴运东和他领导的风力发电设计室带来了机会。吴运东负责设计的 3 台不同型号的 30 千瓦机组如期完成了制造，安装在浙江嵊泗岛独立运行，后来改为并网运行。

完成 30 千瓦机组研制以后，吴运东又负责设计了 FD21–40kW 机组，尽管仍旧采用"直 –5"旋翼作叶片，但在设计上参考了美国 MOD–O 机组技术，这在当时是比较先进的。FD21–40kW 机组的三个叶片为变距桨叶，变桨距由调速器的飞摆马达发出信号，通过液压放大机构经主轴孔内的调速拉杆带动转动套来实现。这台机组采用离心式液压自动调速系统，当风速变化改变风轮转速时，液压调速系统使桨叶改变角度，以保持发电机转速恒定。这台机组主要用于并网运行，也可作为单机独立运行，1982 年 9 月在嵊泗岛并网成功，1983 年 3 月通过浙江省原科委主持的技术鉴定。

当时，我国的风电工业化生产程度很低，有些部件即使完成了设计也难以完成制造，甚至在市场上连个高强度的螺栓都找不到，这也是为什么 20 世纪 80 年代中期一直以"直 –5"旋翼作为风电机组叶片的原因。这一点，相较于丹麦，吴运东的感受更深。1987 年吴运东到丹麦学习考察，有一天他应邀到丹麦一所中等专科学校教师家里参观他的风电机组，起初吴运东并没有感到有什么特别的地方，这台 55

089

千瓦机组安装在这位教师家的后院，完全能够满足家庭用电的需求。但让吴运东吃惊的是，这台风电机组从设计到安装均由这位教师一个人完成，仅仅用了不足一个月的时间，其间也就是家人做了几次帮手。而吴运东带领 5 个人的团队，外加一家工厂的配合，苦苦干了 3 年才完成 1 台 30 千瓦机组样机的制造，何况这还是国家支持的攻关项目。差距到底在哪？面对这位丹麦教师，吴运东几经刨根问底，终于有了答案。

原来，55 千瓦风电机组在丹麦已经工业化生产，这位教师根据市场上所提供的叶片、齿轮箱、控制系统、发电机等零部件的参数，在计算机上进行了总体设计，然后完成了整体组装。那时，丹麦风电设备工业化程度已经达到了很高的程度，这令吴运东很羡慕，而在当时的中国，他既要做设计，又要花很大气力盯着零部件的制造，尽管十分辛苦，可还是不尽如人意，这种状况到了 20 世纪 90 年代中期才有了好转。

国内有了两台玻璃钢叶片变桨距机组

1985 年，中国政府与欧共体签订了"中欧（共同体）合作大陈岛分散能源系统风 / 柴分项"项目合同。该项目 1988 年 12 月建成，1991 年 4 月通过了浙江省原科委的技术鉴定，并于同年获得了浙江省人民政府颁发的科学技术进步奖三等奖。在执行项目期间，吴运东担任中欧专家组中方专家组组长，也是项目第一完成者。

正是这一项目的实施使得吴运东和他的团队对风电机组设计与制造技术的理解水平有了质的提升。项目启动以后，吴运东和他的中方项目组成员有了到欧洲交流、考察、学习的机会，他们先后在丹麦的 RISOE 实验室、工业专科学校实践和培训，真是"长了知识，开了眼界"。

项目合作期间，吴运东负责设计了 ZFD-20kW 变桨距型风电机组，在乐清机械厂完成 2 台样机的制造。与此前围绕退役"直-5"旋翼作叶片来设计和制造风电机组所不同的是，ZFD-20kW 机组设计和制造采用了玻璃钢叶片，并把他在丹麦学到的风电机组技术应用到了 ZFD-20kW 机组的设计和制造中，变桨距水平有了新的提升。

实际上，吴运东明白直升机旋翼和风电机组叶片在设计原理上有着本质的不同。用"直-5"旋翼作叶片更像一种因陋就简的风力发电试验活动，而我国风电有了玻璃钢叶片后，这在整体上将风电机组的设计和制造提升到一个质变的进程。

这两台 ZFD-20kW 变桨距机组与从丹麦 Bonus 公司引进的 3 台 55 千瓦失速型风电机组一并安装在大陈岛，后来的运行数据表明，ZFD-20kW 机组比此前的"直-5"旋翼叶片机组有了显著的技术进步，这让吴运东感到格外欣慰。

200 千瓦机组研制创造历史

"八五"期间，吴运东所在的浙江省机电设计研究院与杭州风电设备厂、上海玻璃钢研究所、杭州齿轮箱厂等 8 个单位，承担了原国家科委"八五"科技攻关项目 200 千瓦风电机组的研制。

吴运东和他的团队负责机组的总体设计，与以往不同的是，有些零部件已经能在中国市场上采购到，这为他们设计国产风电机组奠定了一个好的基础。这次攻关，他们在吸收国外技术的基础上，进行自主设计研发，历经 5 年的艰难攻关，终于成功研制出了首台风轮直径 24 米、失速型 200 千瓦风电机组样机。1997 年 4 月，该机组完成了 2000 小时无故障运行，在浙江苍南县通过了由科技部主持的技术鉴定；1998 年初，第二批两台样机在广东南澳风电场投入运行。

后来，在科技部的支持下，吴运东和他的团队对 200 千瓦机组进行了改型设计，开发制造了 3 台 250 千瓦风电机组，并于 1999 年 8 月在广东南澳风电场投入运行，令人欣喜的是，这款机型的国产化率已经达到了80%。

"九五"期间，吴运东在对250千瓦机型进行设计和制造方面的技术完善后，终于实现了批量化、商业化生产，被业内专家公认为"是我国风电设备制造进程中的一个里程碑"。

此前，吴运东负责设计制造的30千瓦、40千瓦风电机组，其变桨系统遇到的最大问题是，机组并网脱网时容易产生飞车，也就是说，机组脱网后桨叶拉不回来，这时功率输入大于输出，致使风轮高速运转拉断了叶片。为解决这一问题，吴运东带领团队在设计这台250千瓦机组时吸收了丹麦的定桨距技术，也就是利用离心力原理，使桨间调整90度，也称定桨间刹车技术。这一技术要求对桨叶制造商来说完成的难度较大，但设计团队做了充足的技术准备。

原来，吴运东在丹麦考察时，专门考察了桨间刹车机构，拿到了相关工艺图纸，当中国需要制造满足桨间刹车技术要求的桨叶时，他便把图纸交给了桨叶制造厂。使用这种技术，即使风轮超过一定的转速，机组也不会因此遭遇破坏性打击。解决了久而未决的机组飞车问题，风电机组就有了安全保障。

值得一提的是，这台250千瓦机组使用了计算机控制技术，这在我国属于首次。以往30千瓦、40千瓦风电机组都要有人值班，开关机必须要有人控制，而这台机组的运行创造了历史。

1.5兆瓦变桨型机组批量投放市场

2001年12月，浙江机电设计研究院实施体制改革，将风电业务分离出来，组建了浙江运达风力发电工程有限公司（简称运达公司），吴运东担任了董事长。此前，吴运东担任这家设计研究院的副院长。

刚刚成立的运达公司，以自主开发的250千瓦风电机组为主打产品，恰逢国家实施"国债风电"项目的利好时机，很快就销售了12台机组，达3000千瓦。吴运东认为运达赶上了好政策，很幸运！

1999 年，吴运东带领团队自主开发 250 千瓦风电机组，成为国内投入批量商业化运行的风电机组。

初战告捷以后，运达公司引进了德国 Jacobs 公司的 750 千瓦机组生产许可证技术，开始生产 750 千瓦风电机组。尽管引进的是生产许可证，但运达获得了有关计算报告以及零部件技术参数，这为运达后来的创新积累了技术资源和经验。

"十五"期间，运达公司承担了国家科技攻关计划中"750 千瓦失速型机组研制"，这是吴运东在运达公司倾注心血的一个课题，2003 年研制成功，2004 年批量投放市场。

2006 年年初，61 岁的吴运东退休了，许多风电设备制造公司请他"出山"，最终他选择了浙江华仪风能开发有限公司（简称华仪公司）。他解释说，华仪公司是上市公司，有一个很好的平台。当时，华仪公司刚刚与德国 Aerodyn 公司签订了联合研发 1.5 兆瓦风电机组的合作协议。他了解并认同 Aerodyn 公司的技术，这也是他加入华仪公司的理由。

2007 年 1 月，吴运东成为浙江华仪风能开发有限公司的总经理，他把原有的 750 千瓦机组改型为 780 千瓦机组，当年投放市场，加快了企业现金流。与此同时，华仪公司与 Aerodyn 公司进行的 1.5 兆瓦机组研制也在如期进行，吴运东提出了具有中国风况特点的设计概念，一个机组产品延伸了 7 个机型，分别适应一类、二类、三类风区，以及高寒、常温、低温、沙尘暴地区，做到设计制造效率和市场覆盖的最大化，并先后批量投放市场。

这样，吴运东延续了他的风电制造梦想。

吴运东：那时风电国产化也有闪光点

俞红鹰：

十年如一日惨淡经营小风机大世界

> 内川俊义先生在 100 台机组中随意抽取了 10 台样品，要求红鹰公司的人员在他的面前全部拆开，这让在场的红鹰人面面相觑。

俞红鹰是个乐观的风电人，即便亏损和负债压在背上，也没有影响他"看好自己"的心情。一次校友会上，我问他两个问题，一个是怎么就离职下海以自己的名字成立了红鹰公司，另一个是红鹰公司怎么就由做项目咨询改做小型风电机组制造生意。

2000 年国务院机构改革，剥离政府直属企业，俞红鹰所在的广东省改制力度很大，为涉及的人员提供了两条路，一条是可以提前退休，涨 3 级工资；另一条是离职下海，保持现有待遇 3 年不变。俞红鹰是其中的一员，他选择了离职下海，筹划和朋友成立一家顾问公司，为有意投资风电的人提供咨询等服务。

公司为什么叫红鹰？几个朋友出资 150 万元，占 50% 股份，条件是公司得用红鹰的名字，俞红鹰认为这样显得很傻，可朋友们坚持，说公司用了红鹰，你总不能让俞红鹰破产吧，用你的名字代表一种责任，红鹰公司就这样成立了。

红鹰公司成立后风电咨询业务做得有声有色，后来承接了国家发展改革委"送电到乡",也就是"光明工程"项目技术方案。作为技术方案的起草人,俞红鹰提交了以小型风电机组为主的电源方案,但在最后的决策会上被否决,会议决定采用太阳能发电技术方案。

会上,俞红鹰坚持己见,一些专家直接问俞红鹰,"实话实说,谁家的小型风电机组好到你敢用,那得多大的维护量?根本不现实!"在被彻底否定的方案面前,俞红鹰很受刺激,开玩笑地说:"当今世界能做出最好小风电机组的人,唯我俞红鹰!"

说出"舍我其谁"的霸气话,俞红鹰是有底气的。1982年8月上海交通大学毕业,被分配至原第六机械工业部进行小型风力发电机的科研工作,曾经承担国家"六五"科技攻关项目中的"小型风力发电机研制"任务,有3万台小型机组产品在内蒙古、新疆等地得到了实际应用。

小风机也能创造大世界。到2012年,红鹰公司300瓦以下的机型已销售到世界68个国家和地区,占到销售总量的60%,公司人均销售收入超过100万元,在一直不温不火的小型风电市场,摸到如此目标并不是一件容易的事。

大阪机场上空的"红鹰"

红鹰公司出口小型风电机组产品的行动是从日本NEP公司看上其产品设计开始的。2003年11月,红鹰公司完成了第三代小型风电机组产品的设计稿,随后就被日本NEP公司看中。俞红鹰回忆说,"当时,NEP公司订购了100台,并支付了定金。"

仅仅是产品设计稿,对方就付出了不菲的定金,这看上去有点冒险,实则不然。与其说是NEP公司看中了这款产品的设计稿,不如说是更相信俞红鹰这位公司创始人和总经理。红鹰公司以俞红鹰的名字命名,俞红鹰不可能不为自己的名字负责。更重要的是,NEP公司认可俞红鹰在小型风电机组上的研制经历以及技术创新能力,且NEP

公司订购这款产品已是红鹰公司的第三代产品了，其发电性能以及合理的结构设计理念均在这款产品设计中得以体现。

2004 年 2 月 28 日，红鹰公司如期完成了 100 台机组的生产，NEP 公司委派大洋电机制作所技术总监内川俊义先生带团队到红鹰公司厂区进行产品验收。见到内川俊义这位具有 50 年电机设计和制造经验的老专家时，俞红鹰满眼的尊敬之情，可随后发生的事情却令俞感到了惊愕。内川俊义先生在 100 台机组中随意抽取了 10 台样品，要求红鹰公司的人员在他的面前全部拆开，这让在场的红鹰人面面相觑。

对机组产品的验收，这位日本老专家有着自己的方式，他一边翻看这款产品的图纸，一边测量各个部件的实际尺寸，当所有测量结果和检查没有异议后，他又要求红鹰公司人员将拆开的机组重新装配好。让人好奇的是，内川俊义先生也亲自装配了一台机组。

接下来，内川俊义先生开始测试机组产品的性能。内川俊义说，在所有的测试指标中，他最为看重的是机组的启动阻力矩指标。按照我国的国家标准要求，300 瓦风电机组的启动阻力矩指标为 0.3 牛·米，可 NEP 公司要求红鹰公司 300 瓦风电机组的启动阻力矩是 0.1 牛·米。内川俊义先生坦承，"这样的指标日本公司也做不到，可 NEP 公司还是要订购满足这项要求的产品。"

把装配好的机组拆开来看，这不明摆着不信任红鹰公司的产品嘛！NEP 公司的产品验收方式的确伤害了俞红鹰的自尊，但这也让俞对这批产品顺利出口日本有了信心。从 NEP 公司的角度考虑，设计是制造的血液，精于制造的日本公司不会仅仅因为看中设计图纸就对实物产品百分百放心，至少要看看实物产品是不是很好地实现了设计意图。俞红鹰不仅是这款产品的设计者，也是监造者，他非但不担心自己的产品会在内川俊义先生的眼下出问题，反倒认为这会增加内川俊义先生对这批产品的信任度。

现场测量和测试结果显示，10 台机组的所有测量和指标测试都合格，尤其 10 台机组的启动阻力矩平均值为 0.065 牛·米，这大大超过了 NEP 公司的预期。内川俊义先生紧紧握住俞红鹰的手，说他多次来中国进行小风电产品的验收，但第一次产品测试就全部合格的公司到目前也只有红鹰公司这一家。

接下来，100 台 300 瓦机组出口日本顺理成章，这批小型风电机组被用于日本大阪机场风光互补路灯项目。后来，只要现身于大阪机场或者机场上空的飞机上，俞红鹰都会忍不住看看这批红鹰风电机组在天空旋转的模样。

研制世上最好的小风电机组产品

2001 年红鹰公司进入小型风电机组制造领域，此后的 7 年一直在还债，越是还债俞红鹰越是想做出世上最好的小型风电机组出口到世界各地。

说起来，俞红鹰出口小型风电机组的执念是由一位美国人催生的。

2001 年秋季"广交会"期间，一位美国人找到俞红鹰，说打算把中国产的小型风电机组运往美国大型超市，作为发电工具类产品销售给美国人，问题是这位美国人跑遍世界也没找到心仪的小风电机组产品，问俞能不能做出最好的小风电机组产品，俞说能但会比较贵，美国人说只要产品好，贵不是问题。

随后，这位美国人给俞红鹰画了个 1000 万美金的"大饼"，俞红鹰笑了笑，当没有这回事，但却对美国人说的小风电机组产品超市销售模式当真了，并很快确立了"先国外，后国内"的市场策略，唯有造出世界上最好的小风电机组产品，才能实现他的市场策略。

于是，俞红鹰给最好的小风电机组产品定下"两个必须"，一是机组必须安全可靠，故障少；二是机组必须实用，发电效能要高。要实现这两点诉求，就必须寻求设计理念上的突破，这让俞红鹰没了退路。

在俞看来，风轮旋转、偏航旋转、折尾保护这三大部件运动基本映射了小型风电机组 20 多年一贯制的技术路线和技术积累，期间机组折尾、侧偏保护方面的故障率最高，这也直接导致了小型风电机组可靠性比较差，究其根源还是设计上的问题。为真正实现小型风电机组的安全可靠，红鹰公司放弃了当时世界上大多数小型风电机组制造商使用的机械限速方式，改用以电磁限速为主、叶片失速限速为辅的限速方式，这一设计理念上的突破，意味着采用柔性叶片才能消化因失速带来的高频振动，而制作柔性叶片则需要模具一次成型，这是小型风电机组制造领域的一次变革性行动。

设计理念上的突破势必要带来制造工艺上的改变，为保证零部件符合设计要求以及零部件的质量一致性，红鹰机组所有零部件都采用了模具化制造技术，而且都由自己制造，这在业内是首例。俞红鹰回忆，"当时，小风电领域几乎没有专业的零部件商，红鹰公司不得不自建一条完整的零部件供应链，这在当时是一件十分冒险的行动。之所以有些小型风电机组制造商不敢这样做，是因为模具投入成本太大，一旦其产品销路不好，损失是巨大的。而红鹰公司为了实现制造世界最好小风电机组产品的目标，就必须先付出这样的成本，这也是进军海外市场的战略性投入。"

2002 年 8 月，红鹰公司的第一代小型风电机组产品研制成功，并在内蒙古、广东沿海地区进行了运行考验。这款被业内称为"大金鱼"的机组产品验证了失速控制原理在小型风电机组上运用的可行性，只是考虑到机组体积大、重量大、成本高等问题，这款产品并没有进行量产，而是作为开发第二代产品的基础样本。

俞红鹰要制造体积更小、重量更轻的第二代机组产品，一方面通过优化模具化一体制造技术，减小了零部件体积；另一方面采用铝合

099

金材料降低了零部件的重量。就这样，此前的"大金鱼"变成了"小金鱼"，但成本依旧居高不下，这也是它游向海外市场的最大阻力。"第二代机组仅仅量产了100台，我们就主动停止了生产，计划开发更好的产品。"在俞红鹰看来，"如何降低成本，让红鹰机组在20年寿命周期中更经济实用成为技术攻关的重点。"

基于前两代机组产品的运行数据以及制造方面的经验和教训，俞红鹰带领设计团队改进了机组设计，使其结构更加合理和紧凑，赋予了产品更高的可靠性，2004年1月出产了样机产品，这也真正成为红鹰公司出口海外市场的定型小风电机组产品。

被迫地冒险和改变

到2009年，红鹰公司已有6款小型机组产品出口，公司发展走上了俞红鹰期待的节奏。从出口路径看，红鹰公司通过国外代理商制以及参与大型国际项目投标这两种销售模式将其产品推向了更广泛的海外市场。

比如，在家庭屋顶安装风电机组并网发电是欧洲一些国家鼓励的新能源推广形式，但这些国家的客户在产品选择上也比较严格，他们最看重振动小、噪声低、发电量大的机组产品。俞红鹰希望欧洲代理商买回样品以后去做测试，结果是做了样品测试的代理商很快就和红鹰公司签订了产品订购合同，功率300瓦以下产品在欧洲销售最旺。

与在国外市场的顺风顺水相比，红鹰公司在国内的业务增长却没有预想的那般顺利。2004年2月定型的HY300风电机组产品在国内上市不久，就被国内的其他公司仿制后进入市场销售，这不仅直接影响了红鹰公司这款主打产品的销售，也削弱了红鹰公司国内风光互补工程项目的优势。实际上，这款产品已获得国家实用新型的专利授权，2005年的销售额达到1000万元人民币，外销到了德国、日本和澳大利亚等国。

仿制红鹰产品以及仿制"仿制品"的出现刺激了小型风电机组制造市场的活跃。2007 年 4 月，中国（上海）国际风能展览会上，出现了许多和红鹰产品类似的产品。行业协会的一位领导对俞红鹰说，"你看，会上展出的这些小风电机组产品，大多是红鹰产品的技术翻版，从整体提高我国小风电机组产品技术和制造水平的角度看，红鹰公司的贡献显而易见。"

俞红鹰只是淡然地一笑，那是苦恼人的笑。

在与仿制品的较量中，红鹰公司的原创产品难以卖到计划中的价格，这令俞红鹰"遗憾"，也让他"不服"。于是，俞红鹰决定设计 5 叶片机型，这在当时就是一场豪赌，可他视作一次重要的技术转型。出乎意料的是，他遭遇了公司内部的质疑，其中"效率低下"和"成本上涨"成为他必须化解的问题。

技术出身的俞红鹰善于从技术层面化解问题。从空气动力学原理上看，3 叶片要比 5 叶片效率要高，但在 5 米 / 秒风速甚至 2～3 米 / 秒低风速的风况下，5 叶片效率要高于 3 叶片效率。"虽然 5 叶片机型牺牲了高风速效率，可它提高了低风速效率，更重要的一点是，它可在更广泛的低风速区域使用，即使在高风速区域使用也可通过更多的运行时间来提升全年发电量。"俞红鹰说，"从整年的发电量考虑，5 叶片机型的成本上升就不是问题。"

基于理论的可行性，红鹰公司设计了 5 叶片小型风电机组，即便在 2007 年年底就推出了样机，但真正成为红鹰公司的第四代定型产品正式上市销售是 2009 年年底后的事情了，也就是说俞红鹰用了两年多的时间来优化这款新品。

"从现场运行看，2007 年推出的 5 叶片样机噪声大，发电量也上不去，但通过两年多的技术改进，我们解决了所有的问题，真正实现了低振动、低噪声、高发电量的目标。"俞红鹰透出满满的技术进步自豪感。从 5 叶片样机运行到产品成功定型，"期间的现场勘查、发

101

电机参数调整、叶片翼型修模、风洞测试、野外试运行"，俞红鹰都历历在目，他也真正体会到了这款产品在技术上的成功，2012年出口的产品全部为5叶片机型。

2012年5月，红鹰公司推出了第五代产品，因为尾舵酷似马尾，这款产品被命名为"天马"。从"金鱼"到"天马"，俞红鹰的小风机大世界梦想越做越实。

朱俊生：
"双轮"驱动风电发展

20世纪90年代，我国采取一系列重大措施推进风电机组国产化和项目示范产业化，其中"双加工程"和"国债风电"项目令他记忆深刻，这是他最忙碌也最有成就感的十年。

我国风电发展初期，基本上是靠两个轮子前行的，一个是风电设备国产化的演进，另一个是示范项目的启示作用。试想这样的双轮驱动情景，我就想到了朱俊生。

1984年，朱俊生从原航空部调到国务院新成立的农村能源领导小组办公室工作，当时的朱俊生是农村能源领导小组办公室。这个小组的主要任务，是推进农村能源研究和开发利用工作，编制农村能源整体规划，提出开发农村能源的方针政策。朱俊生回忆，风能是当时农村能源重要领域之一，那时我国风能开发利用还处于起步阶段，小型风电是风能应用的主要形式。

朱俊生任职于国务院农村能源领导小组办公室的日子里，跑到全国多个省市农村地区，对风能、太阳能和生物质能资源及应用情况做调研，进而为国家农村能源决策提供一手材料和参考依据。据朱俊生回忆，在国务院农村能源领导小组的建议下，原机械工业部农机局成立了风电办公室，对我国风能资源、产业现状、风能利用情况进行调研和规划。

进入 1986 年，农村能源工作机构发生了变化，这一年的 3 月 13 日，国务院办公厅发布《关于撤销国务院农村能源领导小组办公室的通知》（国办发〔1986〕17 号），指出"为了更有效地开展农村能源工作，精简临时机构，国务院决定撤销国务院农村能源领导小组办公室，以国务院节能办公会议方式协调和推动农村能源工作。"

这样，朱俊生调入了原国家经委农业局工作，任农村能源管理处副处长。朱俊生说，按照国务院办公厅的通知精神，国务院农村能源领导小组办公室撤销后，在原国家经委农业局设立农村能源管理处，负责农村能源的示范试点、技术推广、产业建设及组织协调。《通知》还指出，"农村能源的日常工作以国家经委为主。"

1986 年是农村能源发展史上的重要一年。3 月 12 日，全国农村能源工作会议在北京召开。经过这次会议，农村能源工作的"16 字方针"，修改为"因地制宜，多能互补，综合利用，讲求效益"。朱俊生回忆，在李鹏的建议下，原来"16 字方针"中的"讲求实效"改为"讲求效益"。尽管是一字改变，但意义却更广了，也反映了农村能源工作的实际发展需求，对可再生能源的推广和利用，提高项目效益起到指引作用。

回忆在原国家经委农业局农村能源管理处工作的情况，朱俊说那时有压力更有动力和干劲。客观现实是，1986 年全国风电累计装机容量仅有 1100 千瓦，主要是国产试验机型和引进机型。朱俊生坚定地认为，要在农村地区更好地开发利用风能就必须推进风电机组国产化和示范项目发展，以提升中国风电产业化和商业化水平。

用风电机组国产化和示范项目这两个轮子来驱动农村能源建设与发展，还需依靠政策来组织和实现。1986 年 12 月 30 日，原国家经委发布了《关于加强农村能源建设的意见》（国经委〔1986〕806 号）的文件，也就是农村能源发展史上著名的"806 号文件"，文件从国家层

1988 年冬天，朱俊生（中）在内蒙古考察风电。

面提出"农村能源建设要纳入各级国民经济计划"，包括太阳能、风能、地热能、海洋能等能源的研究开发、推广规划、农村用能规划和节能规划。

这份文件要求尽快建立新的能源产业，提出了有关风能发展与规划事宜。工商银行、农业银行提供贴息贷款支持农村可再生能源发展的事项也写到了文件中。这在很大程度上，支持了当时小型风电机组产业化发展。

小型风电统计数据显示，1986 年至 1990 年间，我国研制的微型及小型风电机组得到了较快的发展。1985 年以前，全国累计生产风电机组约 3 万台，其中主要为 50 瓦及 100 瓦微型机组，而 1986 年到 1990 年间累计生产风电机组 8.9 万台，其中多数是 100 瓦的机组，同时也生产了少数 200 瓦、300 瓦、500 瓦、1000 瓦、2000 瓦及 5000 瓦的机组。回忆这段历史，朱俊生说，"小型风电机组产业化发展得益于国家产业政策的支持。"

朱俊生记得，1990 年到 1995 年间，原国家经委提出并启动"双加工程"，即"加大投资力度、加快改造步伐"，旨在选择一批条件好的企业入选"双加工程"，提高国民经济增长质量和效益。在朱俊生看来，"双加工程"正是推进机组国产化的大好机遇，他把推进工作具体到了整机制造以及叶片、齿轮箱、发电机等五大零部件的国产化上，南高齿、永济电机和中航惠腾等风电制造企业正是受益于"双加工程"和后来"国债项目"的实施成为先发企业的。

朱俊生回忆，原国家经委利用"双加工程"技改贷款支持新疆、内蒙古、浙江和广东等地的风电场项目建设，总装机容量达到 9 万千瓦。施鹏飞老师的风电装机容量统计显示，1997 年当年新增装机容量超过 10 万千瓦，达到一个高峰，以此惯性，1998 年当年新增装机容量超过 5 万千瓦，累计装机容量超过 20 万千瓦。

可以说，"双加工程"为艰难起步的我国风电设备制造业添加了动力。2000 年，我国风电设备制造业中，有些大功率机型完成了样机试制，有些大功率机型样机正在研制中，但这都需要批量化的运行验证才能进行产业化和市场化。

朱俊生回忆，正是在这风电产业发展的关键时期，原国家经贸委为了促进风电设备国产化组织实施了"国债风电"项目，规定了五个零部件分段实现全部国内制造，给建设业主提供贴息贷款等优惠政策，督促、鼓励风电场业主采用国产设备，给起步中的中国风电设备制造企业提供了宝贵的初期市场支持条件，对国产化起到重要的作用。

按照"国债风电"项目实施方案，2000 年国家重点技术改造项目计划中安排建设 8 万千瓦国产风电机组示范项目，其中内蒙古赤峰供电公司 3 万千瓦、辽宁营口供电公司 1 万千瓦、辽宁大连供电公司 1 万千瓦和新疆风能公司 3 万千瓦，拉动了国产风电设备的产业化。

自 1984 年到 2000 年的 16 年间，朱俊生从小风电到大风电，基本遵循的工作流程是，从调研思考到参与起草重要文件，再到组织实施。正是这样的逻辑，令他在我国风电国产化和项目示范应用进程中作出了积极贡献。

2000 年，朱俊生退休了，但他一如既往地活跃在我国风电舞台，只是与此前的工作角色不同了，有人称他从官员变成了"意见领袖"。

张世惠：

八达岭的风吹亮风电试验底色

> 1991年，试验站承担了国家"八五"科技攻关课题"集中监控系统（SCADA）研制"，搭载这一系统的国产55千瓦机组安装在内蒙古商都风电场，这是我国风电行业较早的自研SCADA系统之一。

2000年，张世惠翻译了德国风电专家J.P.Molly的《风能理论与测试》一书，我是第一个"登门求书"的读者。我记得，张世惠说，做风电他挺怀念八达岭风电试验站那段日子，虽苦但苦有所值，毕竟那是中国风电技术和产业化前的摇篮和启蒙。

自主研发走着走着就没路了

1984年7月，张世惠大学毕业被分配到华北电力监管局，接受了两周安全教育后，便被派到了八达岭风电试验站。这座风电试验站，由原水电部列车电业局1979年建立，是我国最早的风电试验基地之一。

列车电业局，对有些读者来说，可能心有疑问，但说到列车电站就会明白列车电业局的内涵了。网易号"电厂那些事"曾经介绍过这方面的历史。列车电站一般由装有锅炉、汽轮发电机、冷却设备、控制室变电与配电设备等的若干个专门车厢组成。列车电站除了担负缺电地区重要用户的供电外，还可作为以下几种特殊情况的机动电源：为国家急需而又来不及建设发电厂和供电线路的重大工程项目供电；满足国防紧急需要；支援防汛、地震灾区等临时紧急需电地区；支援大型水电站的基建用电。1956 年初，原电力工业部发文"在北京电管局下成立列车电业局，统一管理全国列车电站"。1956 年 4 月，列车电业局正式成立，直属电力工业部领导。列车电业局成立后，因国家建设需要，迎来了快速发展期，局属电站通过进口、改装、自制三条途径快速增加。1982 年，列车电站完成了它的历史使命，由原水电部宣布列车电业局解散。必须提及的是，列车电业局为我国经济建设和改革开放作出了巨大贡献。

对风电人来说值得记忆的是，列车电业局与联合国开发计划署（The United Nations Development Programme，UNDP）合作，在八达岭风电试验站进行了风电并网项目试验研究，对探索中的中国风电作出了贡献。

按照国家当时的要求，八达岭风电试验站将逐步建成面向全国的风电科研试验中心、技术培训中心、科技情报和技术推广中心。张世惠是八达岭风电试验站第一个分配来的大学生，尽管当时生活和工作条件艰苦，但他投身风电事业的热情很高，认为自己承载了国家发展风电的希望。

当时，八达岭风电试验站共安装来自美国、瑞典、瑞士和英国以及清华大学及国内 9 个厂家的 26 个型号的风电机组，单机最大容量为 50 千瓦、最小为 30 瓦，总容量约 120 千瓦，有小型离网型机组，也有并网型机组。刚来试验站，张世惠的工作是为 50 千瓦并网型机组的控制器系统做调试，"现学现做有点蒙圈"。

张世惠学习 Z80 汇编语言以及 Basic 语言，为控制器做调试时捧着厚厚一摞穿孔的打印纸，上面密密麻麻写满了 Z80 代码，那段时间

张世惠：八达岭的风吹亮风电试验底色

他整天一段一段地读代码，一行一行地调程序，最终完成了任务。

当调试杭州自动化研究所的控制器时，张世惠发现这家的控制器用的不是 Z80 单片机，而是用 M8088 主芯片，于是他又重新学 M8088 指令，做了近两个月的调试才完工。后来，试验站与 UNDP 合作，新进了一台美国机组，但这台机组控制器的使用受到了限制，美国人说这个型号的控制器是美国用来发射导弹的，不允许向第三方转让。所以，到了试验站的这款控制器不仅缺软件还缺硬件，而且它采用的是 UNIX 操作系统，使用起来很复杂。为解决使用问题，试验站也请了一些计算机专家一起来开发，但用了一段时间后发现并不好用，最后不了了之。

八达岭风电试验站也在试验我国自主研发的 50 千瓦风电机组，当时即便是风电先进国家丹麦量产的单机容量也就是这个量级。尽管八达岭风电试验站也与丹麦国家实验室合作，也请来著名风电设计专家来帮助我国设计风电机组，但由于我国风电工业基础水平比较低，加之政策和资金都不到位，"走在自主研发路上的人走着走着就没路了。"张世惠唏嘘不已。

到德国学习研究风能应用开发技术

1991 年，八达岭风电试验站派张世惠到德国去学习，第一站是德国风能研究所，他在这里使用当时最新版本的风能资源评估软件 WAsP 做了一些项目，还做了立轴机组的载荷计算和一些风场经济性分析等项目研究。

对于 WAsP 软件，张世惠曾在 1988 年使用过，他清楚记得是施鹏飞老师给了他一张 5 寸软盘，那是 WAsP 最早的版本，张世惠曾将该盘展示给 WAsP 主持设计者 Landberg 先生看过，后来八达岭风电试验站引进了 WAsP2.0、WAsP3.0、WAsP5.0 等版本。使用 WAsP 软件，张世惠和同事曾给河北、江西、吉林等地风电项目做过预可研，还为其他一些设计单位做过培训。

第二站是南风风电机组制造厂，张世惠在这里做了40千瓦、50千瓦机组设计项目，有并网的，也有不并网的，幸运的是张世惠参与了这个厂家的300千瓦机组研制。与丹麦相比，德国本地的风小，这个厂家将丹麦二类机组转换成三类机组，一本手册、一台计算机，用PASCAL程序进行计算，然后画图、再计算、再画图，一个小图可能就有五六页的说明，足足做了6个月，画出五十多张图，然后外审、签字结束，最后才正式下厂生产。

在德国，张世惠的学习就是工作，工作可能是做项目，也可能是设计程序，也可能是测试、鉴定、设计、运行和维护，亲身感受到了德国人在技术上的严谨和管理上的规范，更多的是促使他思考中国风电技术研究和应用思路，期间他获得了德国联邦经济合作部奖学金。

张世惠从德国回到八达岭风电试验站后，疯狂地投入到风电研究工作，设计和开发一个也没落下，先到张家口做风电项目副总经理，后又去负责张北风电场开发。

如何将自己所学惠及更多风电人，他想到自己在德国学习时使用的《风能理论与测试》一书，该书由德国著名风电专家J.P.Molly所著，在德国风电界被誉为风电经典之作。书中详尽介绍了风能利用历史、风能资源分析、风电机组设计与制造技术、风电机组测试及应用、费用分析及风电技术潜力分析。1992年10月，张世惠决定翻译这本书，由于各种原因，直至2000年初才翻译完成，原作者J.P.Molly亲自为这本书作序，希望加强中德两国间的风电联系。

让张世惠颇感自豪的是，他和同事在八达岭风电试验站举办过多次技术培训班，有些培训被行业内人士戏称"黄埔"某期。有几次，他们邀请了国外知名技术、运行维护等方面的专家讲课，有英国Trider博士、美国Robert Williams博士等。培训班内容包括风能资源、风电基本原理、运行维护、专门技术等。

张世惠在八达岭风电试验站主持工作那几年，每年都有许多国外风电人士来八达岭风电试验站参观，其中有英国前能源大臣、欧洲风能协会主席等国际知名人士，提升了试验站的影响力。

站在别人肩上学习和改进

1997—1998 年，八达岭风电试验站利用科研经费，引进了 5 台国外机组安装于张北风电场，旨在为国产化风电机组设计与制造及运行提供参考和借鉴。这 5 台机组包括两台美国 AWT275kW/27 机型、1 台 Nordex600kW–43 机型、2 台 Vestas V42/600kW 机型。从实际运行情况看，Vestas 机型运行数据不错，但 Nordex 机组和美国机组问题不少，从坏事变好事的角度看，张世惠是站在别人的肩上有了学习和改进的机会。

Nordex600kW–43 机组控制器一直出现各类故障，原控制器供应商多次来中国也没有完全解决问题。张世惠与美国主机厂家合作采取改进措施，将原控制器改为 Mita 控制器，并且去除了低速轴刹车，改变了齿轮箱润滑油，改进后的机组发电性能明显提高。

美国 AWT275kW/27 机型是下风向两叶片，叶尖扰流板气动刹车，跷跷板轮毂系统。该机组在运行中曾多次出现叶尖刹车、控制系统、发电机等故障。这款机型的控制系统在厂家设计时存在诸多问题，比如系统没有时钟，机组出现故障时没有编号，张世惠只好与厂家联系最终获得了控制源代码，自行进行了修改，对原有程序也做了优化改进。

风电机组测试工作是当时站内最重要的工作之一，其测试主要包括机组性能测试、电能测试、噪声测试、载荷测试、C_p 曲线测试等诸多方面。张世惠先后参加过 20 多个型号的国内外小型、中型及大型机组的测试、试验及研究工作。有些测试、试验在八达岭风电试验站进行，有些试验、测试地点远至山东小官岛和猴矶岛、辽宁仙人岛、内蒙古商都和辉腾锡勒等地区，近至河北张北等地。

有人认为引进一套测试设备就可以把风电机组测试全部搞定，但张世惠以他近20年的风电测试工作经验来看，这项工作既艰苦又需要技术支撑。

1994年，张世惠受苍南风电办和杭州机械研究所委托，在鹤顶山上对该所自主研制的55千瓦机组进行性能测试。当时，张世惠和同事采用自行研制的设备和软件进行测试，测试中测试信号受到附近雷达站的干扰，尤其风速信号受干扰非常严重，特别是低风速下风速信号干扰。他们采取了硬件滤波、软件数字滤波、信号整形等多个技术措施才克服了信号干扰，这才保证了采集数据的精度。

同样的技术活还体现在数据处理方法上。鹤顶山地形复杂，数据相关性差，他们在数据处理上采用数学筛选法和相关关系逼近法，使最终数据趋于相关，取得了令人满意的测试结果。

自研测试设备和系统

八达岭风电试验站主要发展目标是建立国家级风电试验中心，因此自研测试设备也成为重要的工作事项，那时张世惠最大的心愿就是取得自研测试设备和系统的突破性进展。

八达岭风电试验站最初的测试理念和测试设备均来自国外，1986年我国根据美国Sandia实验室的技术报告，开始采用Method-of-bins方法进行功率特性测试。当时，张世惠等人在小型离网机组和大型并网机组的试验中，对方法中预平均时间、bin宽度、总平均时间、相关关系、数据概率分布进行了反复摸索，发现了一些规律，为真实反映机组性能提供科学依据。

回忆当时自研测试设备的情况，张世惠说尽管强调自研，但也十分注重国外先进测试产品和系统，这样既可以提高测试水平，又能在研究与借鉴中做好自研测试设备工作。比如通过UNDP援助，"我们得到了 VME 68000 系统，这在当时是世界上最先进的测试系统。"

自研风速计，他们采用了大量国内外不同型式型号的产品进行对比分析，包括风洞实验，最终生产出来。后来，考虑低功耗和高可靠性用于野外测试应用需求，八达岭风电试验站与中国气象研究院共同开发研制了一套风能资源自动记录仪，可以测试观测多层高度的风速、风向数据以及气压温度等参数。这套设备采用太阳能电池向仪器提供工作电源，无须另外提供电源，用于吉林通榆风电场、河北张北风电场等地风电场风能资源测试后，受到业内的好评。

1991 年，八达岭风电试验站承担了国家"八五"科技攻关课题"集中监控系统研制（SCADA）"工作。此课题主要是为国产 55 千瓦机组配备 SCADA 系统，搭载这一系统的国产 55 千瓦机组安装在内蒙古商都风电场，这是我国风电行业较早的自研 SCADA 系统之一。

北京八达岭风电试验站，1979 年建立。

张世惠：八达岭的风吹亮风电试验底色

　　张世惠清楚记得，基于这一 SCADA 系统，1998 年八达岭风电试验站与华北电科院开发了美国机组的 SCADA 系统。张世惠回忆，当初，系统安装到美国机组后，其运行情况并不乐观，比如信号不稳定、功能实现有问题、响应速度慢等各种问题，"但我们没有气馁，历经多次改进优化，终于让这款 SCADA 系统成为美国机组上的好系统，停运的美国机组也因此恢复了运行。当时我十分高兴，因为我是这一 SCADA 系统主要负责人，并具体负责 C 语言编程。"

　　张世惠同八达岭风电试验站一样，其光荣岁月都已被镌刻在中国风电的发展史册里。

张世惠：八达岭的风吹亮风电试验底色

王文启：

敢为天下先的风电梦想

新疆水利水电研究所所长王文启带领一些年轻人，开始了风力发电探索，这曾被有些人讥讽为"想干月球上的事情"。

有一次在新疆，我和当地的一位朋友谈到了王文启老师，他感慨道，"王文启呀！王文启呀！"可能是朋友要说得太多，又是极大或复杂的赞叹，于是一时只能集中在这样的感叹里。

说到新疆风电，王文启是绕不过去的人物。2010 年 7 月 13 日，武钢在和新来员工讲述新疆金风科技股份有限公司（简称金风科技）的发展历史时说，"没有王文启就没有今天的金风科技"，这不仅仅是对一位创业前辈的尊重，只要打开金风科技的发展史，就一定能看见王文启的身影。

"在我没有干成风电之前，不能撤我！"

20 世纪 80 年代初，王文启开始接触风电，他说开始时主要为牧区的个别地方解决用电问题，是"小打小闹"似的探索，真正把风电当作事业来做则是 1985 年以后的事情。

这年的秋天，时任水电部副部长杨振怀在北京接见了他，问他愿不愿意推广风力发电，他说："如果组织需要，我就干！"此前，王文启在新疆维吾尔自治区水利厅（简称新疆水利厅）从事水电站设计工作，自 1958 年到 1985 年，他已在组织需要的岗位上工作了 27 年。服从组织需要，由做水电站设计改做风电推广工作的这一年，他已是年过半百，距离法定退休年龄还有 6 年。

就这样，时任新疆水利水电研究所所长王文启带领一些年轻人开始了风力发电探索，这曾被有些人讥讽为"想干月球上的事情"。但王文启不为所动，大力进行风力发电试验，直到 1985 年 10 月，他同时任新疆维吾尔自治区副主席黄宝璋、新疆水利厅负责人一起随原水电部组织的风电考察团赴欧洲考察时，他的风力发电探索工作才有了实质性进展。那时，黄宝璋问王文启，"在新疆干风电能不能干成？"

"能干成！"王文启说，"但我有两个建议，一是在我没有干成风电之前，不能撤我！二是给我 50 万美元，我要购买设备，建风电试验站。另外，我领导的单位是个小单位，暂不设书记职位，如果设书记职位，我兼着。因为，风电是个新生事物，我就担心大事小事没完没了地讨论，应该说干就干，如果干不成，你们领导打我一个人的屁股。"

"同意你的建议。"黄宝璋副主席说。

此后，王文启提出的"柴窝堡风电试验站建设"计划得到了黄宝璋副主席的重视和支持，新疆水利厅也专门成立了由王文启任所长的新疆风能研究所，由此拉开了达坂城风区风电试验开发的序幕。1986 年 11 月，丹麦 Wicon-100kW 并网机组和 Wicon-50kW 独立运行机组运抵柴窝堡，王文启带领一些年轻的学生硬是在柴窝堡湖畔立起了两台"大风车"，1987 年元旦正式投产发电。

柴窝堡风电试验场立起了风电机组，实现了"由零到一"。历经几多艰难，终于在 1989 年 10 月建成了当时中国也是亚洲装机规模最大的风电场。按照当年的说法，王文启"干成了风电"。耐人寻味的是，王文启在建设达坂城风电场的过程中，一直遭遇被撤职的危险。他说

王文启：敢为天下先的风电梦想

幸亏有"在我没有干成风电之前，不能撤我"的约定，否则真的干不
成风电了。结果是，他在建成达坂城风电场之后，还是被新疆水利厅
的领导撤掉了职位。

1985 年 10 月，王文启（左二）随风电考察团到欧洲考察。

回忆这段历史，王文启坦言，"当时，风电还处在探索阶段，决
策者对风电的认识和态度也不一样，有矛盾、有争吵都是正常的现象。
那时，我的态度也很坚决，宁可被'扫地出门'，也要坚持自己的风
电技术选择。"

其实，在达坂城风电场选址的时候，王文启就与新疆水利厅领导
有不同的看法，这也为后来矛盾激化埋下了伏笔。新疆水利厅领导指
示要把风电机组立在乌拉泊水库的山头上，意在用大风车为公园环
境锦上添花，而王文启执意要把风电场建在达坂城风区，于是他们
就争吵、拍桌子，直到吵到自治区领导的办公室，好在王文启得到
了自治区领导的支持，否则王文启的风电场梦想恐怕真的会梦断达
坂城。

过于执着的王文启在达坂城风电场建设上,"不迂回、不策略"的做法也"断掉"了自己在新疆水利厅发展风电事业的后路。在达坂城风电场筹建的过程中,赶上了水电部"一分为二"的大背景,新疆水利厅领导因为风电并网等方面的可预知性困难和问题,对风电开发有了更多的担心,而王文启依然坚持扩大风电场的规模,其信心一方面来自对风电场开发技术的掌握,另一方面来自国际贷款及援助资金的支持。他特别想在退休以前尽其所能把新疆的风电事业做大,就这样王文启再次和他的领导对吵,吵到了自治区的会议室。

会上,王文启充分表达了他"继续发展新疆风电事业"的观点,甚至提出了"如果水利厅不继续发展风电,可以把达坂城风电场和有关人员划归到新疆电力局"的建议,也得到了自治区有关领导的认同。但是,就在这次会议的当天晚上,新疆水利厅一位副厅长上门通知王文启,说他的职位都被撤光了。当时,王文启任职水电所(风能研究所)所长、风能公司经理、水电处副处长,这一撤,很有点"悲壮"的意味。

更"悲壮"的是第二天,新疆水利厅有关部门到风能公司召开会议,宣布王文启的撤职决定,人员到齐了,副厅长也落了位,但迟迟没有开始,还在等什么呢?原来在等关于王文启撤职的文件,文件一直不到,这让他有了告别发言的机会。

王文启发言的时候并没有过多纠结"为什么撤我职"的问题,而是大谈新疆丰富的风能资源,以及风电开发的美好前景,这让听会的人多了一份酸楚。会后,王文启向新疆水利厅有关部门递上了请调报告,他说要到新疆电力局发展风电,可是新疆水利厅一直不批。

当时,新疆电力局已经归属电力部管理,新疆水利厅归口水利部管理,两个分属不同上级部门的厅局级单位,一个要接收王文启,一个却硬是"卡"着不放,但最终王文启还是如愿调到了新疆电力局,再次开始了他所热爱的风电事业。

"我回新疆，建第二个风电场！"

王文启调到新疆电力局后，就被原电力部抽调到北京参加了由黄毅诚部长倡导组建的风电专家工作组，但出乎他意料的是，在专家组里，一个风电开发想法或方案讨论来讨论去，总也见不到实质性进展，他有些被"耗"急了，就对部里的人说，"我回新疆啦！"

"回新疆做什么？"

"我回新疆，建第二个风电场！"

王文启回到新疆电力局向局领导汇报了建设风电场的计划，得到了领导支持。接下来，他又跑北京，在原对外经济贸易部申请到了丹麦政府的混合贷款（一半赠款，一半贷款）。王文启说，这笔贷款其实是达坂城风电场的后续贷款项目，因为新疆水利厅没有再建风电场，也就没有得到这笔混合贷款。

有了这笔混合贷款，建设第二个风电场的计划就落到了实处。王文启一行到丹麦考察，选购了 8 台机组，其中 Bonus 公司 300 千瓦机组 4 台，Nordetank 公司 300 千瓦机组 4 台。当时，有人不解地问，就 8 台机组怎么还选用了两家供货商？王文启解释，"Bonus 公司为我们拿到这笔混合贷款作出了贡献，选他们的设备算是一种回报，何况从 Bonus 机组运行情况看，机组本身也很不错。因为在做这个项目时，我就考虑到了国产化问题，能做的部件就不进口。选择另一个制造商的机组，除了谈判策略的需要，也是为了比较和鉴别，为机组国产化奠定基础，这次做到了部分塔筒在中国制造。"

此后，原国家计委下发文件，要求风电开发企业不再从国外进口塔筒，原因很简单，新疆电力局能做到的事情，其他单位同样可以做到。可以说，王文启创造了塔筒国产化的历史。

1992 年 12 月，达坂城风电二场并网发电，总装机容量 2400 千瓦。其间，有两件事王文启至今记忆犹新：

　　一件事是，王文启作为新疆电力局的代表，到原航天部一院洽谈双方合作制造风电机组事宜，作为对新疆电力局的回馈，齐同庆所在的航天一院组织人员来到正在建设中的达坂城风电二场实地考察，双方打算以 Bonus 300 千瓦机组为参照制造风电机组，但令人遗憾的是，由于双方的分歧，此次合作就此搁浅。

　　另一件事是，黄毅诚部长对王文启说，"你要是把二场的装机容量做到 1 万千瓦，我就在这儿给你们开现场会。"这对王文启是个鼓励，1994 年 12 月 25 日，达坂城风电二场装机容量达到 1.01 万千瓦，成为中国首家装机容量超过 1 万千瓦的风电场，其中 4 台 Bonus 500 千瓦、叶轮直径 35 米的失速型机组，为当时全国单机容量最大。

　　1995 年 8 月，原电力部在乌鲁木齐召开现场会，推广达坂城风电二场的风电开发经验。这让王文启开启的风电事业梦想达到了一个新的高度。

　　达坂城风电二场装机容量实现 1 万千瓦目标后，王文启以更大的热情、更多的精力投入到风电设备的国产化工作之中。其实，1994 年初新疆电力局就和丹麦 Nordetank 公司组建了合资公司，19 台 Nordetank 300 千瓦机组就是在现场组装起来的。但是，Nordetank 公司并没有将技术资料转移到合资公司，而是坚持把叶片的技术资料直接交给叶片厂，齿轮箱的技术资料交给齿轮箱厂，违背了他们"直接把所有的技术资料交给合资公司"的承诺。这样一来，合资公司就没了存在的必要，于是王文启终止了与 Nordetank 公司的合作。后来，王文启又代表新疆电力局与丹麦 Vestas 公司进行了艰苦的谈判，到了 1997 年年初，终于有了王文启希望得到的结果：Vestas 公司与新疆电力局成立合资公司，由 Vestas 公司提供技术，双方在新疆生产风电机组。就在签字的关键时候，参与谈判的新疆电力局局长离任，刚上任的新局长并不认可前任局长的成果，并表示不组建什么合资公司，只买设备。

121

王文启急了，就和新任局长大吵。新局长以铁腕著称，根本不在乎这个"又臭又硬"的王文启。结果，当天的晚上，王文启决定退休。这一年，王文启66岁。

此前，时任电力部部长史大桢来新疆电力局视察时说，像王文启这样的专家在戈壁滩上创业，作出了积极贡献，退休的年龄可以适当放宽。受益史部长的话，王文启才得以在风电工作岗位工作到了66岁。

"没有国产化就没有度电成本下降，我的余生只为风电设备的国产化啦！"

66岁退休的王文启并不"死心"，他说"没有国产化就没有度电成本下降，我的余生只为风电设备的国产化啦！"离开新疆电力局后，他立即到南京高精传动设备制造集团有限公司（简称南高齿）、原上海玻璃钢研究所、南澳县振能风电有限公司等单位商讨联合制造风电机组的事情。他说，"1997年5月定下的事情，1998年1月两台300千瓦风电机组就在南澳风电场并网发电。"时任南澳县振能风电有限公司总经理章振贵在谈到这两台国产化风电机组时称，"与国外的风电机组相比，这两台机组节约工程造价约120万元。"

但是，这样的整机国产化并没有继续下去。其直接原因是，承担主要制造费用的南高齿换了领导，新换的领导说南高齿做整机，其他整机厂就不会找南高齿做齿轮箱了。就这样，王文启的风电整机制造梦想刚刚启动就遭搁浅。

后来，时任外经贸部副部长李荣融到汕头开会，听说了这两台国产化风电机组的情况，很高兴，表示支持这样的国产化。不久，原电力部的一位领导给王文启打电话，说你别在外边小打小闹了，回电力系统做事情吧。你做风电机组的事情李荣融副部长都知道了。就这样，王文启到了龙源公司。"风电场的事情我就不参与了。"他向公司领导建议说，"没有国产化就没有价格的下降，我就全力做好风电设备的国产化工作吧！"

王文启在龙源电力集团股份有限公司（简称龙源电力）的4年，一直在做风电机组制造的筹备工作，先后多次到国外考察、谈判、引进技术，但他没有决策的权力，领导们议而不决。"哎！做不成，那就走吧！"王文启一声叹息。

这时，中国华能集团有限公司（简称华能）听说王文启要离开龙源电力的事情，就派人和他接洽，说华能老总很支持风电设备的国产化，请他到华能工作。华能为王文启装修了房子，让他把老伴接到北京。可是，当时的华能最高领导对于王文启提供的风电机组制造方案没有表态。"没有表态就是不支持呀，那就走吧！"王文启回忆说，那时很多国企老板对风电设备制造不感兴趣，换句话说看不到大的市场前景，不愿意用较大的投入去冒险，而风电设备制造恰恰又是需要花大钱的项目，这也是他在电力系统国企制造风电机组没有取得重大突破的原因之一。

但也有例外。

王文启去了大连重工，也就是现在华锐风电的前身。当时，大连重工的人说他们请了一些专家论证，大多说他们不能干风电整机制造，"那你说我们能不能干这件事情？"

王文启在大连重工的车间转了一圈，说："你们能干！"

当时，韩俊良还是大连重工起重设计院的院长，韩院长派了他的副院长和王文启谈，并没有会见王文启，说要到北京和他谈。王文启感到这是一种托词。

韩俊良的人再和王文启谈的时候，王文启说我不和你们谈了，"其实干与不干也就是十分钟就能决定的事情。"在这种状态下，韩俊良把王文启请到了大连。

"你挺忙呀，"王文启对韩俊良说，"我不占用你太多时间，你若

123

干，我就支持你；你不干，我就回啦。"

"都说我干不成！"韩俊良说。

"你能干！"王文启说，"我有两个问题，一个问题是你调研了一年多，说干不成，那么你现在想不想干？"

"我当然想干！"韩俊良说。

"好！你不要调研了，调研来调研去，时间都耽误了。另一个问题是，你有没有支配钱的权力？我和你说了半天，你要是弄不来钱，那就瞎耽误工夫了，因为我的人生已经倒计时了。"

"你要多少钱？"韩俊良问。

"2000 万元到 3000 万元"。王文启说，"先买台风电机组，你得培养人呀！"

"有钱。"韩俊良说，"说干就干！"

王文启谈到了德国 Fuhrlander 公司 1.5 兆瓦风电机组技术，强调了两点：立即去德国谈判，签订引进合同，半年后出产品；重新设计，大约 18 个月，两年后出产品。结果是，韩俊良和王文启立即去了德国，与 Fuhrlander 公司签订了 1.5 兆瓦风电机组技术转让合同。其实，王文启在龙源电力时，前前后后与这家公司谈了 4 年的技术引进，龙源电力没有引进、华能没有引进，"大连重工炒熟并吃到了这盘菜！"这也催生了 2006 年 2 月 9 日华锐风电科技（集团）股份有限公司（简称华锐风电）的成立，同年 6 月华锐风电 1.5 兆瓦机组下线，赶在了所有国内制造商的前头，这被业内看成是华锐风电高起点起步、领先于竞争对手的重要举措。

2008 年 1 月的一天，王文启在新世纪饭店参加中国华电集团有限公司举办的风电研讨会，晕倒在讲台，直接送进了人民医院，心肌梗死，放了 6 个支架。住院期间，华锐风电的领导来医院看他，谈到了与 Fuhrlander 公司签订的 1.5 兆瓦风电机组技术转让合同，说"王老呀，当初您坚持的几项原则是少数意见，可是后来的实践证明您都

124

对啦！"

王文启和韩俊良在德国与 Fuhrlander 公司谈判时坚持了两点：一是不同意 Fuhrlander 公司每台机组抽取 5% 收入的分成，坚持一次性买断技术；二是坚持要改变机组的设计，以适应中国低风速区域。前项谈判比较顺利，Fuhrlander 公司一次性将技术转让给了大连重工，而后项的谈判则十分艰难。因为 Fuhrlander 公司尽管是机组的所有者，但机组设计者却是另外的两家公司，一家是奥地利 Windtec 公司，整机的设计者；另一家是德国 Aerodyn 公司，叶片的设计者。就这样，王文启追到了风电机组的"根上"，历经艰苦的谈判，终于得到了想要的结果——引进不同叶片长度的 1.5 兆瓦系列机组技术。

2008 年这一年，80 岁的王文启说他在有生之年更想支持自主研发的整机制造商，如果中国的整机制造商能自己设计风电机组，"中国的风电设备国产化就彻底了。"

王建平：

见证中国风能登上 IEC/TC88 大平台

中国专家通过参编 IEC/TC88 标准助力 IEC/TC88 成长，为国际风电领域贡献中国智慧和力量。

因为行业标准化工作，我和王建平相识多年。"2019 年中国风能新春茶话会"上，他从全球风能理事会（Global Wind Energy Council，GWEC）首席执行官 Ben Backwell 手中，接过了"中国风能人·行业建设特别贡献奖"唯一奖项。

王建平是全国风力机械标准化技术委员会副主任委员兼秘书长，从事风能标准化研究已经 33 年，引领我国参与制定 IEC/TC88（国际电工委员会风能发电系统技术委员会）技术标准 30 多项、委派上百名中国专家参加了 IEC/TC88 国际标准工作组，为我国风能标准国际化和建立全球认证互认体系作出了特别贡献，见证了中国风能与国际接轨并登上 IEC/TC88 大舞台的进程。

早在 20 世纪 80 年代，王建平就开始了他的标准化和检测工作，是我国第一批专门从事标准化研究和检测的人员，亲历了我国从研究制定国产小型风电机组标准到大型风电机组标准以及参与制定 IEC/TC88 技术标准、在国际电工委员会可再生能源设备认证互认体系（IECRE）赢得话语权的全过程。

在王建平看来，风能是国家战略性产业，国家需要、行业需要，他当然要持续做下去，"即使再多的付出，我乐此不疲。"王建平这样表达他对风力机械标准化工作的执念。

1985 年，经国家质量技术监督局批准，全国风力机械标准化技术委员会成立，这一年也被业内视为我国风力发电标准化元年。1987 年 IEC/TC88 立后，负责制定国际统一的风力发电机相关标准，即 IEC 61400 系列标准，我国风力机械标准化技术委员会成为 IEC/TC88 的对口联络机构，这样我国风能标准国际化有了清晰的路径。

20 世纪 70 年代，我国开始了小型风电机组的研制，主要是解决边远地区农村、游牧民族的生活、生产用电问题，也涌现出几家全国知名的农牧机械制造企业，但却没有出现像丹麦 Vestas 那样由小型农牧机械作坊转型为全球知名风电设备制造商的企业。为什么？在丹麦可以根据市场上标准化的零部件来设计组装和制造自己的风电机组，而我国由于标准化欠缺，风电产业基础薄弱，支撑不起风电企业的可持续成长。

经历过小风电产业化历程的王建平，1998 年担任全国风力机械标准化技术委员会副主任委员兼秘书长后，当然渴望中国风电产业借力 IEC/TC88 舞台，加快与国际标准接轨，小步快走，跻身于世界风电强国之列。在最初与 IEC/TC88 对接的日子里，王建平组织行业各方专家研究 IEC/TC88 标准体系，积极采用同等的国际标准，以利于我国的风电产品走出去，他将这个时段的标准化工作定位为"学习研究，借标出海"。

实际上，IEC/TC88 也在经历一个发展的过程，到 2000 年出台的标准也不过 8 项。但随着全球风电的快速发展，到 2020 年 IEC/TC88 已颁布实施了 33 项国际标准，正在制定的标准还有 26 个。"IEC/TC88 的标准每 5 年修订一次，正是中国参与并提升话语权的机会。"王建平十分看重并组织行业专家充分利用好这个时间窗口。

随着 IEC 61400 系列标准的扩展，中国专家的参与度也愈加广泛和深入，超过 100 位专家参加了 IEC/TC88 的 29 个标准工作组，金风科技、鉴衡、中国电科院、运达风电、华能清洁能源研究院等企业都深度参与了 IEC/TC88 的 32 项标准的制修订，同时我国也在转化 IEC/TC88 标准方面取得了积极成果，到 2020 年已有 IEC/TC88 的 26 项标准转化成我国国家标准，支持了我国风电产业的可持续发展。

在王建平看来，我国风电国家标准与 IEC/TC88 标准互相成就，成为一种积极向上的清洁能源力量。我国几年前就成为世界风电大国，到 2018 年我国已经研究制定风力机械标准 115 项，其中国家标准 79 项，行业标准 36 项，建立起比较完善的陆上风电机组标准化体系，让企业能够遵循标准进行生产、检测和认证。这为我国参与 IEC/TC88 标准制修订奠定了技术和人才基础，中国有能力参与到国际标准的活动中来，逐步提升国际影响力。

作为全国风力机械标准化技术委员会副主任委员兼秘书长，王建平对全行业在标准化工作上作出的努力感到欣慰，就工作方法论来说，他总结了两点。

一是成立标准工作组的工作方式很有效，企业牵头成立工作组，涵盖制造商、用户、科研单位、大专院校、检测认证机构等组织，工作组成员借此平台扩大交流，包括技术参数的确定、"游戏"规则条款的确认等，实际上是互相学习、妥协、制定技术规范，越来越多的国内企业在积极牵头制定我国的国家标准和行业标准，这是行业标准化的整体进步。

二是将 IEC/TC88 视为一个工程技术平台，洞悉全球风电技术方向和产业趋势，推进其在中国的风电实践，再通过合作与分享将我国的硬软件产品、成熟技术融合到 IEC/TC88 标准体系中，在这个平台上拥有一席之地，为国际风电领域贡献中国智慧和力量。谈到多年来中国在 IEC/TC88 平台上的表现，王建平总结道，"一方面，中国专家通过参编 IEC/TC88 标准助力 IEC/TC88 成长；另一方面，通过科学发声维护中国利益。"

2012 年 12 月，IEC 61400-1 第 3 版标准中关于台风参考风速的争论，中国专家提出此标准中关于台风风速的确定应顾及中国的实际沿海风况，进而降低台风等级的参考风速，经历了 4 次网络会议和两次实体会议的激烈讨论后，最终 2013 年 4 月在丹麦召开的第六次会议上，国际电工委员会（IEC）将参考风速调低为 57 米 / 秒，避免了此前标准中台风高参考风速拉高中国整机商成本的风险。

同样的据理力争，也体现在维护国标地位上。2016 年 6 月，IEC 61400-6《风力发电系统　第 6 部分：塔架和基础设计要求》标准第 11 次工作组会议在德国汉堡召开，这次会议是该标准的最后一次讨论会。IEC 61400-6 标准对塔架结构钢材料性能提出要求，规定只能使用满足这些要求的结构钢。为了便于使用，在标准编制过程中，各国在标准的附录 B 中列出满足要求的本国材料牌号和标准列表。但是，在此次会议上有代表提出中国国家标准与 ISO 标准等同，建议用 ISO 要求替换 GB/T 要求。如果这一建议被采纳，将不利于国际上对 GB/T 材料和标准的认可，可能会影响国产材料塔架在国际上的应用。对此，中方专家提出反对意见，经过激烈讨论，最终大会驳回修改提议，IEC 61400-6 标准保留 GB/T 材料牌号和标准号，维护了国标地位。

王建平说，这些不错的结果与行业标准化工作者的努力密切相关，感谢为此付出的每一位工作者。我记得，2009 年春天的一天，全国风力机械标准化技术委员会副主任委员兼秘书长王建平和我聊起我国风电行业标准化建设工作的话题时，希望我们鉴衡积极参与 IEC（国际电工委员会）的建设，并为建立国际认证标准作出积极贡献。

2010 年，鉴衡便开始参与风力发电机认证咨询委员会（IECRE 前身）的活动，全程参与了 IECRE 基本规则以及程序规则的制定，以及 IECRE 的 3 个工作组的工作，有 3 名同行评审员参与了认证和

129

在2019年中国风能新春茶话会上，王建平（右）获得"中国风能人·行业建设特别贡献奖"。

检测执行文件的制定，并起草了一项执行文件，为该体系的建设发挥出重要作用。

2014年9月，IECRE正式成立，下设风能、光伏、海洋能三个委员会，其宗旨是开发高质量的国际标准，建立和运作全球统一的可再生能源认证制度，推动认证结果在全球范围内的广泛采信，促进国际贸易的便利化，实现一张证书全球通行。

随后发生在IECRE的两件事令王建平感到欣慰。

一件事是，国家认监委提名我为IECRE副主席候选人，2015年9月在日本东京召开的IECRE管理委员会第二次年会上我顺利当选，成为首位在IEC认证体系建立之初就在管理层任职的中国专家。通过努力，2017年6月鉴衡成为当时全球首家具有IECRE风电和太阳能领域全部资质（检测、检验和认证）的机构，并准许颁发IECRE证书。鉴衡通过认可，使得IECRE多边互认体系在中国这个全球最大的风电和光伏市场得到更好的推广，也推动了中国风电、光伏产业国际化的进程。2018 年 11 月，在我国海南三亚召开的 IECRE 管理委员会（REMC）会议上，我再度全票当选为 IECRE 副主席。

另一件事是，2020 年我国牵头制修订并发布的 IEC 和 ISO/IEC JTC1 国际标准，其中 IEC 61400–5《风力发电系统　第 5 部分：风轮叶片》国际标准正式发布。该标准是国际电工委员会（IEC）首个针对风轮叶片设计、生产制造、运输、吊装以及运行维护的国际标准。作为项目召集人，王建平认为该标准的制定是我国自主创新成果上升为国际标准的成功探索，为我国风电领域标准走向国际开创了先河。

无论我还是鉴衡，能有今天的成长，王建平都给予了很大的支持和帮助。当初王建平希望并支持鉴衡全程参与 IECRE 的建设，协助建立整个行业都在使用的国际认证标准，现在他更期待鉴衡为中国可再生能源认证体系与国际接轨作出新贡献。我和鉴衡都将继续努力，不负信任和期望。

杨校生：

从风电务虚到商业化实践

> 1992 年，在时任能源部黄毅诚的筹划下，能源部决定成立专业风能开发公司，同年 11 月 14 日中国福霖风能开发公司在原国家工商行政管理局正式注册成立，从此拉开了中国风电场商业化开发的序幕。

杨校生认为自己与风电结缘是偶然也是必然。

那时，杨校生在原能源部农电司新能源发电处任副处长，主管新能源开发工作，后来随着国家部委以及电力体制的改革，他的"头衔"也几经变化，但始终没有离开风电行业，致力于风电项目的商业化开发，先后建成广东南澳、内蒙古朱日和等一些颇具影响力的风电场项目，直到再后来担任龙源电力总工程师，他都在专注于风电场项目的商业化开发。可以说，他是我国风电产业从无到有、从小到大的亲历者和见证者。

当官员，做调研出报告

1981 年 12 月，杨校生从武汉工业学院毕业被分配到了"二汽"，他在这家制造汽车的工厂待了一年，就到中国农业大学电力系读研究生了，1986 年 7 月毕业后进入水电部，但做的事情几乎与电无关。两年后，政府部门改革，水电部撤销，成立了能源部，杨校生进入能源部农电司担任了新能源发电处副处长一职，这才开始做起"与风共舞"的事情。

那时的杨校生很想做些研究的事儿，于是他实地考察，走遍了国内所有的风电场，写下了万余字的笔记，有些内容整理成了文章，发表在《新能源》《科技日报》《国外农村电气化》等国内多家报刊，有些内容则写成报告交给了上级部门，得到了部领导的重视。

研究了中国风电实际，杨校生更想了解世界风电技术的发展现状。当时有两种渠道可以了解世界风电技术发展的现状，一种是参加国际交流会议，另一种是阅读国外公开的论文和资料。可事实上参加国际交流的机会并不是自己能掌控的，于是他把更多的精力用到了阅读和翻译国外风电技术论文和资料方面，先后编译并在国内报刊发表了《风电场设计》《英国中央电力局风能研究》《丹麦的风力发电》《世界上第一个海上风电场》《风力机械鉴定和发证管理规则推荐》《风－油系统》《丹麦的风电联网》等数十篇技术文章，引起业界关注。

1988 年到 1992 年，是杨校生"技术性""建议类"文章的高产期，有些观点在当时很具启迪意义。1989 年 8 月 21—25 日，杨校生受能源部派遣参加了联合国技术合作与促进发展署（UNDTCD）在丹麦召开的"国际风能研讨会"，回国后他结合世界风电的技术趋势和中国的实际状况，提出了发展中国风电的 4 点建议，并在 1990 年第 1 期《国外农村电气化》杂志上撰文指出，"中国微型风电机组（百瓦级）技术比较成熟，而大型风电机组（百千瓦级）技术与世界先进水平相差甚远，中国 6 个风电场所能够常年运行的风电机组全部是进口的。大型风电机组的设计和制造规律我国掌握不多，靠仿制和有限的科研很难在短时间赶上世界水平，建议引进大型风电机组技术，组织国产化生产以改变这种局面，否则会极大影响中国风电事业。"事实上，后来中国风电产业的发展历程也印证了杨校生这一建议的前瞻性。

杨校生：从风电务虚到商业化实践

1991 年，杨校生参与了能源部农电司组织的"风力发电场使用调查"项目，从 1991 年 12 月形成的书样报告判断，这是一件极具历史价值和现实参照意义的风电场文本。这次调查对全国 7 个引进机组风电场（达坂城风电场、朱日和风电场、平潭风电场、南澳风电场、大陈风油风电场、荣成风电场、嵊泗风电场）进行了使用调查，详细说明了风电场运营情况和进口设备在我国条件下的适应性、可靠性和经济性，对当时的风电开发很有指导意义。

做经理，开始最初的商业化项目

有一次，杨校生和我说起南澳风电场项目时，他提到了时任能源部部长黄毅诚。黄部长是我国风力发电的积极倡导者和推动者，在 1991 年 6 月能源部组织召开的全国风力发电建设规划会议上，提出了"九五"期间风电装机容量要争取达到 100 万千瓦的目标，而当时

我国风电实际装机容量还不足 1 万千瓦，这足见领导的气魄！杨校生说，黄部长率先提出要把风力发电建设成电力工业的一个"方面军"，一年安装几十万千瓦，并就风电机组国产化研制、风电与电网的关系等方面的问题做了重要指示。可以说，是黄部长代表国家吹响了我国风力发电进入工业化发展进程的响亮号角，给广大风电行业工作者极大的鼓舞。

1992 年，在黄毅诚部长的筹划下，能源部决定成立专业风能开发公司，同年 11 月 14 日中国福霖风能开发公司（简称福霖公司）在原国家工商行政管理局正式注册成立，从此拉开了中国风电场商业化开发的序幕。

福霖公司初创时，除了杨校生负责管理过几年的风电项目外，其他都是从能源部办公厅、计划司和农电司等部门抽调的几名机关干部，大多不懂风电，但为了国家的需要，他们还是放弃了机关熟悉、安逸的工作环境和优厚的待遇，毅然投身到条件艰苦、前景不明的风

电事业，这让杨校生深受感动，也使他感到肩上的责任。

福霖公司运作之初，得到了国务院煤代油办公室的资金资助。"煤代油"是一个与电有关的时代名词。这之前，中国出现了大庆油田，甩掉了贫油的帽子，有些决策者就以为我们国家有很多的石油，用来发电没有问题，于是此后的一些新建电厂成了烧油的"主儿"，烧来烧去终于发现没有那么多的石油可烧，只好把那些烧油的电厂改造成烧煤的，这就有了国务院煤代油办公室。有了煤代油办公室的资金资助，福霖公司风电开发工作终于正式启动，担任副总工程师和项目经理的杨校生自然走到了风能开发的一线。

当时国内还没有人做过风电场项目，杨校生遇到了前所未有的技术和操作难题，比如风能资源分析、风电场可行性研究、风电场选址、风电场设计等，都找不到现成人手，甚至连项目怎么审、找谁批都没有明确的方案和对象，这可难坏了杨校生。怎么办？一切只能靠自己解决。

杨校生想到了原能源部杭州机械设计所的陈光孝等几个搞过风电机组设计的技术人员，就把他们请到北京来，集中在北京城乡贸易中心的 21 层"闭门"做项目报告，历经几十天的努力，终于在 1993 年4 月编制完成了《广东南澳风电场可行性研究报告》《内蒙古朱日和风电场可行性研究报告》。这是中国最早的风电场项目可行性研究报告，为风电商业化开发提供了借鉴。

有了可行性研究报告，杨校生就信心满满地带队来到广东南澳岛。

南澳岛地处广东省境内的台湾海峡喇叭口西南端闽粤交界附近的海面上，连同其他周围诸小岛，同属广东省一个县岛。由于台湾海峡的"喉管"效应和迎风地形突起受到的动力抬升作用，气流在此得到加强，风多风大使南澳县具有十分丰富的风能资源，南澳县素有"风县"之称。

135

杨校生他们来南澳之前，南澳县已经实施了三期风电工程，这为福霖公司在这儿实施公司化商业性运营风电项目提供了基础。1986年，南澳县政府把开发海岛风能列为海岛建设的一大工程，当年10月成立了南澳县风能开发指挥部，1989年5月2日成立了南澳风能开发公司，负责风能开发的具体实施工作。首期工程于1982年2月在大王山开始建设，引进2台瑞典新风公司sentic Mark–315kW和1台90千瓦机组，装机容量390千瓦，1989年6月并网发电。二期工程于1991年年初在松岭山开始建设，引进3台丹麦Nordetank–130kW机组，装机容量390千瓦，1991年6月5日并入电网运行。三期工程1992年初在松岭山开始建设，引进6台丹麦Nordetank–150kW机组，装机容量900千瓦，同年7月并网发电。

福霖公司在竹笠山实施的风电项目是南澳风电的第四期工程，装机3000千瓦，是当时国内最大的风电场项目。一到南澳，杨校生他们就感受到南澳交通极其不便，生活条件也相当艰苦，很多的路只能靠双脚行走，而且地形复杂，山上乱枝丛生，藤条蔽道，这加大了微观选址的难度，致使风电场建设一度陷入停滞状态。怎么办？杨校生从当地请来老乡做向导，老乡在前面带着刀具斩藤开路，他和专家随后进行风电场微观选址的勘测工作，边行走边记录，这些原始记录成为后来竹笠山风电场机组列阵布局的依据。

福霖公司在南澳竹笠山开发风电在当地产生了积极反响，汕头电力局、南澳风能开发公司也参与到了风电项目的开发中来，通过几轮合作洽谈，最终在汕头抽纱大厦的一家小茶馆签订了合作协议。据协议，福霖公司、汕头电力局、南澳风能开发公司按照50%、30%、20%的出资比例成立了汕头福澳风力发电公司，以运作南澳风电第四期工程项目。按照协议分工，福霖公司负责项目整体规划、风电场设计、机组引进、塔架制造，汕头电力局负责风电并网，南澳风能开发公司负责土建、设备安装，就这样一场分工实施、共同推进的风电开发"战斗"在竹笠山打响。

几经机组性能比较，又考虑到竹笠山山坡陡峭给运装带来的难度，福霖公司最终引进了 15 台丹麦 Nordetank-200kW 机组，又在福霖鞍山风神公司完成了塔筒制造，自此风电机组设备终于到位。那时安装机组采用拉杆式安装法，先在地面把机组组装好，然后用绞车卷扬机将机组整体拉起，要比后来吊车吊装困难得多。尽管运装条件艰苦、工装简陋，但在大家的齐心协力下，南澳竹笠山风电场终于在 1994 年 10 月建成，实现了当年建设当年并网发电的目标。

做推广，有经验也有教训

完成项目建设的杨校生回到了位于北京的福霖公司总部，但依然挂念着南澳竹笠山风电场。1995 年 4 月的一天，汕头电力局的同志打电话告诉杨校生，说风电场有一台机组的机头掉下来了。杨校生得知这一信息后，当晚就和福霖公司的同事飞往广州，落地后立即赶往南澳，上竹笠山的时候恰恰又赶上大雾弥漫，他们几乎是寻着机组叶片的声音接近风电场的，到了现场发现螺栓断裂是导致机头落地的原因。幸好，机组在保修期内，按照供货协议，Nordetank 公司更换了机组机头，并进行了相关赔付。

20 世纪 90 年代是杨校生致力于商业化风电场项目建设的重要时期，那时候他在组织建设南澳风电场的同时，也参与了内蒙古朱日和风电场项目的建设。1993 年内蒙古电业局与中国福霖风能开发公司合作，成立了内蒙古福霖风能开发有限公司，于 1994 年引进了 10 台丹麦 Bonus-120kW 和 15 台 Nordetank-300kW 机组。这些机组与原来的 11 台机组共同组成了一个总装机容量 6800 千瓦的风电场，标志着内蒙古风电事业从此走出风电场试验阶段，进入了联网风电商业化开发阶段。

1996 年，杨校生所在的福霖公司与汕头电力局、南澳振能公司合作，以各占 1/3 股份比例成立了汕头南方风能开发公司。由于资金短缺，汕头南方风能开发公司直到 1998 年才真正迎来了"大开张"的时机。这年 3 月，他们利用美国政府的无息贷款购进 10 台美国 Zond-550kW 机组，在果老山建成了总装机容量 5500 千瓦的风电场。在谈到这一项目时，杨校生坦诚地说，"这一项目的教训多于经验，难说成功。"

原来 Zond 公司机组采用的是变桨技术，但当时并不怎么成熟，在进行协议谈判的时候杨校生也提出了这方面的问题，但由于代表美国谈判的华人态度比较强硬，尽管我们明知协议不平等，可最终还是在协议上签了字。之所以这样选择，是因为那时候他们手里实在是没有开发风能的资金。

杨校生担心的问题还是发生了。风电场建成后，一直没有达到原设计的发电量，而且 Zond 公司的服务也不好，机组出现问题后一直不来维修，致使杨校生他们很被动。"后来，我们与荷兰 Nuon 公司合作时就吸取了某些方面的教训。"

当年，为了吸引外方投资中国风电场建设，国家采取了某种优惠政策，合资风电场项目可以获得较高的上网电价。在这一政策背景下，出资 45% 的汕头南方风能开发公司与出资 55% 的荷兰 Nuon 公司合作，在汕头丹南（果老山）建成了国内最大的中外合资风电场项目。该项目安装了 40 台丹麦 NEG Micon-600kW 机组，装机容量达 24000 千瓦，于 1989 年 7 月并网发电，开创了中外合作在中国建设风电场的先河。

138

于午铭：

50 岁开始为"金风"奠基的职业生涯

> 1998 年 6 月 9 日，新疆新风科工贸公司召开公司成立暨股东大会，通过了公司章程，选举产生了董事会和监事会，初步健全了公司法人治理结构。"600kW 国产风电机组研制"项目在公司化的运作方式下开花结果。

1991 年初，50 岁的于午铭被调到新疆水利厅的下属单位新疆风能公司工作，由此开始了他的风电生涯。此前他是水利厅企业管理办公室副主任，成为风能公司总经理后，他拥有了亲自"为一个单位总结年度工作和布局未来"的权力。

我有幸研读过新疆风能公司《1991—2002 年工作总结汇编》，我发现这些年度总结内容、形式各有不同，但有两条线却贯穿始终，一条是企业机制建设与改进，另一条是风能技术与产品探索，这像两条相互依存、交织、驱动的"车辙"，让人看到了"金风"的前世轨迹。

"金风"早已是行业和中国的"金风"，如果把"金风"视为一座完工的大厦，于午铭显然是"金风"大厦的重要奠基人之一。

有时候，办公楼里仅有他一个人在坚持上班

1991 的新疆风能公司，一个单位两块牌子，一块是新疆风能公司，另一块是新疆风能研究所。50 多人的单位有 20 多人在编，可以吃到

财政的"皇粮",其余 30 多人只能靠风电场吃饭,而当时的达坂城风电场上网电价仅为五分七厘,全年电费收入仅 20 多万元,还不够提取折旧费用的,企业连年亏损,早已没有"老本"可吃了。

很长一段日子,于午铭要为 50 多人每月的工资发愁,更让他揪心的是,队伍像是丢了魂,人员纪律涣散,有时候,办公楼里只有他一个人在坚持上班,这让他认识到了问题的严重性,越发为这支风电队伍的走向感到些许的担心。

风电场养不了新疆风能公司所有的人,却是新疆风能公司的核心业务,"是不能不探索、不发展的一项事业啊!"于午铭明白这座风电场的价值,更深知这座风电场"来之不易"。

1986 年 12 月,在新疆维吾尔自治区政府的支持下,新疆风能研究所筹资购买了丹麦 Wicon 公司 55 千瓦独立运行机组和 100 千瓦并网机组各 1 台,在乌鲁木齐东南郊达坂城柴窝堡湖畔建设了风电试验场,付出了外人难以想象的艰辛。

两台机组的试验初期,新疆风能公司员工郭健独自在柴窝堡值班,一场大雪覆盖了道路,也彻底断绝了试验场与外界的唯一联系。孤零零的郭健看着仅有的几个馒头和一条狗想事情,他要做的就是省下馒头给狗吃,他担心吃不饱的狗会离他而去。就这样坚持了 4 天,才与外边有了联系。这样的 4 天,他如往常一样守护机组,记录着机组运行数据。21 年后的春天,于午铭在为金风科技新员工作入厂教育报告时,提到了郭健雪天被困的故事,与当时不同的是,21 年后的郭健是金风科技的总裁,这让听到于午铭报告的新员工感慨万千。

1987 年年末,经过中国原外经贸部与丹麦外交部开发署协商同意,新疆风能公司使用丹麦政府的混合贷款建设达坂城风电场,到1989 年 10 月装机容量达到 2050 千瓦,成为当时亚洲最大的风电场。

这就是 1991 年于午铭面对的风电家底,于是就有了"以多种经营养育风电"的发展思路,划小核算单位、自负盈亏、盘活现有资产,这类与改革有关的关键词，像一簇簇火光照亮了他的现实。他们开始用 75 吨吊车对外承揽吊装业务、在 312 国道边建起了加油站等创收举措，不仅有了"养育风电"的真金白银，更是凝聚了人心，培育了企业和员工勇闯市场的气质。

他终于作出"进入风电设备制造领域"的大胆决策

1996 年，新疆风能公司达坂城风电一场装机容量累计达到 6100 千瓦，已成为风电机组的"世博会"。其间，于午铭分别派员工到 Tacke、Jacobs、AN Bonus 这三个公司培训的时候，就有了借机学习和考察外国制造商风电机组制造经验的想法。通过学习和考察，于午铭发现这三家制造商的规模比想象的要小，而且都是组装式的制造模式，不像国内很多人想的，一考虑制造风电机组就认为一定要从每个零部件造起。另外，Jacobs 公司的高层表示可以转让技术，这条很重要的信息，让于午铭的机组制造梦想有了最初的技术寻求方向。

1997 年年初，于午铭在征求了公司班子成员的意见后，终于做出了一个大胆的决定：进入风电制造业，研制国产化大型风电机组。与制造业毫无渊源的新疆风能公司竟然要造大型风电机组，不但其上级主管领导明确表示"不赞成"，业界也不看好。道理很简单，新疆风能公司是非电力行业搞风电，非机械行业制造风电机组，行业影响力相对较小，没有强大的"靠山"，难以获得外界的强力支持。

从更高层面看，"九五"计划期间（1996—2000 年），国家决定立项研制大型国产化风电机组，但最初的"科技攻关计划"并没有把新疆风能公司列入选择对象。而于午铭却加紧与德国 Jacobs 公司联系，探讨 600 千瓦风电机组制造技术引进的可行性。1997 年夏天，于午铭带队到德国 Jacobs 公司进行 600 千瓦机组制造技术引进谈判，并最终与 Jacobs 公司签订了失速型 600 千瓦机组生产许可证及技术转让合同。尽管这次谈判十分艰苦，但结果还是令人满意的。

于午铭一行的德国"成果"改变了上级对新疆风能公司制造大型风电机组的态度和看法，上级领导由"不赞成"到"赞成"，通过各方面的努力，新疆风能公司"600千瓦国产风电机组研制"项目终于先后列入了"九五"国家重点科技攻关计划。

于是，新疆风能公司以"600千瓦国产风电机组研制"项目为依托，组建了新疆新风科工贸有限责任公司，希望公司员工投资入股，但员工们并不看好风电机组制造项目，投资不积极，甚至已经投资的还要抽回。在这种情形下，于午铭赶紧再次开会动员，并带头增加投钱入股，这在员工中产生了影响。同时，他还到新疆水利厅进行游说，得到了支持，最终从系统内部员工中集资1000万余元。到了年末，银行贷款也按计划到位，这就使得项目实施得到了资金上的保证。

1998年6月9日，新疆新风科工贸有限责任公司（简称新风公司）

召开了公司成立暨股东大会，通过了公司章程，选举产生了董事会和监事会，初步健全了公司法人治理结构。就这样，"600千瓦国产风电机组研制"项目在公司化的运作方式下开花结果了。

1999年12月22日，国家"九五"科技攻关项目600千瓦风电机组国产化鉴定验收会合影（前排左一为于午铭）。

于午铭：50岁开始为"金风"奠基的职业生涯

1998 年 6 月 16 日，新风公司首台 XWEC–Jacobs43/600kW 国产化风电机组在新疆达坂城风电一场并网发电，标志着新风公司拉开了国产化大型风电机组制造的序幕。后来 3 年间，新风公司陆续出产了 10 台 XWEC–Jacobs43/600kW 机组，首台机组的国产化率为 33%，而到了第 10 台机组，其国产化率达到了 96%。1999 年 12 月，该机型顺利通过了科技部与原新疆科委联合组织的鉴定验收："该型风电机组整机性能达到了攻关合同所规定的各项技术指标，结构设计合理，性能可靠，是国内首次研制成功的 600 千瓦风电机组，填补了国内空白，其整机性能和引进的风电机组相当，属于国内领先水平，具有广阔的应用前景和较大的推广价值。"

这一成果被评为 2000 年度新疆科技进步奖一等奖，国家科技进步奖二等奖和国家"九五"重点科技攻关项目优秀成果奖。于午铭被授予国家"九五"重点科技攻关项目先进个人，并在国家科学技术奖励大会上受到国家领导人接见。

143 ——

为了几台机组的订单，他欣喜若狂或悲痛沮丧

那时，新风公司研制的 10 台 XWEC–Jacobs43/600kW 机组都安装在了新疆风能公司达坂城风电一场，也就是自己制造的机组安装在了自己的风电场。那么，接下来的市场化、产业化之路成了于午铭"夜不能寐"的问题。

其实，就在首台 XWEC–Jacobs43/600kW 样机投产运行时，于午铭就想到了"两条腿走路"的产业化方式，一是对外寻求合作扩建风电场，二是面向国内市场销售。当时的想法很简单但很坚决，就是一定要让更多的国产机组走出厂门，绝不能让"新风"制造停顿下来。

1999 年 6 月 7 日，新疆风能公司与美国美腾公司签订了合作合同，标志着历经两年共 7 个回合谈判的合资项目取得了突破性进展。于午

铭回忆说，当时合同约定的各项注资先决条件已逐项解决，注资启动就要成为现实。根据合同，中美合作投资1.9亿元人民币成立腾风公司，中方以技术入股，外方资金购买国产化风电设备，在达坂城建设一座2万千瓦装机容量的风电场。这就为XWEC–Jacobs43/600kW机组的产业化以及新风公司的发展提供了机遇。

这一事件引起了国内外媒体的关注，央视在新闻联播节目中进行报道。时任新疆维吾尔自治区副主席的张文岳、熊辉银等领导对这一合作给予了高度评价。但是，事情并没有朝着于午铭期望的方向发展，合同最终没有得到执行。10年后的一天，于午铭向我披露了其中的一些细节。1999年5月初在北京的谈判已近成功，当时北京一家著名律师事务所也参加了谈判。第一天的谈判进展很顺利，可第二天一早，美腾公司的董事长就说很抱歉，家里有事情必须回美国！留下他的副手继续和于午铭他们谈判。

后来，于午铭才知道是美国官方通知他回国的。他再次回到中国，和于午铭他们谈判的时候，说了一大堆不满美国政府的话。尽管新疆风能公司和美腾公司签订了合同，但遗憾的是，美腾公司董事会没有通过这份合同，双方合作由此夭折。

后来，美腾公司董事会派代表来到新疆风能公司，提出是否以引进第三方风电机组制造商作为条件再次启动谈判进程，双方在这方面达成一致，于是荷兰一家风电机组制造商介入到项目谈判中来，但最终仍然没有谈成。

关于这次合作，于午铭在"2000年工作总结"的"主要问题"部分做了这样的描述，"由于种种客观原因与主观原因的影响，拟与美腾公司合资兴建的达坂城风电场四期工程未能按预期启动，这不仅影响了风电场扩容装机，更影响了新风科工贸扩大销售的业绩。"他坦陈，"从主观上检查，对美腾公司抱有较高的期望，没有及时寻求与联系新的投资伙伴是主要的失误。"

于午铭：50岁开始为"金风"奠基的职业生涯

这样，就意味着 XWEC-Jacobs43/600kW 机组的产业化之路只剩下了"市场销售"这一条。于午铭提议做翻译工作的李力做销售总监，李力不负众望，很快就把机组销售到了新疆阿拉山口，率先拉开了与外国制造商竞争国内市场的序幕。当时的情况是，国外销售人员在中国市场一年有数百万元的销售费用，而李力做销售几乎没有什么特别费用，靠的是执着、辛苦和精神力量。李力到阿拉山口推销 600 千瓦机组，要挤上过路的交通车，没有座位，只好坐在引擎盖子上，面对一车人，她没有感到有什么不好，倒是她接了一个外国人的电话以后，发现满车的人吃惊地看着她，她倒有些不好意思了。原因是，她用英语和对方通话，引起了满车人的惊诧。李力就是坐这样的交通车把两台国产机组推销到阿拉山口的乌兰达布森风电场的，这是 XWEC-Jacobs43/600kW 机组产业化步伐的开始。后来，李力成为金风科技的副总裁。

那时候，于午铭随时掌握着销售人员在外推广机组的进展情况，李力的"战绩"令于午铭十分欣喜。随后，河北承德电力公司订购了 6 台 XWEC-Jacobs43/600kW 机组，这是于午铭见到的第一个批量订单，他高兴到了欣喜若狂的地步。

于午铭坦诚地说，项目研发和成果的产业化与市场化催生了金风公司，这可能是他今生最值得骄傲的成绩。2000 年，新风公司实施增资扩股，中国水利投资公司等成为新股东。这样，新风公司的资本金增加到 3059 万元。新增的 1300 万元资金成为新风公司扩大生产能力、完善销售系统、争取改制上市的重要资金基础。

这同时，经新疆维吾尔自治区有关部门批准，新疆风能公司成立了新疆金风科技股份有限公司筹建处，计划在新风公司的基础上，变更设立金风科技股份有限公司，力争上市融资，支持国产 600 千瓦风电机组的产业化和市场化。此后，中国风电设备制造业有了"金风"品牌。

到了退休年龄，他在不舍中卸下金风董事长的担子

2002 年 5 月，于午铭到了退休年龄。那时，金风科技已经改制完毕，他任董事长，但他的人事编制还在新疆风能研究所。这样，他就顺理成章地退休了。鉴于他对金风科技的贡献，当时的董事会形成了一个肯定他工作成绩的决议，并给予了他一笔奖金。那一刻，他怀着复杂的心情离开了他的职位。

令于午铭牵挂的是，金风科技承担的国家"863 计划"后续能源课题中的兆瓦级风电机组研制项目。起先，他们研制的目标机型是兆瓦级主动失速型机组，但经过了概念设计、载荷计算等环节以后，他们就觉得这类机型不是一个好的方向，于是产生了研制其他机型的想法。恰在这时，他们得到了国外研制永磁直驱型风电机组的信息，这样的机型可以把机组高速运转的部分去掉，通过电力电子器件实现与电网同步连接。当时大功率电力电子技术还不很成熟，这是个挑战，但考虑到电力电子器件的快速发展趋势，于午铭他们认为这个挑战完全可以应对，而且用反应灵活快速的电子装置取代复杂的机械结构可能是未来的发展方向和较好的尝试，所以下决心研制永磁直驱风电机组。

他们的想法得到了国家有关部门和专家的认可与批准，于是就把兆瓦级机组研制方向由主动失速型调整为永磁直驱型。后来的结果证明，这是一次成功的技术路线调整和选择，是金风科技获得并保持领先地位的因素之一。只是参与此项决策的于午铭当时已远在南方海滨，没有能在第一时间看到金风科技 1.2 兆瓦直驱机组的下线和投产运行，这对他来说不能不说是个遗憾。

2002 年 5 月的一天，原广东集华风能有限公司总经理杨宇知道了于午铭即将卸任的消息后，立即专程赶到新疆，诚恳地邀请他到广东集华工作，做广东集华风能有限公司的首席顾问。就这样，于午铭在

交清工作后的第二天就飞往广东，投入到了广东汕尾红海湾风电场建设的工作中。在这里，他完成了从一线领导岗位到二线工作岗位的角色转变。

在广东汕尾红海湾风电场工作的 3 年，他亲密接触了大海，领略了大海的浩大、宽容和深邃，对人生也有了新的领悟。在广东集华风能有限公司做首席顾问期间，他参与了红海湾风电场一期建设直到投产发电的全过程，参与了二期工程的筹划与推进，尤其参与了清洁发展机制（Clean Development Mechanism，CDM）项目的策划和申报，这使他增加了新的业务经历。

2003 年 9 月 2 日，红海湾风电场遭遇了强台风"杜鹃"的袭击，设备损失惨重。红海湾风电场 2003 年 5 月建成，安装的是国外知名品牌的风电机组。台风过后，风电场业主和风电机组供货厂家在事故原因认定方面发生了争议。

厂方在其事故报告结论中指出，"风电机组设计的极限风速为 70 米 / 秒。考虑到损坏情况，我们相信风速高于 70 米 / 秒，即使汕尾气象站官方公布的最高风速为 40 米 / 秒。这些气象数据是由距风电场西 3 公里处的遮浪气象站测得的，这就意味着风电场的风速可能比测得的数据高很多。把官方公布的数据通过一个线性计算换算到风电机组轮毂高度 45 米，得出的风速大于 70 米 / 秒，远远高于给出的 40 米 / 秒的风速。"外方制造商多次表示，因为最大瞬时风速大于 70 米 / 秒，超出设计极限值，属于不可抗力，所以应由业主承担责任，并明确表示要我方先付款，才能发运需要更换的叶片。

因此，对台风时风电场实际风速的认定就成为必须解决的关键问题。

于是，于午铭通过机组自身对风速的记录、现场测风塔的风速数据、附近气象台站数据的整理，得出了认定结论：台风时红海湾风电场轮毂高度瞬时极大风速小于 57 米 / 秒，10 分钟平均最大风速小于

41米/秒，均未达到相应机组性能保证值70米/秒与50米/秒的数值。

这番争议，最终由受丹麦政府对外援助署委托的独立咨询公司Tripod的调查结果"盖棺定论"了："根据调查团的调查结果，在'杜鹃'气旋期间未发现超过风电机组技术规范的事项。"

就这样，这件事得到了较为合理、公正的处理结果。于午铭写出了《台风"杜鹃"的危害与思考》一文，受到国内外业界的关注。于午铭在该文中提出的"几点思考"对风电机组设计及制造、风电场运行管理等领域都具有较为重要的启迪价值。

于午铭原想在广东工作几年后，就彻底退休回家养老，但没想到我国风能形势的蓬勃发展改变了他预想的人生轨迹。2005年8月，科技部批准成立了以金风科技为依托单位的国家风力发电工程技术研究中心（简称中心），金风科技的领导三番五次地动员他回来参与中心的筹建工作。当时正值汕尾风电场二期扩建工程因征地受阻而停滞，在取得广东集华风能有限公司领导理解的情况下，他回到了新疆，任国家风力发电工程技术研究中心副主任，开始了中心初期筹备与运转的领导工作。他说，这是他愿意从事的事业，也将此定位于自己今生最后的工作岗位。

可两个月以后，情况又有了新的变化。国有新疆风能公司改制成了股权多元化的新疆风能有限责任公司，中国水利投资公司作为第二大股东推荐于午铭出任新疆风能有限责任公司的总经理。于午铭坦诚地说，"我不愿意出任这个本应由年轻人担任的职务。"但有关方面解释，请他出任这个职位利于新疆风能公司的发展，也有益于金风科技的运作上市。

于是，于午铭坦然接受了这个职位，退休4年后再次出山。2007年12月26日，金风科技在深交所主板A股上市。2008年9月，67岁的于午铭卸下新疆风能有限责任公司总经理的重担，不再担任一线的实职。

于午铭：50岁开始为"金风"奠基的职业生涯

早年，于午铭希望做成两件大事：一是完成达坂城风电场四期工程扩建，使达坂城风电一场和二场的风电机组群能连成一片，形成世界知名的、震撼人心的人文景观；二是努力把金风科技打造成上市公司，这两个目标都已实现。

杜广平：

"乘风计划"下的希望和痛

> 1999 年 1 月开始运行的一拖美德公司，到了 2004 年 5 月就解体了，尽管解体自有解体的理由，但这样的"昙花一现"还是让他深受打击。

在我的朋友中，没有谁像杜广平这样对"乘风计划"有着刻骨铭心的体验。他说，"乘风计划"给了他乘风飞翔般的风电事业感，又让他的事业跌入下沉的心痛，但他在自己的谷底看到中国风电渐渐升起的希望。

熟悉我国风电历史的人知道，1996 年 3 月原国家计委推出了"乘风计划"，意在通过成立中外合资公司实现以"市场换技术"高起点发展我国风力发电制造业的目标，最终确定了德国 Babcock 集团下属的 Nordex 公司与中国航空工业总公司下属的西安航空发动机公司组建合资公司西安维德风电设备有限公司（简称西安维德），中国一拖集团有限公司与西班牙 MADE 公司组建合资公司一拖 – 美德（洛阳）风电设备有限公司（简称一拖 – 美德）。

那时，杜广平是洛阳一拖 – 美德的常务副总经理，他所在的公司已经形成了年产 150 台 660 千瓦风电机组的生产能力，但限于当时条件以及各种因素的制约，一拖 – 美德不仅没有实现如期的产能，还过早地退出了中国风电设备制造业的舞台，这让本想干一番大事业的杜广平深感心痛和无奈。好在，杜广平没有放弃风电梦想，继续执着于所热爱的风电事业，并持续为行业发展贡献一份力量。

到德国学习技术

杜广平是在 1991 年与风电结缘的。

那时，原机械电子工业部要求中国一拖集团有限公司（简称一拖公司）进行风电设备市场调研，以便尽快进入风电机组制造这个新的行业。于是，在一拖公司主管领导的带领下，杜广平和他的同事们立即进入"角色"，对国内外风电机组市场以及技术引进方案的可行性展开调研，那种兴奋和新鲜他至今记忆犹新。

通过调研，他们发现当时国外已在批量生产 200 ~ 300 千瓦风电机组，但这个级别的风电机组在国内的装机还非常少，这让杜广平看到了国内市场前景，但接下来的调研结果又让他感到艰难，国外不想转让技术，国内风电市场需求不足、资金短缺成为制约一拖公司进入风电机组制造领域的不利因素。

直到 1993 年年初，在原国家计委和机械工业部的支持下，一拖公司与德国胡苏姆造船厂签订了技贸合作项目合同以后，杜广平才真正感到自己的风电梦想接近成真。按照双方项目合同的约定，从德方进口风电机组机舱、叶片等整机部件，并在德方技术支持下，由中方完成塔架、基础的生产和施工，并负责风电机组整机的安装和调试工作。对杜广平而言，这是他特别希望参加也充满期待的一项工作。

杜广平回忆，"那时风力发电在中国仅有几个地区在试探性起步，没有形成市场，没有鼓励政策，更缺乏技术和资金。尽管如此，我还是感到风力发电很有发展前途，或许有一天会成为人类的主要能源之一。于是，我毅然从一个工程机械设计制造工程师改行从事风力发电工作。"

当时，原国家计委和德国联邦研究与技术部（BMFT）正在执行"黄金计划"项目，原国家计委通过相关单位选拔赴德培训的技术人员，一拖公司分配到了一个名额，这给杜广平带来了出国培训的机会。

1993 年秋季的一天，杜广平正在车间现场协调处理产品质量问题，突然接到通知让他到公司办公室报名参加英语选拔考试。经过笔试和面试，他以总分第一名的成绩获得了出国培训预选资格，但最终能否去德国培训，还要待参加原国家计委组织的出国前培训后，视考核结果而定。

1994 年正月初四，杜广平就赶赴原机械工业部呼和浩特畜牧机械研究所华德公司参加出国前的技术培训。在这儿，杜广平和分别来自北京、辽宁、新疆、四川、浙江、海南等地的 9 名同学一起接受由中、德专家用英语授课的风能、太阳能技术培训。通过两个多月的培训和考试，最终他和另外 6 名同学获得了赴德培训的资格。

1994 年 7 月 5 日，杜广平一行 7 人赴德国接受"黄金计划"项目——风力发电技术培训，和来自巴西、印度、埃及、约旦等发展中国家的同学完成了三项培训科目：一是在德国风能研究所（DEWI）接受了 1 个多月的风力发电技术培训，并参观了该所的风力发电检测试验中心，以及位于汉堡北部的风力发电试验场和位于一个岛上的风能、太阳能示范项目；二是在奥登堡大学接受 1 个月的风能资源分析、风电场微观选址和经济性分析等技术培训（当时使用的软件还是 DOS 版本）；三是赴 Enercon、Tanky、Siemens 等制造厂和邻近的风电场和太阳能发电示范场实地考察。杜广平回忆说，正是这段在德国接受风电技术培训的岁月，打开了他的眼界，也越发坚定了他从事风电事业的信心。

制 造 高 光 时 刻

完成德国培训回到国内后，杜广平立即投入到了一拖公司与胡

苏姆船厂合作制造风电机组的项目中。此次合作，共生产了 10 台
HSW–250T 风电机组，其中 4 台机组于 1995 年 11 月在内蒙古锡林浩
特风电场并网发电，另外 6 台机组 1996 年 3 月安装于海南东方风电场。
令人遗憾的是，后来由于德国马克升值太快，国内难以接受昂贵的零
部件进口价格，这成为双方终止合作的直接原因。

　　这件事对杜广平来说，意味着他的风电梦想暂且搁浅，只好等待
未来的机会了。恰巧，1996 年 3 月，原国家计委推出了"乘风计划"，
旨在通过与国外风电机组制造商组建合资企业，引进技术，消化吸收，
结合国家"九五"风力发电科技攻关项目，达到自主开发、自行设计
制造大型风电机组的能力。

　　国家实施"乘风计划"时，一拖公司通过竞标方式成为两个中标
的风电设备制造商之一。在原机械部的领导下，一拖公司聘请业内专
家先后赴欧洲考察，经过对拟合作公司产品技术、研发能力、技术转
让程度和制造能力等多方面的综合评价，最终选定西班牙 MADE 公
司作为合作伙伴。双方经过长达 1 年的谈判，1998 年 10 月 8 日在人
民大会堂签订合资合同和技术引进协议。

　　一拖 – 美德注册于 1998 年 11 月，随后开展厂房征地、建设、工
艺设计、员工招聘以及英语和专业技术培训等工作。1999 年 1 月，一
拖 – 美德正式运营。2 月开始，30 多名员工先后赴西班牙 MADE 公
司接受风电机组技术培训，包括风力发电理论知识、风电机组设计和
制造技术、风能资源评估、风电场微观选址、风电机组零部件制造和
过程质量控制、风电机组装配和试验、安装调试以及维修服务等内容，
为一拖 – 美德中国员工掌握美德系列风电机组技术奠定了基础。

　　杜广平参加了一拖 – 美德的筹备和技术引进工作，1999 年 1 月
出任一拖 – 美德董事、常务副总经理、高级工程师，负责产品开发和
改进设计、制造工艺技术、质量管理，以及本地化生产和销售支持、
项目管理和售后服务等诸多工作。这时的杜广平在风电机组引进技术

153

1999 年 1 月，杜广平（右二）参加一拖－美德第一届董事会第一次会议。

154　的消化吸收、转化设计和改进、零部件本地化生产以及首台国产化样机生产等方面发挥了积极作用。

　　杜广平回忆说，"一拖－美德的开业和运营确实是当时风电界一件非常令人高兴的事情。漂亮的工厂、高大的厂房、先进的检测试验设备，以及经过国外全面培训的专业技术队伍，展示出当时投资规模最大、生产能力最强、单机功率最大的现代风电机组制造企业的魅力。国人期望中国自己制造的具有先进技术的大型风电机组树立在中国的大地上，一拖－美德就肩负着这一重任。那时，我在感受压力，同时也感到自豪。"

　　有三个时间节点见证了一拖－美德的发展能力：1999 年 5 月，一拖－美德员工在西班牙 MADE 公司工程师的指导下，完成了国内首批 20 台西班牙 MADEAE46/II–660kW 风电机组在辽宁营口仙人岛风电场和吉林通榆风电场的安装和调试，这是当时国内单机容量最大的风电机组；2000 年 6 月 23 日，一拖－美德首台国产化的 AE46/II–

660kW 风电机组正式下线，成为当时我国大型风电机组国产化的先锋；2001 年 12 月，一拖 – 美德通过完成国家"九五"科技攻关计划项目——大型风力发电机组的研制，掌握了大型风电机组设计制造技术，并实现了具有 60% 以上国产化率的 660 千瓦风电机组的大批量生产能力。

后来，一拖 – 美德完成了赤峰达里风电场 6 台 AE46/II–660kW 风电机组的本地化生产、安装调试和并网运行，以及 16 台西班牙 MADEAE32–330kW 风电机组的本地化生产、安装调试和投产运行。

历经 3 年的锻炼成长，一拖 – 美德已经全面掌握了美德系列风电机组技术，并形成了年产 150 台风电机组的生产能力。

心 中 的 痛

一拖 – 美德的结局出乎杜广平的预料，他没有想到，这个 1999 年 1 月开始运行的公司，到了 2004 年 5 月就解体了。尽管解体自有解体的理由，但这样的"昙花一现"让杜广平深受打击，这也成为他心中的痛。他说，"至今看来，这是他从事风电事业以来遇到的最大打击。"

"尽管那时国家相关部委的风电主管部门付出了很大的努力，但由于当时国内风电市场还没有形成，国家也没有相应的激励政策，仅依靠风电示范项目、国债风电项目已不能满足国内已经形成的风电机组生产能力的需要。"杜广平说，"为此一拖 – 美德创新营销模式，以客户利益为核心，帮助客户解决项目开发过程中的问题，最大限度地增加市场份额。恰在这时，西班牙国家电力公司准备出卖其下属的公司，停止该公司所有资产的流动，致使一拖 – 美德无法按时获得已经准备装船起运的进口零部件，最终使得一拖 – 美德无法履行向新疆风能公司达坂城项目提供 11 台 660 千瓦风电机组的合同。这对当时的一拖 – 美德是个致命的打击。"

当时，一拖 – 美德把新疆风能公司达坂城风电场 11 台 660 千瓦

155

风电机组订单看作"及时雨"，公司上下全力以赴，决心把这个项目做好，不仅让用户满意，也要让支持一拖－美德发展的各级领导满意，因为这个项目也得益于国家"国债风电项目"的实施。

此后，西班牙歌美飒公司收购了 MADE 公司，决定在华建立独资企业，不再与一拖公司继续合作。这样，一拖－美德的运行就陷入僵局。而一拖公司也因此失去信心，不再投资风电机组制造业务。

在此期间，杜广平曾经四处寻找国内投资者，希望通过公司重组继续运行下去，但一拖公司不想出卖"一拖－美德（洛阳）风电设备有限公司"这块牌子，结果使一拖－美德失去了一次再生的机会。

2004 年 5 月，一拖公司决定遣散一拖－美德的员工，这些历经风电专业技术培训并取得实战经验的工程师和技工们被安排到一拖公司的其他单位工作，这也意味着一拖－美德走到了历史的尽头。杜广平遗憾地说，"一个曾经充满生机和活力的风电设备制造公司就这样结束了。"

一年后，国内风力发电进入快速发展时期，但一拖公司并没有作出恢复风电设备制造的决定。"我们擅长的产品都需要钱，哪还顾得上往我们不擅长的产品投钱？"这是杜广平在最渴望重启风电设备制造业务、也是在最困难的时候亲耳听到的"教导"。这让他印象很深刻！

一拖－美德，由于种种原因，没能实现它成立时期的宏愿。但是，它却最早全面引进和消化吸收了当时单机容量最大的风电机组技术，培养了一批最早掌握风电机组技术的专业技术人才，这些人成为了当今我国风电机组制造企业的技术骨干。这一点，让杜广平十分欣慰。

汪至中：

国产化风电软并网控制模块的拓荒者

> 当他得知进口的 600 千瓦风电机组软并网控制模块的天价时，就下定决心用国产化软件模块来替代它，且价格只是进口价的三分之一。

1994 年，新疆达坂城风电一场的武钢等人来到北京，在中关村四处寻找风力发电机控制模块时，科海公司柜台中的一块电路板令他们产生了兴趣。通过与销售人员的交流，武钢获得了两条信息：一是这块半张 A4 纸大小的电路板能力超强，不但能作为电动机或整流器控制模块使用，而且还具有控制风力发电机软并网等二十多种应用功能；二是该模块是一个叫汪至中的人所提供的。

那时汪至中是北方交通大学（现北京交通大学）电气工程系实验室主任，科海柜台摆放着的那个模块，是汪至中组织几家单位通过引进、吸收国外先进技术再创新的产品。正是由于这个模块，汪至中结识了武钢、于午铭等一批中国风电的先驱，与风电结下了不解之缘。也正是由此开始，早期的金风团队与北交大团队常常聚在一起，一同进行了异步电动机、600 千瓦、750 千瓦和 1.2 兆瓦风电机组并网控制系统的试验和开发，汪至中也将风电机组的并网技术作为其主要科研方向之一。

汪至中研制风电软并网控制模块的行动得益于一个美国工程师的启示。

1992年，美国电气工程师弗兰克通过朋友与汪至中取得联系，从美国飞到中国，希望汪至中能帮助他将自己研发的芯片产品打入中国市场。

20世纪90年代初，弗兰克研发出一块大规模模数混合型芯片，原来要在一尺见方的印刷电路板上用几十片中小规模芯片才能完成的功能，被他集成到了一块40引脚的芯片上，可以说是当时电力电子的最高水平。这是一块具有自动同步锁相环控制功能的大规模CMOS集成电路芯片，由这片主芯片和外围电路组成的模块包括了软启、软停等功能，不管整流器、风力发电机，还是变电站后备直流电源，这个模块都可以用，甚至还能控制火车。汪至中感到这个芯片技术确实很好，对弗兰克说，"这个东西我们可以用。"

汪至中决定去弗兰克的公司学习和考察。这是他第一次出国，在美国一个多月的学习和考察使他眼界大开，他看到了加州旧金山东边的风电机组漫山遍野，令他深感震惊。

汪至中参观弗兰克的工厂，弗兰克利用一个200千瓦电动机对拖的试验台架，给汪至中演示了并网控制模块进行并网的过程，不冲击电网，也不冲击变速箱和风轮，完全是"软并网"。弗兰克还向汪至中提出了自己的想法，认为这个模块除了并网，还能调节扭矩。"失速型机组都是用接触器直接接到网上的，风小的时候传动链的负载大于风轮出力，时常是靠电网的能力来启动机组，不是靠风。如果用反并联的晶闸管替代接触器来并网，并通过这个模块改变励磁，适当控制负载扭矩，就可以使机组更早进入到合适的转速上，从而多发一些电。"汪至中回忆说，"这是我第一次认识到风电机组并网时扭矩调节的重要性。"

令汪至中感到更为满意的是，这个模块已经在美国和欧洲的风电机组并网中得到了应用。这一点相当重要，因为微处理器很怕雷电和脉冲干扰，虽然能通过"看门狗"复位，但再启动时间少则几秒，多则数分钟。在这段时间内，风电机组很有可能因失控时间过长产生的扭矩冲击而使故障升级。因此，汪至中相信这款软件的引进会为我国风电发展带来积极的价值。

回国后，汪至中对国内风电发展情况进行了调研，但结果令他感到有些失望。当时，除了浙江省机电研究院与沈阳工业大学在准备进行 200 千瓦风电机组的研发外，国内还没有一个单位能生产大型风电机组。此时将这个模块引进到风电行业，显然还不是时候。

好在汪至中有十多年现场工程师的经验，他先后与北京整流器厂、北京椿树整流器厂、北京变压器厂等企业联系，将该模块进行本土化改造后，首先运用到了大功率整流器、电机软启动和铁道行业。

一年后，汪至中在国内推广了数百个模块，而国内市场对该模块的需求也日渐增加。一些厂家纷纷希望他引进的模块能够降低价格，以便大量应用。而当时弗兰克给汪至中的价格是每套近 4000 元，比计算机都贵。汪至中多次向弗兰克建议在我国生产并降低价格，但弗兰克提出的方案令他无法接受。

事实上，如果没有经过汪至中的改造，该模块很难进入中国市场。弗兰克只是用一些电阻电容，通过模拟方式降低了主频，将该模块由美国标准的 60 赫兹降为中国标准的 50 赫兹，而由此带来的许多生产、调试、使用问题是只有中国人自己才明白的。

在这种情况下，汪至中最终下定决心绕开这个主芯片的版权保护，自己设计并改进核心芯片，他把自己的方案告诉了弗兰克，而弗兰克认为我国当时还没有这个能力，很敷衍地对汪至中说，"那你就试试看吧。"

虽然汪至中不是微电子专家，但他是电力电子方面的专家，对当时中小规模的模拟和数字芯片极为熟悉，此前他曾在美国加州理工和

159

硅谷了解了多芯片合成方法（Multichip Module，MCM）和计算机仿真设计。汪至中感到，就设计和改进核心芯片这件事，还真难不倒他。因此，他没有采用"磨片"的拷贝方法，而是用刚从国外学来的先进方法完成了电路前端设计，然后他找到了集成电路研究所，请微电子专家对芯片进行了后端设计并流片。

这是由我国完全自主设计研发的第一片模数混合型大规模 CMOS 集成电路，和美国的芯片相比，它在 50 赫兹和 60 赫兹电源变化时可通过片内电子开关用数字方法改变电路来实现同步，主频高、分辨率高，且恒定不变。此外，CMOS 芯片功耗低、电流小。汪至中回忆，当时要设计出既要模拟又要数字集成，还要输出大电流驱动的芯片，其难度的确很大。所以，"在这个芯片设计的过程中，得到了很多单位的帮助，通过一年时间的努力，终于做成了。但接下来的困难也来到了面前，尽管有了芯片，可模块上的变压器我们是做不了的。比如，小小的一个电源变压器要做到 15 瓦，小小的一个集成脉冲变压器要做到耐压 3500 伏，这在当时也是个挺高的难度。"

汪至中迎难而上，和国内零部件厂家通力合作，终于做出了比进口产品更好的产品，同样性能和体积的脉冲变压器，其耐压都是 5000 伏，性能优于进口的控制模块，且价格只有进口产品的三分之一。

"国产芯片组装的模块以性价比绝对优势推向市场，成功应用于风电，与科技部高新技术司的支持是分不开的。"汪至中回忆，当时主管风电的李宝山处长得知风电软并网有一个独立的模块在进行国产化研发时，曾多次到学校了解情况。在实验室中，汪至中为李宝山在台架上模拟了该模块的工作情况，并与国外模块进行了对比。此后，科技部相关领导不但支持他申请了"九五"科技攻关项目"风力发电机的软并网"，还陆续介绍他结识了风电界的许多同仁，帮助他将新技术尽快地投入到我国风电发展的实践中去。

最先与汪至中合作的风电企业是新疆新风科工贸公司（金风科技

前身）。20世纪90年代末，金风科技开始小批量制造600千瓦风电机组，这款机型所采用的软并网控制模块来自国外一家知名公司。汪至中到新疆出差时看到了这个模块，发现其设计思路和自己设计思路基本相同，所以他很清楚他也能够做出600千瓦风电机组所使用的软并网控制模块。当得知这款国外控制模块的天价时，汪至中决心用国产化模块来替代它，其价格只是进口价的三分之一。

实际上，这款应用于600千瓦机组的软并网控制模块和200千瓦机组并网模块的原理基本相同，相较于200千瓦模块，这款600千瓦模块上面加了电流传感器和软件逻辑功能。所以，这款软并网模块的电路板比200千瓦模块大了一倍，并采用了两片微处理器来协调电路的工作。

汪至中明白软并网控制模块的底层逻辑，心里有底，他与变压器厂合作研发了国产电流传感器，又加了一片微处理器，就相当于把美国和欧洲的技术融合在一起，这样就解决了600千瓦风电机组软并网控制模块的国产化问题。

随后，汪至中与新风公司的科研人员共同合作，用台架做试验，用示波器测试，最终研制出了完全可以满足需要的控制模块。这款模块，不但电流测试效果非常满意，其成本、价格也达到了预期，双方都认为可以进行大批量生产。

于是，汪至中与厂家合作量产了600千瓦机组软并网控制模块，除了金风科技600千瓦机组，此后金风科技所生产的部分750千瓦风电机组也采用了该模块。但令汪至中万万没有料到的是，安装于山东半岛的几台750千瓦机组，在遇到冬季极端天气时出现了故障。表面上看，故障是联轴器销子脱开，深层原因则是风电机组在极端天气下并网时受冷风湍流的突然冲击，控制模块没有完全实现软并网，强大的扭矩冲击使联轴器的销子脱扣，从而使联轴器脱开。

得知这一故障后，汪至中立刻带着学生去查找问题，金风科技的技术人员专门购买了无线扭矩传感器到现场检测，以便找到问题。这件事也让汪至中认识到，"学校是没能力这样做的，只有和企业进行非常好的融合才能成事。"

汪至中和他的学生在实际现场进行测量，把扭矩传感器贴在联轴器上，用无线信号将数据传送到笔记本电脑，回到学校实验室后进行数据分析，据此修订了软硬件参数，重新设计了软并网控制模块。

做完这件事后，汪至中才完全明白，仅仅是电流波形"软"，还不一定能保证特定情况下扭矩也"软"，软硬件都"软"才是安全的。汪至中回忆说，"所有旧版模块都被新版模块替换，撤下的旧模块基本上报废了，尽管损失较大，但真正解决了技术问题，很值！"

此后，金风科技安装的数千台750千瓦风电机组全部采用新版控制模块，再也没有出现过类似的故障情况。汪至中感慨，"一款风电软件的真正成熟需要一个扎扎实实的验证过程，越是天气不好的状况越是需要有人爬风机测数据，越是需要研发人员根据数据做足够的功课，设计出性能可靠的软件模块。"

汪至中回忆，2003年以后，北交大团队与金风科技共同承担了科技部"863计划"项目"兆瓦级直驱永磁风电机组"的科研工作，其间所获得的知识、技术和经验也被运用于其后1.5兆瓦直驱风电机组的设计和量产。

作为我国风电软件的拓荒者之一，汪至中退休了，他的学生还活跃在我国风电事业的舞台，贡献着技术、智慧和力量。

齐同庆：

WD646，难以忘却的记忆和遗憾

> 与美国 Zond 公司谈判取得利好消息的催生下，1994 年底航天一院成立了万电公司，专门开发风电机组，他由设计火箭转向风电机组的研制。

我记得，2010 年北京国际风能大会期间，我和 74 岁的齐同庆老师聊到了万电公司出产的一款 600 千瓦机型。这款叫 WD646-600kW 的变桨距机型，风轮直径 46 米，2002 年 2 月在辉腾锡勒风电场并网发电。这是万电公司也是我国研制的首款具有知识产权的机型，是当时最具标志性的一款机组产品。

"我们积累了设计经验，培育了研发队伍，可令人遗憾的是，因为单位机制及认知问题，万电公司 600 千瓦机组没有大批量生产，兆瓦级机组研制计划也付之东流，这是我心中的遗憾。"回忆当年，齐同庆感慨万千。

由设计火箭转向风电机组研制

1992 年 11 月的一天，主管达坂城风电二场项目建设的王文启作为新疆电力局的代表，来到航天一院（中国运载火箭技术研究院）洽谈双方合作制造风电机组事宜，这让齐同庆制造风电机组的想法有了一个落点。

作为对新疆电力局的回馈，齐同庆所在的一院组织人员来到正在建设中的达坂城风电二场实地考察，一待就是一个月。当时，达坂城风电二场的 4 台丹麦 Bonus 300kW 风电机组已经安装完毕，双方打算以 Bonus 300kW 机组为参照制造风电机组，但令人遗憾的是，由于双方的分歧，此次合作搁浅。

此后，齐同庆所在的一院为参加原电力部 200 千瓦风电机组项目招标，临时组织部分单位的人员研究其可行性，并且在院开发部项目处设立了筹备小组，齐同庆是其中的关键技术人员。这以前，齐同庆的岗位在一院总体设计部，做的是与火箭密切相关的工作，他没有料到在 54 岁这一年与风电结缘，尽管这"缘"时断时续，有些事情他不能左右，但他还是在有限的"空间"内抓住了"制造风电机组"的机会。

齐同庆所在的一院并没有拿到电力部 200 千瓦风电机组项目，这很出乎院领导的意料，好像一脸的热情冷不丁被泼了冷水。但没过多久，热情在他们的脸上重现，齐同庆所在的筹备组更是格外兴奋。起因是，一个叫普鲁斯的英国人与院开发部联系，称"英国 WEG 集团的风电机组技术可以转让给你们，当然这取决于你们双方谈判的结果"。

这像一把火再次点燃了一院制造风电机组的热情。

"不但要和英国的 WEG 集团谈，还要借出国考察的机会和其他国家的风电机组制造企业谈谈引进技术的可行性，制造中国的风电机组"。齐同庆随院里组织的考察团去了英国，真正进入实质性谈判的时候，他才发现与在国内时的预期相差太远。

WEG 集团要出让的是 400 千瓦的风电机组技术，仅有的 1 台样机安装在埃弗顿，齐同庆发现对方提供的机组功率曲线和机组功率差别太大，这让他对这台机组的技术产生了很大的疑问。他本想在谈判中探究这个问题，可是已经没了机会。因为，WEG 集团方面提出的技术转让条件十分苛刻，双方谈判终止。

引进 WEG 集团技术不成，齐同庆他们就由英国"转战"到美国，与 Zond 公司洽谈技术引进或合资事宜。这是 1994 年圣诞节前后的事情，因为双方谈判进展顺利，这让齐同庆他们在美国有了过节的心情。当时，双方通过谈判约定：Zond 公司提供 500 千瓦机组的概念设计以及叶片设计，一院提供齿轮箱等零部件，双方在北京成立合资公司。在这一利好消息的催生下，1994 年年底，一院成立了万电公司，专门开发风电机组，齐同庆成为万电公司的技术负责人，由设计火箭转向风电机组的研制。

在失望与希望中寻求可接受的结果

令人遗憾的是，对于和 Zond 公司的合作，一院决策层的决策"一拖再拖"，当 Zond 公司 500 千瓦样机在美国下线时，一院再谈合作时对方已经失去了兴趣。就这样，"万电制造"在"久拖不决"的情形下失去了机会。

此后，万电公司又组织人员到欧洲考察，寻求技术合作方。但是，丹麦 Nordetank、Micon、Bonus、Vestas 以及德国 Vintis 都不与万电公司谈技术合作，其中的主要原因是，他们了解万电公司的航天技术背景，担心和这样的中国公司合作，所有的技术都会被"吃尽"，得不偿失！

其实，那时稍微有点规模的国外风电设备制造公司，都不想把技术转让到中国，只希望把他们的产品卖到中国市场。那么，万电公司怎么办？似乎只剩下自己研制一条路了。"我们自己搞，一定能搞成！只是需要的时间会长些。"齐同庆说服了万电公司的领导、院里的相关领导，主动地担起了研制风电机组的任务。正在进行风电机组气动设计的时候，院领导又发出了"暂停"的指示，这也与当时的主管部

165

门不支持风电自主研发有关，他们急于要成绩，认为靠自己的研发，还不知道等到"猴年马月"。

想引进外国技术，可人家不给；想自己研制，领导又不同意了。那时的齐同庆情绪有点低落，但1996年春天迎来了新的机会。有一天，有位以色列人找到万电公司，称"奥地利PEHR公司希望转让其容量最大、技术先进的风电机组技术，并保证通过劳氏质量认证（LIOYD）。"于是，万电公司组织人员到奥地利PEHR公司考察谈判，用50万美元买断PEHR公司的600千瓦变桨距机组全套技术，包括叶片资料、阳模及1台样机。尽管齐同庆没有前往奥地利参加这次谈判，但他还是实质性代表万电公司主导了与PEHR公司在北京进行的技术谈判，让他担心的是，他列出的技术问题清单，对方代表的回答有些模糊，有的问题答非所问，只是强调"什么都有"。

后来，万电公司和PEHR公司签订大型风电机组的技术引进合同，时任电力部副部长汪恕诚和航天工业总公司副总经理夏国洪出席了签字仪式。之前，PEHR公司的10台636型（600千瓦，风轮直径36米）机组，已在以色列戈兰高地运行，其变桨距、同步发电机、全功率逆变技术在当时还是比较先进的。

但令齐同庆意外的是，他们到了奥地利PEHR公司，接受资料时却发现除叶片外，其他资料都是些七拼八凑的，根本不成套，尤其关键技术资料严重缺失，几乎无法使用。带着这些问题，齐同庆一行去德国柏林考察PEHR公司提供给万电公司的600千瓦样机，结果是他们只看到了一个机舱而已，这越发让齐同庆感到了问题的严重性。

从德国回到奥地利PEHR公司后，齐同庆再次提到接受资料的问题，可是PEHR公司的人却说，"根据合同要求，已经寄往万电公司了。"显然，这是搪塞话。

齐同庆回到万电公司后，立即对PEHR公司提供的所有资料进行确认，最终得出结论：设计图纸不完整，根本无法按计划生产出国产

齐同庆：WD646，难以忘却的记忆和遗憾

样机。

更严重的问题是，PEHR 公司提供的样机也迟迟不能交货。而到货的叶片阳模由天津运到北京后，打开包装才发现阳模是"坏货"，因其没在天津做商检，PEHR 公司不认可自己发来的是"坏货"，称"阳模是你们在由天津运往北京的路上损坏的"。因无到港的商检，万电公司就无法向 PEHR 公司提出索赔。这样的一连串问题，使得"万电制造"一时陷入了困境。

为什么会出现这样一连串的问题？原因在 PEHR 公司一方。原来，PEHR 公司只完成了 600 千瓦变桨距样机的总体设计、气动设计、载荷计算、叶片设计方案，就把技术转让给了德国的一家公司，转让时双方约定，德国这家公司完成详细设计后再将详细设计资料返给 PEHR 公司，但德国这家公司完成设计后拒绝将资料提供给 PEHR 公司，这样 PEHR 公司就无法向万电公司履行提供样机和进行 LIOYD 认证的约定了。这种情况下，万电公司与 PEHR 公司再次协商约定，万电公司不再追究 LIOYD 认证和提供样机，而 PEHR 公司须再提供一个生产叶片的阴模。

随后，PEHR 公司提供的阴模到货，委派的叶片专家也来到万电公司，在外国专家的协助和指导下，万电公司的人员最终掌握了碳纤维干法叶片生产工艺，于 1998 年 12 月生产出了我国首套碳纤维变桨距叶片。

研制万电 600 千瓦变桨距风电机组

"后来，PEHR 公司又提供了部分图纸，经转化和改正其错误后部分图纸可以使用，其余不足的部分万电公司自行解决。"实际上，齐同庆结合中国风况实际修改了 PEHR 公司的 600 千瓦机组设计，他接受了变桨距技术，放弃了全功率逆变，因为当时的中国还没有逆变器产品。在 PEHR 公司资料的基础上，我们研制了 WD646–600kW 风

齐同庆：WD646，难以忘却的记忆和遗憾

电机组，也就是风轮直径 46 米、600 千瓦变桨距机型。

工作量还是挺大的，齐同庆带领团队重新设计了主驱动链，包括力矩限制器的研制，设计了叶片变桨距液压伺服系统、机舱罩、整流罩以及地面设备，如叶片运输车、机舱装配台、机组安装特殊设备等。除了电控柜、轴承是委托国外 MITA 公司、SKF 公司设计及生产以外，其他都是委托国内公司或万电公司自己生产的。

几经周折，终在 1999 年 10 月完成了 WD646-600kW 样机的总装，1999 年 12 月初运抵内蒙古风电总公司辉腾锡勒风电场，2000 年 2 月并网运行。

基于 WD646-600kW 机样还不错的运行业绩，2002 年初万电公司启动小批量生产计划。之前，首先要做的工作就是更改设计，也就是解决样机出现的问题，对原设计不合理的部分进行更改。

1999 年 12 月 16 日，齐同庆在辉腾锡勒风电场 WD646-600kW 样机安装现场。

齐同庆：WD646，难以忘却的记忆和遗憾

作为技术负责人，齐同庆做出了一系列改变或提议：去掉调桨机构的导向筒，改为导向键；将风轮锁的两个销子改为一个销子；设计叶片曲柄定位工装，去掉曲柄胀紧套，以简化调桨机构的安装，调整并提高可靠性；强化齿轮箱螺栓锁紧措施；采用新研制的力矩限制器；除可编程逻辑控制器（PLC）和必需的传感器以及软件从 MITA 公司购买外，电控柜自己设计生产。

"已经确定制造的 3 台机组，其零部件尽量从国内生产厂家订货。"齐同庆解释说，"这样做的目的，就要带动国内风电零部件企业的发展，壮大我国风电事业的力量。"但是这样做的结果，也让他设计的机组付出了本可以避免的质量问题和代价。

2003 年 4 月，万电公司生产的 3 台 WD646-600kW 风电机组在内蒙古风电总公司锡林郭勒宝力根风电场安装完毕。1 号机组顺利并网发电，但 2 号、3 号机组叶片调桨总是出现问题，通过检查分析发现是叶片轴承卡死导致了桨叶不能收回，不得不将叶片及轴承分解下来，退回生产厂家。

"该轴承由瓦房店轴承厂（简称瓦轴）生产提供，万电公司同意他们重新生产，结果是第二次生产的轴承装上去，其运行还是不灵，因为不能调桨，还造成 2 号机组飞车，险些酿成大的事故。"即便在这种情况下，万电公司还是给瓦轴机会，请他们第三次生产轴承，经过二次改进的轴承换上后，基本能够运行。通过二次改进，瓦轴取得了经验和教训，为日后的风电轴承开发奠定了技术基础。齐同庆说，"这也是万电公司希望看到的结果"。

但是，因为瓦轴叶片轴承造成的 2 号机组飞车，损坏了机组的叶片和刹车系统，这让机组的业主很有意见，抱怨万电机组的质量问题。1 号机组的叶片轴承是洛阳轴承厂提供的，尽管没有出现类似的问题，可是 1 号机组的主轴后轴承却在运行一个多月后发生了烧毁事故，其原因在于轴承装配不当：迷宫式密封圈没有压紧，随轴承转动，致使

169

轴承座磨损的铁屑进入了轴承，这样摩擦力增大，后轴承烧毁也就在所难免。随后，齐同庆设计了专用工装设备，在机舱内进行了主轴轴承更换和维修。

从"中试机"3台机组的运行情况看，WD646-600kW机型的设计是成功的，样机出现的问题没有在"中试机"上复现。而"中试机"出现的问题都是外购部件造成的，比如齿轮箱漏油、叶片轴承卡死等等。机组设计上的成功，在当时很具有启迪意义。

至此，通过样机、"中试机"的设计、生产、安装、调试和维修，万电公司已经培养了一支风电技术队伍，只要能够选择质量合格的叶片、轴承和齿轮箱，WD646-600kW机组已经具备了批量生产的条件。但令人遗憾的是，WD646-600kW并没有继续矗立在更多的风电场，"万电制造"仅仅完成了4台机组的制造，就定格在中国风电的记忆中。

2015年，中国运载火箭技术研究院再次发力，与西班牙安迅能集团、西班牙英莎集团合资成立了南通航天万源安迅能风电设备制造有限公司，首台1.5兆瓦风电机组2006年6月26日在江苏南通经济技术开发区下线，2008年新增装机容量15万千瓦，位居当年我国风电新增装机容量第七，后又改名为航天万源风电设备制造有限公司，可好景不长，2010年这个品牌的风电机组在市场消失。

徐洪亮:

淡定风声

> 为风电他多次在各种场合大声疾呼,给出自己的分析和见解。他的大嗓门和浓重的苏北口音,已被很多业内人士和新闻媒体所熟悉。

在我的记忆中,耿直率真的徐洪亮多次谏言政府和企业,为风电良性健康发展大声疾呼。徐洪亮是我尊重的风电人,在他行将退休的那年,我到他的办公室看他,说起风电他斗志不减,试图在更广阔的天地播种更多希望。

徐洪亮办公桌后面是一幅描绘秋景的巨幅油画,高山流水,层林尽染。他说,这幅画让他身居闹市,却不忘心中的大山,努力做出成绩,收获人生的果实。办公桌对面的墙上,挂有几幅字画,其中两幅是曹操的《观沧海》和《三国演义》的开篇词《临江仙》。他说,人生正如滚滚长江,只有真金才能留存下来。

这位中国福霖风能工程有限公司(简称福霖公司)董事长是中国风电发展的亲历者和见证者,曾参与设计中国最早一批风电场,推动了风电机组国产化,并带领一度陷入困境的福霖公司转型成为一家领先的专业风电咨询设计公司。

甘 苦 风 电 路

20 世纪 90 年代初，徐洪亮担任水利部水利水电规划设计总院计划部主任、中国水利水电建设工程咨询公司副总经理，开始负责国内风电场的规划设计，参与设计了广东南澳、河北张北、吉林通榆、大连瓦房店等地的中国最早一批风电场。

尽管现在的风电场前期工作依然辛苦，但比起徐洪亮等中国第一批风电场设计者的工作条件，还是要舒适不少。那时徐洪亮设计南澳风电场时，没有风能资源的历史资料，十多位工作人员手持测风仪，蹲在甚至趴在地上，每五分钟测一次风。

徐洪亮清楚地记得，南澳共有 37 座山头，每座山头他们都要爬上去测风。当时正值深秋，设计人员早晨一上山，浑身便被露水打湿。南澳岛曾是战备岛，山上有很多战壕，上面长满了荆棘，看上去是平的，走在上面一不小心就会掉进一人多深的壕沟。这些追风者，每天不知要掉进壕沟多少次。

开始设计吉林通榆团结风电场的那天，是农历大年初七，当地人还在过年。室外的气温已经降到零下 20 多摄氏度，大雪齐腰，设计人员手里拿着一根长长的杆子，小心翼翼地探路，防止身体掉到雪窝里被大雪掩埋。

对常年野外作业的风电场设计人员来说，翻山越岭、风餐露宿是家常便饭，他们甚至还要面对死亡的威胁。春夏之交的大兴安岭，有很多剧毒的昆虫，没有打防疫针的人如果被咬到，很难保住性命。

由于此前已经经历过更多的艰辛乃至直面死亡，风电拓荒时的这些辛苦和危险，对徐洪亮而言已经不甚可怕。20 世纪 70 年代初高中毕业后，徐洪亮曾被下放到家乡连云港附近的江苏生产建设兵团劳动三年。他说，自己在兵团的三年吃尽了人间的苦，至今记忆犹新的几个场景是：春天插水稻时双腿被蚂蟥叮伤，秋天收粮食时一袋一袋扛180 斤麻袋包的劳累，冬天掏大粪时的臭气熏天，双手用香皂洗过多遍后仍臭味难除。

1974 年，徐洪亮考入清华大学水利系水工 4 班，1978 年毕业后进入水利水电规划设计总院。在基层单位葛洲坝设计院参与水电工程设计时，在湖南郴州东江水电工地上，他曾被困在水坝的岩石上，靠死死抓住石头缝里长出的一棵小树，为自己赢得了救援时间。

1997 年 9 月 11 日，在勘探新疆天池一座抽水蓄能电站的地下厂房时，徐洪亮的四位同事因一氧化碳中毒而遭遇不幸。如果那天不是因为领导安排徐洪亮留守北京，走在队伍最前面并最先倒下的，很可能就是他。

兵团时的独特磨难，工作后的生死考验，让徐洪亮对人生有了深刻的感悟，在珍惜生命、善待别人的同时，把个人荣辱和功名利禄看得很淡，用他自己的话说，"如同一杯清水、一张白纸那样。"

在参加工作的前 10 多年时间中，徐洪亮主要是与水电打交道。他参与了全国水利资源普查，是为数不多的走遍中国所有大江大河的人。他曾于 1980 年到 1982 年，在原国家能源委担任常务秘书，参与起草了大量的重要文件。

20 世纪 90 年代以来，风电在徐洪亮的工作中，占据了越来越大的比重。在进行风电场规划设计的同时，他还和同事们一起，着手建立中国的风电场设计可研规程、风电场运行管理规程等，推动行业逐步走上标准化、科学化的轨道。

不过，由于当时风电发展缓慢而艰难，包括徐洪亮在内的中国最早一批风电人，也时常感到迷茫。得益于他们的坚守，也得益于 2005 年以来各项法律和政策的陆续出台，徐洪亮和同事们终于迎来了风电大发展的春天。

力 推 产 业 化

20 世纪 90 年代，中国风电仍处于缓慢发展的状态，制约因素之一便是居高不下的风电机组成本。当时很多企业开发风电需要利用外资，而利用外资的一个附件条件，是要购买国外的设备，这就导致风电场的单位千瓦造价都在 1 万元以上，度电成本明显高过火电，缺乏竞争力。

1999 年开始，徐洪亮用两年时间，系统地研究了中国风电机组产业化的课题，他与国外多家整机制造商进行了深入探讨，提出通过购买许可证方式引进国外先进技术的思路。遗憾的是，他的这一方案没有获得当时的国家电力公司主管领导的同意。

后来龙源集团试图发展风电整机制造业务时，也使用了徐洪亮设计的方案，并与意向中的技术提供方德国 Fuhrlander 公司进行了深入接触，但双方最终没能合作。

2004 年，经徐洪亮、王文启等人牵线搭桥，大连重工机电设备成套有限公司从 Fuhrlander 公司购买了 1.5 兆瓦系列风电机组的生产许可证，这一合作随后被华锐风电承接，华锐风电的奇迹由此发端。

不仅仅是华锐风电，徐洪亮帮助过的风电机组企业，还包括明阳风电、金风科技、联合动力，等等。明阳风电 2010 年 10 月在美国上市时，其董事长张传卫特意从国外给徐洪亮发来短信，感谢他对明阳风电的支持。

在推动风电机组产业化方面，徐洪亮做的另外一件事情，是鼓励企业开发大叶片机组，因为这样捕风能力更强，发电效率更高。在让同事们进行大叶片的参数计算后，徐洪亮写下亲笔信，给多家风电机组制造商发传真，建议它们尽快启动大叶片风电机组的研制工作。

大叶片风电机组的推出，使我国陆地风能资源可以得到更大程度的利用。以往风电场场址的年平均风速不能低于 7 米 / 秒，使用大叶片机组后，年平均风速达到 5.5 ～ 5.6 米 / 秒就可以建设风电场，许多风能资源优势并不突出的内陆省份也可以大力发展风电。

不过，在中国风电的爆发式增长中，新的问题不断出现。比如初期特许权招标项目的最低价中标，让部分开发商无法盈利；风电机组制造商为了争抢市场而展开价格战，部分机组质量存在隐患；由于电网建设相对滞后，风电出现了上网困难和被限电的情况。

针对这些行业的热点难点问题，徐洪亮多次在各种场合大声疾呼，给出自己的分析和见解。他的大嗓门和浓重的苏北口音，已被很多业内人士和新闻媒体所熟悉。

徐洪亮提出的意见，与行业内的主流声音并不完全一致，甚至有对政府主管部门的批评。例如，几年前风电项目主要通过特许权招标确定电价时，徐洪亮曾旗帜鲜明地站出来反对这一政策，建议采用标杆电价加补贴电价的定价机制。

又如，很多企业争先恐后地开发海上风电时，徐洪亮建议大家三五年内不要盲目到海上去，而是要先把海上风电的技术研究透，搞好"试验田"的建设；很多人士将风电并网难题归因于电网不积极时，他提出看法，认为首要原因是国家的风电发展规划大幅落后于实际开发情况。宏观规划的严重滞后，导致了电网公司的建设规划、投资计划、技术研发等一系列工作均跟不上风电产业的发展步伐。徐洪亮的一些"忠言"也许并不顺耳，但很多时候都是这位"老风电"深入思考后的理性声音。

锻 造 新 福 霖

1997 年开始，徐洪亮的风电生涯与福霖公司紧紧连在一起。

福霖公司 1992 年 8 月经国务院经济贸易办公室批准成立，是我国最早从事风电技术开发的企业，曾在新疆、内蒙古、广东等地开发了国内第一批商业化运营的风电场。1999 年隶属于原国家电力公司的龙源电力集团公司、中能电力科技开发公司和福霖公司进行重组，重组后福霖公司和中能公司合成为龙源集团的子公司。

徐洪亮刚到福霖公司时，福霖公司由于连续多年的多元化扩张和经营不善，亏损严重，负债累累。徐洪亮接手后，开始了"十四年抗战"，着力退出非主营业务，大力发展风电业务。

其中的一场硬仗，是化解福霖公司的担保风险。当时福霖公司有5000多万元的对外担保，因为担保的公司无法及时偿还贷款，福霖公司受到牵连，被多家银行告上法庭。徐洪亮亲自出庭，在法庭上据理力争，最终只用很小的代价就解决了问题。

与此同时，徐洪亮还要清理福霖公司的陈年旧账，四处索要被拖欠的资金。

2004年，徐洪亮带领福霖公司重新定位，转型从事风电等可再生能源的工程咨询、设计和研究，工作内容从前期风电规划、可研到风场施工图设计以及风电项目后评估，包含了整个风电项目建设每个阶段中的每个环节。

与国内各水利、电力设计院仅把风电设计作为一项补充业务的做法不同，福霖公司把自己的主营业务定位为风电设计咨询。在随后几年的风电大发展中，这一定位帮助福霖公司开辟出一片蓝海。

到2009年底，福霖公司的业务量比2005年增长16.67倍，营业收入增长14.11倍。2009年12月龙源电力香港上市时，福霖公司以专业风电咨询设计公司的独特定位，成为其中的一个重要亮点。

2010年，福霖公司完成130多个风电场的可研，完成50余个施工图，数几十个规划项目，市场份额在同行业中稳居首位。

令徐洪亮引以为荣的是，福霖公司掌握了风能资源评估、微观选址等方面的核心技术，引进并研发了多种适合中国地形条件和风能资源情况的软件，这使得该公司选点设计的风电场，盈利水平在业内名列前茅。

在业务和技术上对员工严格要求的同时，徐洪亮像家长一样，给员工以关爱和扶助。他为福霖公司确定的愿景是家园·舞台·梦，致力于让公司成为员工追求价值归属的精神家园，成为员工发挥个人才能、实现人生价值的舞台。

一个在国有企业并不多见的细节是，徐洪亮让公司为员工购置了行军床，鼓励他们在午休时间睡午觉，多睡一会儿也没有关系，以便他们休息后有充沛的精力投入工作。此外，对于晚上加班的员工，公司会提供四菜一汤的加班饭，天天如此。员工生病住院，公司领导会马上到医院看望。

福霖公司还有一个惯例，每当有员工结婚，都会由公司操办酒席，大家在一起欢庆，感受家的气氛。长期在国有企业工作的徐洪亮，既感受到了国企的优势，也深知其中的弊端。置身其中，既有荣耀，也有委屈。他在福霖公司倡导人性化管理、专业化拓展，初衷之一也是让国企补长短板，赢得公司内部和外部的共同认可。

2012 年，年满 60 岁的徐洪亮退休，告别他奋斗了 15 年的福霖公司。与那些担心离开工作舞台后会因清闲而失落的官员不同，他说退休是新生活的开始，未来想做的事情太多。

张自国：

风险认知和专注决定做事的高度和持续

一切看上去很美好，可危机却悄然来临。2010 年，因叶片批量质量问题，中航惠腾遭遇了成立以来最为严重的销售危机，原定的 IPO 独立上市计划被停止。

对热爱风电的人来说，有些深刻的记忆是和地址联系到一起的。有一次，我和张自国聊起这个话题，他说达坂城、承德坝上令他记忆深刻。可要说刻骨铭心的记忆还是保定，因为保定出了个中航惠腾。

新疆达坂城风场的样机

2000 年 8 月的一天，金风科技首台使用国产化叶片的 600 千瓦风电机组在新疆达坂城风电一场并网发电。作为叶片提供方的负责人，张自国出现在喜气洋洋的现场。因为国产叶片的采用，这台机组的国产化率提高到了 96%。

这是新疆科工贸公司（金风科技前身）的里程碑，也是惠阳航空螺旋桨制造厂（中航惠腾前身）的光荣时刻。在我考虑"张自国"这篇人物时，我特别请教了远在新疆的于午铭老师，于老师通过微信发我一段文字："中航惠腾研制、国内首次生产的 600 千瓦叶片，安装到达坂城风电一场 C4 金风科技 600 千瓦国产机组上投入运行，状态良好，同这台机组的国产化率上升到 96% 一样，都为国产化事业作出了贡献。"

惠阳航空螺旋桨制造厂位于保定，是当时中国唯一的航空螺旋桨科研制造企业。1978 年，北京航空学院毕业的张自国进入惠阳航空螺旋桨制造厂工作，期间从技术工作做起，接连担任了车间主任、分厂厂长、冶金处处长、技术处处长，直到工厂副厂长。

1996 年 3 月，我国推出"乘风计划"，惠阳航空螺旋桨制造厂与上玻院分别拿下了 600 千瓦风电机组叶片和 300 千瓦风电机组叶片的科研项目。由于种种原因，惠阳航空螺旋桨制造厂的 600 千瓦风电机组叶片研制项目进展并不顺利，直到项目结束的前一年，张自国开始接管该项目。时间紧，任务重，张自国必须要在短时间内拿出切实可行的研制方案，于是就提出了"引进、消化、吸收、再创新"的研制思路，通过"参考样机设计法"，历经 10 个月的奋斗，600 千瓦叶片终于在 2000 年 5 月下线，经过性能试验和疲劳试验，各项指标均达到设计要求，且这套叶片的价格仅为进口叶片的 37%。

这款 600 千瓦叶片在研制过程中受到金风科技的关注，全国首台使用国产化叶片的金风科技 600 千瓦机组在新疆达坂城风电一场投运。这是金风科技出产的第 10 台 600 千瓦风电机组，作为"九五"国家重点科技攻关项目，此前的 9 台 600 千瓦机组均采用进口叶片，正是国产化叶片的使用，金风科技 600 千瓦机组的国产化率达到 96%。与其他采用进口叶片的机组相比，这款机组发电量明显占优。张自国这样解释："首先，我们把先进的飞机螺旋桨叶平衡控制和调整技术应用到叶片产品上，减小了成套叶片重量互差，提高了风轮成套平衡精度，使得每套 3 片叶片重量互差不超过 1 千克，重心互差不超过 10 毫米；其次，叶片制造材料均按照航空标准选择，开发出了适应中国风电场实际风况和运行环境的叶片产品，这些都是国外进口叶片做不到的。"

张自国：风险认知和专注决定做事的高度和持续

正是这款 600 千瓦叶片的运行业绩表现，改变了一些人对国产叶片的看法，保定惠阳航空螺旋桨制造厂也因此成为金风科技叶片供应商，提升了行业选用国产化叶片的信心。

承德坝上的冷风

2001 年，河北承德电力公司订购了 6 台金风科技 600 千瓦机组，安装在承德坝上红松洼风电场，这是金风科技的第一个批量订单，也是令张自国记忆深刻的风电项目。

因为是首批国产化机组，金风科技作为整机厂负责风电场的前期运行维护；保定惠阳航空螺旋桨制造厂作为叶片配套厂每月都要到风电场与整机厂进行沟通，并对叶片进行检查和维护。张自国回忆说，"大家互相交流，共同处理一些技术问题，结下了友谊。"

因为有鲜花和牦牛，坝上夏天充满了生机；但坝上的冬天，却格外寒冷甚至危险。张自国记得，有一次他带队去红松洼风电场解决问题，坝上下了大雪，温度降到了零下 38 度，他们的汽车压着别人留下的车辙缓慢开了一整天，才到达山下一个村庄的小旅馆。由于心系那 6 台机组的运行情况，本身就有些着急上火，又遇上极寒天气，张自国在夜里开始发烧，大脑时而清醒时而空白，直到体温达到 41 度，才不得不答应同事帮他去请医生。

张自国的几个同事在村子里转了几圈，都没找到医生，最后看到一个门口挂了个很大的"医"字，走进去后一打听才知道这里只有兽医。说到当时的情况，张自国调侃道，"在当时的条件下，也只能请兽医给看病了。"

在身体稍微有所好转后，张自国等人继续向山上的风电场运维驻地进发，金风科技总经理武钢已经在山上了。山上的环境更为恶劣，即便在风电场控制室，也是洒水成冰，恰巧遇上大雪封山，别说不能洗澡，饮用水也得省着喝。在这种极其寒冷的条件下，就算到室外上厕所，都要经历思想斗争。

"那天的室外现场特别冷，我和同事全身上下都是羽绒服，还是冷得牙齿直打战，所谓寒风刺骨也就是这般针扎一样的寒冷。"张自国看看身边的武钢，武总却说，"还好啊，不算太冷。"

张自国不得不承认和他一起来坝上的同事一时不适应冷风，大家的眼睛不断地流着泪水，泪水结成了冰，遮挡了视线，他们只能一边排查故障，一边清除眼前的冰凌。在解决关键问题后，因为汽车不能离开现场，张自国只好走回中控室查看叶片运行情况，还没走出几步，一阵大风刮得他趔趔趄趄，最终还是摔在雪地上，一路走一路趔趄，一路摔回到控制室，看到机组运行数据很好，叶片也没什么问题，他这才觉得口渴，身边的大桶饮用水结着厚厚的冰，他就凿开冰层，喝了几口，顿时感到透心凉。

这时候，武钢也回到控制室，武钢的眼睛湿润了，感叹道："这是我们的第一批国产化机组，等我们将来好起来，一定要善待我们的弟兄！"

为了获得一手数据资料，承德电力公司、金风科技以及保定惠阳航空螺旋桨制造厂的总经理们常常在坝上的 6 台机组下聚首，不但为国产化的第一批机组解决了不少问题，也为日后我国的风电装备研制水平的提高，积累了很多宝贵经验。

由于得当的运行维护措施，外加坝上不错的风能资源，6 台金风科技 600 千瓦风电机组运行业绩良好，风电开发企业对国产化风电设备信心大增，坝上风电场的后几期扩建全部采用了国产化机组。

保定的"惠腾"乐与痛

金风科技 600 千瓦风电机组的批量国产化带火了市场对惠阳航空螺旋桨制造厂的叶片需求，750 千瓦叶片市场需求也日渐升高，这让

181

张自国看见了我国风电叶片产业的广阔前景。于是，他和班子商议后向上级提出了"合资办厂"的新思路，历经讨论甚至争议，上级最终同意了张自国"合资"发展叶片产业的设想。

2001年1月，中航惠腾风电设备股份有限公司正式成立，惠阳航空螺旋桨制造厂占股45%、燃机动力占股30%、美国美腾能源集团公司持股25%。新成立的中航惠腾赶上了中国风电迅速发展的好势头，其先发优势让中航惠腾在市场竞争中领先对手一个身位。

2002年，中航惠腾打开了600千瓦叶片批量国产化大门，为了更快速响应和引领国内风电市场的需求，2005年中航惠腾引进了荷兰CTC公司1.5兆瓦叶片设计技术，支持和加快了公司叶片产业发展，2006年国内叶片市场占有率达到90%；2008年、2009年连续两年国内叶片市场占有率第一，2009年营业收入超过20亿元，利润4亿元。其间，中航惠腾经历了三次增资扩股，引进了新股东，资本实力逐渐增强。

作为中航惠腾的总经理，张自国大干一场的劲头更大了。经过慎重考量，张自国做出了一个大胆的决定：收购荷兰CTC公司。2009年，中航惠腾收购了CTC公司，CTC公司的研发项目直接与中航惠腾的产品研发对接。张自国认为，这项收购的完成，不仅能增强企业的设计能力和核心竞争力，同时也为研制具有自主知识产权的风电叶片打下了良好的基础。

由于拥有较大的产能与市场，又斩获了世界一流的设计公司，中航惠腾此后陆续推出了1.5兆瓦、2.0兆瓦、2.5兆瓦和3.0兆瓦系列化风电叶片，均取得了成功。到2010年，中航惠腾共完成了12个系列、41种型号叶片的研制，累计近万套叶片产品在国内外141个风电场装机运行。

一切看上去很美好，可危机却悄然来临。

2010年，中航惠腾因叶片批量质量问题而遭遇了其成立以来最为严重的销售危机，原定的 IPO 独立上市计划被停止。叶片批量质量问题，主要集中在内蒙古通辽、河北黄骅、张北等地的 9 个风电场中，其质量问题主要是黏合叶片的胶剂进口配方不合格导致的。该批次的叶片已经安装到 100 余台机组上，叶片总价值在 2 亿元左右，中航惠腾不得不采取措施召回这些叶片，这是一笔相当大的费用。

2010 年下半年，中航工业集团启动对中航惠腾的资产重组，由中航重机 100% 控股中航惠腾，更换了中航惠腾的领导层。自此，张自国离开中航惠腾总经理位置，尽管心有不甘，但他已失去了"重整旗鼓"的机会。

即便这样，在保定的张自国心中还有叶片，"我还想把此后的人生贡献给国家的风电事业。"痛定思痛后，张自国说："一个人或一个组织，其风险认知和专注的程度决定做事的高度和持续性。"

赵世明:

职业生涯的高光年

> 当时中国风电产业化进程已经起势,龙源电力、大唐、华电和中广核的风电业务风生水起。但华能还处在"认知"入门阶段,多数人看不上风电,就连公司内部也有人认为风电是高风险行业。

1997 年 4 月,45 岁的赵世明被调入中国华能集团有限公司(简称华能集团),此前他是原内蒙古海拉尔市 ❶ 的市长和市委书记。

在华能集团,赵世明先任中国华能财务有限责任公司副总经理、总经理、副董事长,后任华能综合产业有限公司总经理、党组书记,可真正"激情燃烧"的职业高光期,是他在华能新能源股份有限公司(简称华能新能源)带领团队仅用 3 年多时间做出风电装机规模近 600 万千瓦的惊人业绩。华能集团风电装机也因此跃居中国第二,成为中国风电开发头部企业。

说到过去的不容易,赵世明说,"困境的蹂躏"从来都是新生事物的"接生婆"。2001 年 11 月,华能新能源环保产业控股有限公司成立,2002 年 7 月赵世明担任公司总经理,但作为在国内的"火电老大",

---

❶ 2002 年 2 月,撤销县级海拉尔市,设立呼伦贝尔市海拉尔区。

华能集团集团在发展风电业务上十分谨慎。在集团看来，新能源和环保这两件事情都很重要，应该做，但具体怎么做也还没有完整的思路和方法，期望华能新能源环保产业控股有限公司自己摸索前行。

当时中国风电产业化进程已经起势，龙源电力率先在香港上市，中国大唐集团有限公司、中国华电集团有限公司和中国广核集团有限公司的风电业务也都风生水起。但华能集团还处在"认知"入门阶段。当时火电正"火"，多数人看不上风电，就连公司内部也有人认为风电是高风险行业。

认识不一致，起步很艰难，也正是在这种困难条件下，赵世明潜心研读了大量国内外有关新能源的资料，研究能源工业的历史、现状和未来发展趋势，希望从中找到华能集团的切入点，最终他认定全球能源工业将进入能源结构多元化的时代，风电、光伏产业的叠加发展将为氢能源打开商业化之门。

推动全球能源工业进入低碳时代，这就是新能源发展的技术和经济逻辑。在充分的思想准备和理论准备的基础上，赵世明作出规划，提出了在全国形成东北、华北、华东、蒙西等六大风电基地的构想与布局，通过前期工作拿到的资源开发规模超过4000万千瓦，其中一批项目已获得地方政府的批准。

尽管大规模开发建设风电项目的条件已经具备，但限于集团层面的决策，华能新能源仍不能全力推进，这让赵世明干着急啊！直到2007年9月，集团领导黄永达找赵世明谈话，传达了李小鹏总经理"加快发展风电"的指示后，迎来了大好时机。同年11月，集团下令调整华能新能源的领导班子，赵世明任公司执行董事、法定代表人、总经理，牛栋春任公司党总书记、副总经理。这样，作为公司一把手，赵世明和新搭档牛栋春一起展开了华能风电"奋起直追"的全面布局和行动。

实际上，华能风电蓝图早已在赵世明的心中绘就，既然集团发了

185

号令，赵世明迅速组织骨干队伍，从全国电力系统招募借调了 300 多人。这些人员中，一半是懂风电的人员，一半是懂项目管理的人员，优化组合结成"对子"后直接充实到已有的项目筹建处，或建立新的项目筹建处，所有获批项目都进入开工或准备开工状态。

就在赵世明搭好架子、拉开场面"大干一场"的时候，华能集团领导层发生了变化。2008 年 6 月 2 日，李小鹏告别他掌舵多年的华能集团到山西上任，6 月 16 日在华能集团公司干部大会上，时任中共中央组织部副部长王尔乘宣布党中央、国务院决定：任命曹培玺同志为华能集团总经理、党组副书记，任命黄永达同志为华能集团党组书记、副总经理。

华能集团是中国最大的发电企业，新来的华能舵手曹培玺对华能新能源当下的发展究竟持什么样的态度，对正在发力大干的赵世明来说，的确是个令他"忐忑不安"的现实问题。

186

2008 年 7 月的一天，总算等到曹培玺听取华能新能源汇报的时间，曹培玺在听完赵世明的工作汇报后，说你这风电还挣钱嘛！赵世明说"挣个冰棍钱"。曹培玺大笑，说"挣个冰棍钱也好，挣钱就干吧！"

赵世明如释重负，第一时间与参会的同事会心一笑。曹培玺的表态，越发激发了赵世明他们的风电斗志。到 2009 年年底，华能新能源东北、华东、蒙西、华北、西北等六大开发基地全面启动，装机规模已达 155 万千瓦，旗下所有风电场项目全部盈利，且单位千瓦效益位列全国同类企业首位，被业内称为"华能速度"，虽入场晚，但却实现了"又快又好"的发展预期。

2011 年华能新能源装机规模达 490 万千瓦，年利润 12 亿元。当人们问起华能集团"后来居上"的原因时，赵世明总结了四点：一是赶上一个好时代，二是两任集团领导的正确决策，三是有一个好的搭档，四是有一支优秀的团队。另外，赵世明还强调，"企业领导人要有情怀，也就是热爱。"说到企业领导人的情怀，不能不提到由赵世明作词、乌兰托嘎谱曲、谭晶演唱的一首歌《风车姑娘》。

2009 这一年，华能新能源风电业务发展得不错，赵世明和他的同事们付出了更多的辛劳，用他的话来说，"那是一个亢奋到吐血的过程。"临近 2010 年春节时，赵世明打算好好办一个"有意思有意义有价值"的年会，还特别要求每个项目公司准备一个"说唱自己"的节目到年会上演出，当然领导也要带头。于是，赵世明写了一首小诗《太阳的女儿》，表达他对华能风电和整个风电行业的感情和热爱。

赵世明在台上朗诵，台下的内蒙古作曲家乌兰托嘎被深深打动了，满脸的惊喜，等到赵世明回坐到作曲家的身边，作曲家激动地对赵世明说，"你这诗歌稍作改动，就是一首好歌词啊！不过，你得改改题目，我有一首歌叫草原姑娘，你这首就叫风车姑娘吧！"原来，赵世明邀请了家乡内蒙古乌兰牧骑艺术团的朋友参加华能新能源的年会，知名作曲家乌兰托嘎也来到了当晚的现场。

2010 年春节后，赵世明将修改后的歌词《风车姑娘》给了乌兰托嘎，因为风电业务实在太忙，这件事就再也没有顾及过，直到 2010 年 12 月的一天，乌兰托嘎给赵世明打电话说，"风车姑娘成了，谭晶演唱，谭晶说风电产业的歌这么动人，特别难得！"

接到乌兰托嘎电话的那一刻，赵世明正和曹培玺走在美国波士顿到纽约的路上，他们到美国来为华能新能源首次 IPO 做路演。曹培玺得知此事时，称这对提升风电的社会认知度有积极的作用。华能新能源 IPO 本身对促进中国风电产业发展具有重要启示。

回忆歌词《风车姑娘》的创作，赵世明强调他是站在中国风电产业化的角度来写的。"达坂城／初识你稚嫩的脸庞。"赵世明解释第一句歌词时说，他第一次到达坂城就被达坂城风电场的气势震撼到了，这儿的风电机组功率从几十千瓦到几百千瓦再到兆瓦级，在由小到大、由少到多的发展过程中形成了一座风电博物园，最初的稚嫩实际上是中国风电发展逻辑上的起点。

187

"苍山上见过你 / 娇羞的模样。"赵世明说这句也有来处的。

当年，赵世明和同事到业内不看好的云南考察风能资源，他们上了大风坝，发现这儿的小灌木丛都是歪歪着长的，说明这儿的风不错。后来，他们在这儿建成了风电场，可是投运那天，天空出现厚重的云图，受邀前来剪彩的时任云南省副省长没见到风电机组的模样，赵世明感到挺遗憾的。可是，当他搭乘的飞机飞过这片风电场的上空，透过舷窗他看见苍山上的风电机组在云雾缭绕间时隐时现，像仙女一样娇羞纤美。顿时，赵世明激动了，感到她的姑娘给他露脸了。

"呼伦贝尔草原你亭亭玉立"，赵世明说这是一种真实的感受，在草原上看风电机组，有一个适当的距离，你会发现风电机组挺拔的姿态宛如少女亭亭玉立。呼伦贝尔是赵世明的家乡，在自己的家乡看见徐徐旋转的风电机组，心情格外激动和美好，当时他知道他看见的风电机组是龙源电力安装的，他由衷地谢谢风电机组。

赵世明的歌词从呼伦贝尔写到了黄海，"黄海边难忘你雍容端庄"，赵世明说这句是有故事的。2009 年，赵世明答应时任威海市市长，华能新能源在滨海大道旁竖立的每台风电机组都会像一座小花园一样漂亮，美得足可以让游客驻足留影。有一次，赵世明在滨海大道上看见一对新人在风电机组旁边留影，新娘身着婚纱，看上去雍容端庄，新郎高大帅气，远处的风电机组和近处的机座成为他们的背景。走在这样的大道上，赵世明感受到每台风电机组的端庄和从容。

歌词的第二段，写到"兴安岭望着你 / 傲骨临风"。那年冬天在兴安岭，冷风从赵世明的耳畔呼呼地刮过，令他感到刺骨的寒意，但仰望山峰上的风电机组却分明让他体验到风电机组因电而生的骨气，因此崇敬之情油然而生。

接下来，歌词转到南澳的场景，"南澳岛又见你 / 妩媚坚强"。南澳岛上有华能新能源的风电场，有一年刮台风，倒了好多树木，满地狼藉，而风电机组依然站在原地，一副妩媚且坚强的模样。

"塞北大漠／风雨中你娇柔矜持","松辽大地依恋你／生命怒放"。这是第二段歌词的最后两句,表达了赵世明对塞北风电发展缓慢的不甘,塞北的风能资源很好,但由于电网消纳、送出的限制,华能新能源同全国其他公司一样,都在这儿放慢了脚步。但华能新能源在松辽大地,用 3 年时间完成了 200 万千瓦的风电场建设,这就是赵世明歌词中"生命怒放"。

懂得《风车姑娘》的人,懂得每一句歌词的背后都是风电故事和情怀,到了副歌部分每句歌词都落在事物的本质逻辑上,"太阳的女儿／美丽的风车姑娘／感谢你带来绿宝石的光芒／你的圣洁让世界更加美丽／你的美丽保佑家园地久天长"。

就在谭晶版《风车姑娘》在能源及以外的圈子流行和传唱的时候,华能新能源 2011 年 6 月 10 日正式登陆香港联交所主板。此次共发行 24.85 亿股,每股定价 2.5 港元,共募集资金总额 7.99 亿美元。所得款项净额中,将有 23% 用于海外及国内项目并购,57.8% 用于风电业务发展。

这是华能新能源发展的里程碑,也是赵世明职业生涯的高光年景。就在华能新能源上市后的第 8 个月,也就是 2012 年 2 月,赵世明因为已到退休年龄不再担任公司执行董事和总经理,告别了一段"辉煌岁月"。

189

曹志刚：

和金风一起成长

> 经历迄今行业和企业的每一次高峰与低谷，不忘初心，传承
> 金风精神和意志，为做"百年老店"贡献力量。

毕业于新疆工学院（后与原新疆大学合并为新疆大学）的曹志刚自 1998 年 7 月加入新疆新风科工贸有限责任公司（金风科技前身），至今已有 25 年。我和曹志刚相识已有多年。他由干技术出身，一步步做到金风科技的总裁。可以说，曹志刚是随金风科技及风能产业成长起来的企业总裁和行业人物。

近几年，我和曹志刚见面交流的机会多起来，要说较近的事，还是在汕头国际海上风电创新港建设"下一代风电产业集群"这件事上，相互认知比较一致，并且一同积极推进相关工作。

全球首个"四个一体化"，即"研发设计一体化、工艺流程一体化、生产制造一体化、检测认证一体化"全产业链风电产业集群已在汕头开建，这是全球第一个在一个产业园区聚集了风电整机、叶片、齿轮箱、发电机、轴承等全产业链制造企业，以及检验检测实验室和大型科研装置，从而实现了从设计研发到技术创新，再到生产制造与交付的完整产业链。

2023 年 2 月 2 日，曹志刚在汕头国际海上风电创新港开工签约仪式上致辞。

在曹志刚看来，汕头国际海上风电创新港这样一个产业集群是在过去产业链条基础上的又一次升级。"过去的生产制造，每一个企业都有自己的厂房、厂区和围墙。在汕头国际海上风电创新港，我们彻底打开了企业之间的'篱笆'，每一个大部件生产完成以后，不再是以前跨城市、跨工厂的运输，而是变成了不同车间里的工序流转，大大提升了协同的效率，压缩了库存，也对降低成本起到积极作用。所以，这样的一个产业集群和过去相比是一个升级版，我相信它能够成为中国风电产业集群的一个样板。"

这样的认知和行动与曹志刚的风电经历有关。

1997 年，还在新疆工学院读火电专业的曹志刚，与同学们一起前往发电企业参观实习。参观的重点是火电厂，但让他久久难忘的，却是闻所未闻的风电。

当时我国主体能源是火电和水电，在学科上的分类庞大且专业。而风电"麻雀虽小，五脏俱全"，拥有如此短小精干且高度集成的系

统，是极为罕见的。这使曹志刚第一次意识到，风能可以用来发电上
网。原本在他关于风能利用极为有限的记忆中，几乎只有农业灌溉机
械，这离自己的专业很远。曹志刚和同学们参观新疆风能公司达坂城
风电场时，看到了 150 千瓦机组的运行，恰好也碰上了 3 台 450 千瓦
BONUS 机组的吊装，巨大的叶片静静躺在地上，给他以感官上的震
撼。况且对于一个年轻人而言，能亲自钻到风电机组里近距离观察那
些部件，甚至去触碰叶片，亲近感油然而生。

这给曹志刚留下了深刻的印象。

曹志刚成为新疆达坂城风电场场长武钢同事的第一天，就被派往
项目现场，他见到的是，包括场长在内的所有管理人员与员工，都在
做着重体力劳动。

曹志刚记得，"大家排成几米间距的一排，抬枕木。"

在接下来很长一段时间里，曹志刚负责挖电缆沟、扛电缆、安装
电缆，有一些新员工干几天就离开了，可他在达坂城风电场一待就是
两年，有苦也有乐。

风电在当时是一个充满创新空间的领域，曹志刚记得每当完成一
个课题，就会在中国风电史上填补上一片空白，这对技术人员而言具
有强大的吸引力。"当时的风电技术来源于欧洲，每当研究学习机组
控制系统的时候，都怀有敬仰之情，如同请教外国专家一样，去努力
推演他们的控制逻辑与思维方式，破解一个又一个的难题，了解为何
如此庞大的风电机组能够稳定运转与发电。"曹志刚记得，外国人最
初给过来的技术基本就像使用说明书，可以告诉你怎么用，却不会描
述其中的原理，这需要他自己去钻研，去积累。

"核心团队是熬出来的。"这句话在曹志刚看来有一定道理。他认
为风电作为一个实践性很强的行业，没有现场实践的经历，没有那种
发自内心的喜爱，是不可能支撑自己坚持很久的。

曹志刚在达坂城风电场工作期间，正赶上开展"九五"（1995—

192

2000 年）国家重点科技攻关项目"600 千瓦国产化风力发电机组研制"。这款机型在引进消化吸收国外先进技术的基础上，进行了技术创新，陆续研制成国产化率分别为 33%、54%、78% 和 96% 的 10 台 600 千瓦风电机组，并先后在达坂城风电场投入运行。

为推进 600 千瓦机组的国产化研发，公司将其分为偏航系统、液压系统、电控系统、传动系统、系统集成等不同板块，安排专人负责，曹志刚主要负责电控系统的国产化工作。

曹志刚回忆，正是在 3 年的国产化阶段中，金风科技形成了一种渗透到骨子里的企业文化，那就是尊重供应商与合作伙伴。因为这些在风电起步阶段愿意为这个行业投入人力、物力与技术支持的企业，做到了将风电所需部件由通用转向针对性产品，这对金风科技，乃至整个风电行业的发展影响是巨大的。

以发电机与电缆为例，曹志刚曾不厌其烦地向供应商对接人员讲解风电是什么，风电机组运行在怎样的环境当中，与通用产品在现场应用时的差异有多大。

在最初的两台机组样机中，发电机供应商只愿意提供通用性产品，但 2 台发电机很快就出现了故障。随后则是 20 台发电机的订单，仍然全军覆没，一台接一台的出现短路问题。这终于引起了供应商的警醒，发现风电业务确实如曹志刚所说的那样，具有非常强的特殊性。

电缆同样存在这样的问题。风电机组内部所采用的电缆是进口的，外部采用的电缆则是国产的。这是由于机组内部空间狭小，进口电缆较软方便打弯。但电缆属于极为传统的通用性产品，在进行国产化过程中，只能选择相似的型号购买，柔软度却很难用标准衡量，更没有企业愿意为一个应用量很小的领域专门定制生产。而且国产电缆的接线口与进口电缆有较大差异，这就造成国产电缆在使用过程中出现开裂现象。

"尤其是当电缆敷设完成后会悬空在塔筒中，主机偏航时最多会扭转三圈半，且要求电缆不能有延长。"曹志刚谈到："在风电机组上应用，要求电缆必须具备一些特殊的性能指标。"

正因为出现了多种多样的问题，相关厂家开始正视风电机组产品所具备的特殊性与专业性，提高了对风电的认知程度，并接受曹志刚等技术人员所提供的技术建议。他们开始投入大量资源，对风电机组部件产品进行特殊设计，同时渐渐形成我国自己的风电技术标准。

伴随着600千瓦机组实现国产化，新疆新风科工贸有限责任公司完成增资及改制，整体变更为金风科技，并开始努力将科研成果转化为产品，进行市场布局。安装6台600千瓦风电机组的河北承德红松风电场，就是金风科技走出新疆的第一个批量项目。这个具有里程碑意义的风电场，更因当年金风人所展现出的奋斗精神，提炼出"红松精神"，成为企业的"朝圣地"，每年组织员工前往学习体验。

曹志刚回忆，600千瓦机组在达坂城风电场运行稳定，但被安装到气温低于零下40摄氏度的红松风电场，就出现了一系列问题。"这表明当时的技术在风电机组整体系统设计上仍有盲区。"

为此，金风科技调来大量技术人员驻守现场，开展技术攻关。在红松风电场期间，曹志刚经常需要在机组上爬上爬下解决问题，平均每天上下4～6次。

红松风电场所处的地理位置，一年当中会有半年封山，即便在大雪封山的日子里，驻守项目现场的技术人员们也没有放缓工作。有一次红松风电场突降大雪，上级通知停止现场工作，却仍有几位技术人员一直没能回到驻地。为防止意外，曹志刚等人开始组织救援工作，但当他们一踏出驻地，就发现情况比自己想象得更为糟糕。

遍地白雪被大风掀起，同空中的雪花合而为一，可怕的"白毛风"让眼前白茫茫的一片，能见度几乎为零。车辆的灯光打在漫天飞雪上极为刺眼，司机几乎无法辨别方向。曹志刚等人不得不下车引路，一步步向机组走去。

曹志刚记得，"穿再厚的衣服，都能感觉到刺骨的寒风，又冷又找不到方向。"

当曹志刚等人终于找到被困者时，发现他们正在塔筒中工作，潜心研究如何解决好设备故障。这一次，曹志刚的脖子被冻伤，冻疮在9个月后才逐渐好转。

看到金风科技的技术人员全身心地投入工作，上游供应商也没有任何抱怨，积极参与进来一起解决问题。风电场的业主人员，对金风科技充分信任，相信他们一定会让风电机组转起来。由于驻地与风电机组有一定距离，当时的条件无法为技术人员配置车辆，他们就向当地牧民借了一辆摩托车。这辆半新的摩托车有一次不小心被摔坏了，牧民父子俩心疼地绕着摩托车看了几圈，却坚持不要我们给的修车钱。

曹志刚清楚，如果没有业主、供应商以及当地牧民的帮助，仅靠金风科技几乎是无法战胜红松风电场的困难。这磨砺出了金风科技知行合一、开放协作、尊重信任的企业文化精神。

195

但日后管理过金风科技服务团队的曹志刚，每每回想起这段经历，就会陷入深思，更为辩证地看待员工的奉献精神。曹志刚觉得，从员工成长角度，没有必要将自己曾经受过的苦强加于他们身上，因为每一个人的经历，都有不一样的磨砺之处。例如研发工程师，可能针对一个课题会研究很久，这种心理上的磨练，也有其宝贵之处。从这个角度看，并非没有吃过苦的员工就不是一个好员工。

再由客户感受而言，之前项目规模小，服务人员走路去做运维处理故障即便效率低，客户也不会提出不满。但随着项目规模逐渐增大，发电考核指标要求越来越高，缩短故障处理时间就变得更为紧要，不配备交通工具会显著降低客户体验。

2005年，曹志刚就任金风科技副总工程师、总工办主任。也是在这一年，金风科技研制出第一台1.2兆瓦直驱永磁风电机组，这是国内第一台具有自主知识产权的兆瓦级风电机组，进一步拓展了我国风电技术边界，也将直驱永磁技术发扬光大。

然而，在将技术路线转向直驱永磁的过程中，供应链体系的建设成为一大难题。这意味着金风科技放弃了全球成熟的产业链，在获取订单时发现，没有完整的供应链体系支撑，公司的产品将很难满足客户大批量采购的需求。

在卖方市场中，产能不足的切肤之痛意味着将订单拱手让人，这势必影响企业的发展壮大。

"当时国内能够做出的直驱永磁发电机，最大的只有100千瓦，相比金风科技所需的兆瓦级发电机差距很大。除了发电机，由于传动系统已完全不同，相当于整个供应链必须重建。"曹志刚回忆。

根据客户需求，金风科技必须在2年之内，交付1000台风电机组，连德国人听到这个数字都直摇头。雪上加霜的是，2007—2008年正值亚洲金融危机与美国金融危机席卷全球，我国为抵抗金融危机，加大了基础设施建设，导致全国性的工业产能吃紧，在这样的条件下去建设一条新的供应链，难度可想而知。

当时已就任金风科技副总裁的曹志刚深切地体会到，这种挑战不像是吃身体的苦坚持下去就有希望，"从几十台做到上千台，坦率地讲没有把握。"

为了帮助供应商新建产品线，金风科技从轻资产模式转向重资产，通过加大投资与股权合作引导产业链建设。从2007年开始，直驱永磁机组开始产能爬坡，到2009年成功完成1000台。自此以后，直驱永磁技术路线的供应链已不再成为金风科技发展的短板，这家企业在随后的10年间取得了辉煌的发展成就。

这10年间，技术出身的曹志刚渐渐走上了公司高管岗位，务实和稳健是他的显著特征。2019年7月12日，这位金风科技的老兵已经成为总裁。这一年正是我国风电"抢装"的年份，在此之前，曹志刚已经历过两次"抢装"，如何应对他始终有着自己的理解和坚持。

"每一次到抢装的时间节点，我们都能真真切切地感觉到，一些原本不是风电行业中的玩家也进来了，但其并没有良好的经验积累，金风科技在这样的阶段不会大规模地扩充产业链厂家，只是在原有的基础上，思考如何提高生产效率或者去扩建一定的能力。"曹志刚经历过风电2011年至2015年的风电振荡期，那个阶段金风科技始终注重质量建设，注重在市场端用技术创新带来新推动力，通过技术创新来塑造差异化竞争力。

金风科技作为国内最大的风电装备制造商，可再生能源发电只是开始。早在2010年，金风科技就开始做智能微网，还牵头制定了IEC的微电网国际标准。经过多年积淀，2021年，金风北京亦庄智慧园区在智能微网基础上，通过"三减碳一平台"的零碳解决方案，实践了中国首个可再生能源"碳中和"智慧园区。

在"碳中和"路上，曹志刚认为，只要成为行动者，也终会成为受益者。以上述"碳中和"智慧园区为例，如果全部从电网买电，每年电费超过1000万元；而在风光储联合优化运行并参加售电交易和京津冀辅助服务市场的情况下，园区直购电费仅为549万元，电费节约成本非常可观。而且园区十几年来产值快速增长，单位产值二氧化碳排放量却不断降低，也让我们看到了经济增长和二氧化碳排放脱钩的现实可能性。

曹志刚清楚，实现"零碳"，更要实现运营降本。金风科技对外宣示，到2025年，主要供应商生产金风产品绿电使用比例达到100%，到2040年力争做到金风产品所有材料都100%可回收。曹志刚的信心在于，经过20余年的探索，金风科技已经走出了一条以"绿能产品—绿色供应链—绿色能源解决方案—'碳中和'共同体"为支撑的实践路径，并通过携手各方合作伙伴，引领行业内外的低碳转型，实现全社会的可持续发展。

在"零碳"背景下，期望曹志刚带领金风科技取得更好的成长和进步。

张定金：

"路走对了，就不怕遥远"

> 因为身边中复神鹰的存在和支持，中复连众在碳纤维叶片技术上的进步会比行业的预期来得更早些。

我记得，2011年9月的一天，我到中国复合材料集团有限公司（简称中国复材）拜访张定金，他送了我一只羽毛球拍，说这是碳纤维的，"我们自己的碳纤维做的，10年后碳纤维利用技术就是叶片创新发展的重要基础。"

实际上，碳纤维利用技术在中国复材的应用比张定金的预期来得更早。2014年中国复材旗下的连云港中复连众复合材料集团有限公司（简称中复连众）下线了碳纤维主梁75米叶片，但成本高企，市场化应用还有较远的距离。4年后，也就是2018年1月8日，张定金在他职业生涯的高光时刻，看见碳纤维叶片商业化的春天又进了一步。

这天，在人民大会堂召开的"2017年度国家科学技术奖励大会"上，由中复神鹰碳纤维股份有限公司（简称中复神鹰）牵头与华东大学、江苏鹰游纺机有限公司合作完成的"干喷湿纺千吨级高强/百吨级中模碳纤维产业关键技术及应用"项目荣获国家科技进步奖一等奖。张定金是这个项目的主要完成人之一，同事评价说他为碳纤维项目付出了太多，他的获奖实至名归。

　　从 2007 年到 2017 年 10 年间，张定金"咬定青山不放松"，期间的压力、焦虑、煎熬、欣慰和坚定只有他自己最清楚。"路走对了，就不怕遥远"，他内心的坚定，也鼓舞了他的同事们。

　　张定金对碳纤维生产技术的追求起于风电叶片。

　　2004 年，作为中国复合材料集团有限公司董事长，张定金要为做大复合材料筛选出一个新的领域，风电叶片成为最理想的项目。张定金回忆，从当时的判断看，全球风电规模化发展趋势将给复合材料企业的发展带来巨大的市场机遇。"如果中国复材进入叶片制造领域，至少在把握材料特性方面具有先天的优势，且其子公司中复连众更是具有多年的复合材料制品经验。"

　　就在张定金决定中国复材进入风电领域的准备期，我国风电资深专家王文启找到张定金，希望中国复材引进德国 NOI 公司的叶片制造技术，为华锐风电引进的德国弗兰德公司 1.5 兆瓦风电机组制造项目做国产化叶片配套，张定金欣然同意。

　　于是，就有了 2005 年 4 月 9 日中国复材与德国 NOI 公司的首次接触，6 月中旬完成了引进该公司 1.5 兆瓦叶片制造技术的所有事项，2006 年 4 月 16 日首支 1.5 兆瓦国产叶片在中复连众连云港基地下线，半年之后实现了量产，成为我国首家商业化生产 1.5 兆瓦叶片的企业。

　　此时的张定金，看到的是中复连众面临的长远发展问题。叶片制造涉及多个技术环节，其中设计能力、模具制造水平更是决定叶片企业竞争力的重要因素，而这恰恰是中复连众的短板。这让张定金想到了中复连众现有叶片制造技术的源头 NOI 公司。

　　成立于 1998 年 12 月的 NOI 公司位于德国图林根州北豪森市，拥有现代化的叶片模具制作工艺和先进的原材料性能检测实验室，1999年 6 月制作了第一套叶片模具，到 2003 年就发展成为全球第二大叶片制造商，引领了 1.5 兆瓦、2 兆瓦、3 兆瓦叶片研制的世界潮流，恩德（Nordex）公司、通用（GE）公司等整机制造商都是其合作伙伴。

199

这样一家叶片制造商，却因为一个主要投资方的突然撤资陷于财务危机，于 2004 年 7 月申请破产保护。此后，NOI 公司成为众多国际知名风电企业竞相收购的目标企业。

让张定金和他的团队下决心收购 NOI 公司是因为一件购买叶片模具未果事件的"刺激"。2006 年 6 月，他们赴丹麦与一家叶片模具制造企业商谈购买模具事宜，双方就叶片气动、铺层以及主模设计、制造规范和相关技术细节深入沟通以后，这家丹麦公司忽然对来自于中国叶片企业的订单不感兴趣了。"其实是不想把叶片模具制造技术转移给中国叶片企业"，这让张定金深感"收购 NOI 公司是一件多么重要的事情"。于是，他们从丹麦赴德国，与 NOI 公司高层商谈并购事宜，历经多轮的艰难谈判，终于在 2007 年 1 月成功收购了 NOI 公司，并在德国成立了 SINOI 公司，这也是我国首家在欧洲建立技术研发中心的叶片制造企业。

200在张定金看来，叶片技术研发是一个系统工程，中国叶片企业要想形成自己的专有技术研发团队需要很长时间。他坦言，他不相信中国兆瓦级叶片的 5 年路程可以比过欧洲叶片企业 20 多年的历程。这也是张定金将 SINOI 公司继续保持在德国原地经营的理由，并坚持将其中的设计团队定位为一个开放式的平台，它不仅仅为中复连众设计叶片，也可以和全球其他设计团队合作，为全球更多的风机制造商提供叶片设计，甚至可以与其他设计公司联合为中复连众研发和设计叶片。

张定金解释，之所以这样做，是希望能够尽可能在研发设计叶片的过程中了解到更多的技术问题，以便为整机制造商提供更多的叶片解决方案。正是得益于这一可以整合全球叶片设计资源的开放式平台，到 2010 年中复连众已经拥有 1.5 兆瓦、2.0 兆瓦、3.0 兆瓦、3.6 兆瓦、5.0 兆瓦、6.0 兆瓦等系列的 28 个叶型产品，获得 5 项国家发明专利，发布了 4 项企业标准，其中《Q/320700QB016—2009

LZ45.3-2.0MW-V1 型风力发电机组风轮叶片》获得 2010 年中国标准创新贡献奖。

以 SINOI 公司的技术研发为依托，中复连众开始了在国内的产业化布局，先后完成了连云港、酒泉、包头、沈阳等生产基地的建设。到 2010 年，中复连众的市场份额超过了中航惠腾，成为中国风电叶片市场的老大。

但在张定金看来，市场份额只是年度性的指标，中复连众能超过市场老大中航惠腾，也会有后来者超过中复连众，这正是市场的魅力。令张定金忧虑的是，2011 年叶片价格继续走低，如果低价恶性竞争得不到有效遏制，风电价值链就有断裂的危险。在这种关头，中复连众依然保持着叶片主材体系，守住可靠性成本底线，持续通过成本优化和增效来应对叶片低价竞争带来的市场挑战。

张定金说，2011 年是他职业生涯中在连云港办公最多的一年。在中复连众连云港制造基地，张定金和现场团队一起制定降本增效的措施，并落实到了三个层面，除了在工艺设计允许的范围内对主要材料的使用进行优化，以及在生产过程中对辅助材料的使用实施数量考核、杜绝浪费外，还通过集成创新优化生产工艺提高生产效率。与此配套的是，建立和实施了激励机制，激发了所有员工降本增效的积极性。

经过一段时间的努力，通过生产工艺优化，单只叶片的成型时间由最初的 48 小时逐渐降低至 24 小时，也就是每 24 小时出产一只叶片的生产水平。科学合理用料、杜绝浪费的条款覆盖到了各种各样的辅材，如导流网、导气管、刀片、记号笔等物件。以定额为参照，如果某个班组节省了用量，这个班组就会获得节约费用总额 25% 的奖励。就这样，降本增效就成为一个班组、一个车间、一个叶片厂的实际行动。

回忆当时的情形，张定金说："正是当时的低价竞争，让我们愈

201

加坚定了发展高性能碳纤维产业化技术的信心，越发加大了对中国复材旗下中复神鹰的投入力度。"

2006 年 9 月，张定金（左）在叶片发运现场。

　　实际上，2009 年中复神鹰就开始进行干喷湿纺技术攻关，攻克了碳纤维生产原液制备、大容量均质聚合、低温凝固纺丝设备生产，以及聚丙烯腈（PAN）纤维快速均质预氧化、高温碳化等集成技术，并构建了具有自主产权的干喷湿纺千吨级高强／百吨级中模碳纤维产业化生产体系，建成了首套具有完全自主产权的生产线。张定金回忆，"到 2012 年，我们在国内率先实现了干喷湿纺技术产业化，打破了国外垄断，成为当时我国唯一、世界第三家掌握该工艺的企业。"

　　值得点赞的是，中复神鹰荣获国家科技进步奖一等奖的干喷湿纺碳纤维生产技术是目前全球公认的制备高性能碳纤维最先进的技术。在荣获这一奖项一个月之后，中复神鹰 T1000 级碳纤维工程取得突破性进展，完全自主研发的百吨级 T1000 碳纤维生产线实现投产且运行平稳。这对我国高性能碳纤维工业意义重大，风电行业也会因此受益。

　　张定金认为，中复连众在碳纤维叶片创新实践上走在行业的前面。到 2022 年 5 月，中复连众自主开发的 76 米碳纤维预浸料主梁叶片已生产 220 套；由某主机厂提供设计的 90 米碳纤维预浸料主梁叶片共生产 44 套。更利好的是，中复连众正在研发其他碳纤维利用技术，为主机厂制造 102 米、110 米的碳纤维叶片。

　　"因为身边中复神鹰的存在和支持，中复连众在碳纤维叶片技术上的进步会比行业的预期来得更早些。"已经退休的张定金对中复连众充满信心。

胡永生：

从塞罕坝到香港联交所 6 年创业史

> "智慧风场"管理在达里风电场进行试验，类似或相同的概念在风电行业就这么兴起，并逐步响亮了起来。

胡永生的风电生涯是从艰苦创业开始的。

2004 年 8 月，胡永生从内蒙古通辽电业局副局长的职位，调到大唐内蒙古赤峰电源项目筹建处做主任，此前胡永生还做过赤峰东元电力公司总经理，尽管一直是在电力领域工作，但对风电知道得并不多，实际上他是进入了一个"熟悉的陌生领域"。

这样一个来历的胡永生，从塞罕坝的风电开始，用 6 年多时间带领中国大唐集团新能源股份有限公司（简称大唐新能源）走进香港联合交易所有限公司（简称香港联交所）挂牌上市，成为大唐风电创业发展的先锋和见证者。

2004 年 9 月 23 日，大唐赤峰赛罕坝风力发电有限责任公司成立，这是大唐集团投资的第一家风电公司。2005 年 2 月，胡永生带领 9 名员工第一次站到塞罕坝的土地上，拉开了风电创业序幕。塞罕坝地处大兴安岭余脉和燕山山脉交会处，形似一座巨型大坝，将内蒙古克什克腾旗和河北围场县隔开。特殊的台形地貌，让塞罕坝拥有了得天独厚的风能资源，全年 5 级至 6 级风以上天数有 300 多天，可在这儿做风电场项目的艰苦和困难远远出乎胡永生的预料。

"一日有四季，百步不同天，端午节里冻死人"。这是当地人对这儿的描述，听上去有些夸张，但也客观反映了这儿气候多变。塞罕坝属高原高寒地区，最低气温达零下 42 摄氏度。胡永生和同事们住在临时搭建的工棚里，天亮起床时，被子和衣服上都能看到一层薄薄的冰霜，生活上缺水、少菜、无电，更糟糕的是手机没有信号，只好从山下的小村庄接一条电话线到工棚，但这条线隔三差五地会断掉，只能下山几公里去查线，有一人查线，风电场现场就少了一份力量。

胡永生明白，在塞罕坝做风电场项目建设，时间珍贵，在气候条件允许的情况下必须争取多作业，遇上极端天气，想干也没法干。胡永生记得，正是风电场项目建设最紧要的关头，因为大雪封山和持续不断的"白毛风（风雪弥漫）"，他和同事们受困工棚 4 天 4 夜，与外界失去联系，"不得不数着面条下锅"来应对"断顿"的局面。

塞罕坝风电场距离赤峰市约 230 公里，位于克什克腾旗塞罕坝一带。该地区的电网结构较为薄弱，多为 66 千伏线路。胡永生考虑，无论现有的规划容量还是远期的扩建，就近接入乌丹 220 千伏变电站是最佳选择。可是，塞罕坝并没有到乌丹的 220 千伏线路，怎么办？自己建！这个想法得到了大唐集团的积极回应。大唐集团投资 7961 万元，完成了塞罕坝到乌丹变电站 120 公里的送出线路建设。

塞罕坝风电场建设规模为 12 万千瓦，工程项目分为三期进行开发建设，一期工程装机容量 3 万千瓦，2005 年 11 月 22 日整场并网投产，二期和三期装机容量均为 4.5 万千瓦，分别于 2007 年 1 月和 7 月投入运营。

多年后，胡永生回忆塞乌送出线路时难掩兴奋，称赞大唐集团的这项决策有气魄、有远见、有智慧，这条送出线路成为一种向上向前的精神鼓舞了他们"志在塞罕坝干一番风电大事业"的信心和斗志。

胡永生欣慰的是，2007 年 12 月 28 日，塞罕坝风电场玻力克一期

胡永生：从塞罕坝到香港联交所 6 年创业史

工程首批机组并网发电，至此塞罕坝风电场装机容量达到 50 万千瓦。2008 年，胡永生再接再厉，带领团队将塞罕坝的风电场装机容量提升到 70 万千瓦，做成为了当时世界上最大的风电场。

大唐赤峰赛罕坝风力发电有限责任公司是大唐集团的三级单位，也正是这个三级单位承载了大唐集团做大风电的理想和目标。2009 年 3 月 26 日，大唐集团在整合大唐赤峰赛罕坝风力发电有限责任公司现有资产的基础上成立了大唐新能源，胡永生成为这个公司的总经理。

此后的日子里，胡永生让艰苦创业的"塞罕坝精神"在大唐新能源平台上发扬光大。2010 年 12 月 17 日，大唐新能源在香港联交所挂牌上市，这是大唐新能源发展史上的重要节点，也是胡永生人生的一个高光点。

如何做强做大唐新能源成为胡永生的新课题。在胡永生看来，风电技术和管理是开发商做强风电的两个基本支点，在风电场建设的初期尤其如此，他对风电技术的认知是从塞罕坝风电场一期工程开始的。

塞罕坝风电场一期工程全部采用 Vestas 公司制造的 V52/850 变桨距机组。那时的 Vestas 公司十分重视风电机组技术的保密性，一些重要的技术问题不希望中方介入，致使正常的监理工作也无法进行。胡永生身边的技术人员告诉他，要在 Vestas 这儿学点机组技术并不容易，而要提高风电场专业人员的运维能力则需要尽快熟悉风电机组运行情况。保护风电机组制造商的核心商业秘密无可厚非，可是风电场项目业主也必须要通过机组调试熟悉机组的各项指标。于是，胡永生提出通过强化风电场管理，为塞罕坝风电场专业人员创造机会，最大可能地参与机组调试，掌握一定的技术，为日后的独立运维打下技术能力基础。

2007 年是大唐风电突飞猛进的一年，这一年的年底，大唐赤峰赛罕坝风力发电有限责任公司收购了位于巴彦淖尔盟的两个风电场项目。这两个项目相隔约 200 公里，均采用金风科技 750 千瓦定桨距机组，各有 5 万千瓦的装机容量，其中 A 项目已并网发电，"实际产能表现不错"，而另一个 B 项目是在收购以后投产的，但"实际产能与可研报告中的预期有较大差距"。

这"活生生的事实"让胡永生明白掌握风电技术辨明风险是多么重要。另外，那时的大唐赤峰赛罕坝风力发电有限责任公司还缺乏项目运作经验，具体到风电场项目收购还要通过国内中介机构的协助来完成，但当时中介机构提供的服务还很难周全。

正因为这件事情的影响，胡永生期望大唐赤峰赛罕坝风力发电有限责任公司能设立自己的风能研究所，而不仅仅依赖中介的咨询服务，这个愿望到 2009 年 3 月大唐新能源成立后得到了实现。

大唐新能源设计研究所主任刘国忠回忆，研究所成立的当天，胡永生就安排他对"实际产能与可研报告中的预期有较大差距"的 B 项目进行再研究及现场勘查，结果发现了两个问题：一是项目可研报告并没有采用离风电场最近测风塔的数据，而是采用了离风电场较远测风塔的数据；二是实地勘查发现，西北风通过风电场时要经过一座山梁，这座山梁会使进入风电场的风速减小。

为什么这个项目可研报告在采用测风塔数据时舍近求远呢？可能与就近测风塔数据不及较远测风塔数据理想有关。测风数据"舍近求远"而成的可研报告显然更为"漂亮"。

问题是，大唐新能源对这个项目怎么办？胡永生在听取项目情况后，强调说"技术改进是唯一的办法"，也就是如何改进才能让金风科技 750 千瓦定桨距机组与风电场的风能资源更好地相匹配？孟令宾副总经理提出了调大桨叶迎风角度的技改方案，后来的运行结果表明这一方案使得金风科技 750 千瓦定桨距机组比改进前增发了电量。

胡永生认为，从风电场生产管理的角度看，发挥现有设备资产的能力，技改并不是第一位的，因为技改意味着风电场费用的增加。但

207

从风电场后评价报告看，过去建设的风电场，的确有通过技改提升电量产能的空间。从风电场技改方案的研究到试验，再到实际实施，其中的每一步他们都十分慎重，只有百分之百把握才会实施。

比如达里风电场，大唐赤峰赛罕坝风力发电有限责任公司收购这个项目的前期后，按一类风区的标准采用了直径 70 米风轮、1.5 兆瓦机组，但 2007 年年底投产运行后发现，这个风电场的风速达不到一类风区的水平，经过测算，如果机组的风轮换成二类风区直径 77 米的风轮，其年满发小时数可达到 2500 小时。"我们先做了一台试试，然后看效果再做决定。"胡永生在技改上慎之又慎。

风电机组更换长叶片涉及机组载荷，控制策略也要随之发生改变，这是一项需要相关整机制造商配合的工程，实施起来并不容易。胡永生说，"必须从风电场 20 年的寿命周期来考量既有风电资产的挖潜价值，实际上是一场回首找电量的技术活动。"

大唐新能源回首寻找电量，不仅仅是为了现在拥有更多的发电量，更重要的是风电场历史可以为大唐风电的现在和未来发展提供启迪。从行业层面看，2009 年，我国还没有真正建立起项目建设后评价机制，且项目运行数据相互封锁，使得本应成为社会共享的已建项目数据资源没有发挥作用。这种情形下，胡永生要求大唐新能源设计研究所对已建风电场项目进行后评价，2010 年他们对塞罕坝、多伦等风电场项目进行了后评价，结果在多个方面均有重要发现：比如风电场项目资源，在计算其产能时应综合考虑其周围已建风电场的影响，以减少偏差；在产能折减系数上，对不同机组进行区别对待；在复杂地形条件下，特殊地形如小风口、山梁对风的加速较为明显，而现有的软件模型还不能完整掌握这种变化，而且有的软件在计算尾流损失的过程中也存在较大偏差；再如在微观选址方面，风电场内机组点位的选择要与风能资源以及机组类别相结合，以期达到资源利用的最优化。

胡永生：从塞罕坝到香港联交所 6 年创业史

　　胡永生看重的是，希望这些发现能在未来的风电场项目建设中得到借鉴，建设更高发电效益的风电场项目。就风电场项目而言，如何通过精细化管理来保障和实现其全生命周期的安全和收益是个新课题。为此，2010 年 6 月胡永生提出了既有风电场资产信息化和智能化两大举措，期望通过可靠的信息化策略，实现风电场少人值守、安全运行、确保应有发电量的运维理念，并在达里、东山等风电场进行了有益的探索。

　　恰好，2011 年初春的一天，胡永生和远景科技集团 CEO 张雷谈到了风电场智能化管理，两个人聊得不错，其实那时远景科技集团的"远景智慧风场解决方案"已经出炉，只是没有进行市场推广。看重风电场智慧未来的胡永生决定引进这一方案，并在环境恶劣的达里风电场进行试点，这也是远景科技集团智慧风场的首个订单，双方希望为风电场未来创造一种数字化的智慧未来。风电行业的智慧风场概念就这么兴起，并逐步响亮了起来。

张启应：

期望做出理想的产品

> 他和一群聪明人"玩一个游戏"，使他更加热爱海上风电产品的开发和应用，他想为自己内心的不甘和海上产品创新找一个出口。

在我看来，张启应是一个追求好产品的总裁，他加入明阳智慧能源集团股份公司（简称明阳智能）后，将明阳引进的半直驱技术路线实现了真正的产品化，这条路线照亮了他的职业历程。

"我们到底需要什么样的风电整机产品？"张启应这样问自己时大约是2006年，那时他在德国设计公司Aerodyn总裁Soenke Siegfriedsen的助理。张启应将Aerodyn公司创始人Soenke Siegfriedsen视为自己人生中的一个导师，"只要相信你的技术，坚持下去并将它尽可能做完美，那么你必将成功。"德国导师的鼓励更加坚定了他做最好风电机组产品的执念。

在Aerodyn公司参与和看见的机组产品设计越多，就越有把他们变成真实产品的愿望。遵从内心的勇气，张启应从Aerodyn公司离职，先是加入国电联合动力技术有限公司（简称联合动力），后到明阳智能，这般腾挪让他拥有了更大的空间，"做最好的产品"已是这位明阳智能总裁的"标签"。

　　张启应要做好产品的想法萌发于德国慕尼黑工业大学。作为同济大学中德学院的硕士研究生，他读研的最后一年是在德国度过的，一边在慕尼黑工业大学学习，一边在德国大牌汽车公司实习，他和两个同学合作，从零部件开始组装，把一辆卡宴汽车组装好，开着卡宴去做各种测试和兜风。正是这台研发中的卡宴令他触摸到了德国产品研发的精髓——工匠精神，他梦想经由自己打造的汽车产品，成为被赋予灵魂的精品。

　　2005 年，一个偶然的机会，张启应遇见 Aerodyn 公司创始人 Soenke Siegfriedsen，因为用德语交流，他们交谈甚欢，Soenke Siegfriedsen 给张启应讲述了欧洲的风电故事和他的风电机组产品创新历程，张启应被深深吸引了。Soenke Siegfriedsen 当即邀请他加入 Aerodyn 公司，共同做一些真正意义上的创新产品，张启应心动了，27 岁的他正是可以为梦想而战的年龄。

　　挺有意味的是，Soenke Siegfriedsen 和张启应还聊到了 2006 年 1 月 1 日起施行的《中华人民共和国可再生能源法》，这一点也更加坚定了张启应从汽车行业进入风能行业的信心。就这样，张启应担任了 Aerodyn 公司上海代表处项目经理，此后代表 Aerodyn 公司和国内引进 Aerodyn 公司风电机组技术的企业谈判，成为中国风电快速起步时期最活跃的"技术生意人"。

　　加入 Aerodyn 公司后，张启应有更多的机会认知德国风电机组研发设计与制造工艺背后的逻辑支撑，一是比较开放的技术理论学习与交流氛围，经常是一杯啤酒一个晚上就是一场技术盛宴；二是比较完善的零部件供应链基础，现有供应链支持了设计创新方案的可实现性。这两点几乎和德国汽车行业的工匠精神一脉相承，深深刻进张启应的德国职业记忆。

　　"工匠精神对我而言，是一个'沐浴'的过程，不但是技术本身，且思维和创新方式，甚至做人做事的态度都很受用。"张启应看重他在德国企业的职业经历。

从汽车行业换道风能行业，27 岁的张启应研习风电技术在欧洲的起源和发展是必须要做的事情，他发现机组技术的创新与发展有进化也有偶然，但看似偶然却是必然的结果。

比如 20 世纪 80 年代初，双馈技术的发明人之一 Heier 要一个研究课题，手上正好有一台双馈发电机就派上了用场，但它并非为风电设计，看似偶然的双馈却在后来的发展中逐渐成为主流技术。如果说双馈发电机的发明催生了一条风电双馈技术路线，那么直驱技术路线的诞生则始于 Enercon 公司的创始人 Aloys Wobben 对电气系统特性潜能的挖掘，进而带动了另一条成熟技术路线的应用，也就是风电直驱技术。

1998 年，Aerodyn 公司的工程师们希望整合双馈与直驱的优势，尽量减少敏感部件，去掉齿轮箱高速级，并在一定程度上提升发电机转速，以进一步控制机组重量与体积，实现降本诉求。这样，在双馈和直驱之外，又多出了一条中速传动技术，也就是半直驱技术。张启应认为，半直驱融合了另外两方的优秀基因，算得上是风电技术优化的结果。实际上，双馈、直驱和半直驱都在进化，从未来大功率机组的角度来看，要看哪种技术在降本和发电性能上拥有更灵活、更可靠和更大的发展空间，这也是判断产品趋势的关键点。

在 Aerodyn 公司，张启应得到了总裁 Soenke Siegfriedsen 的信任，作为助理帮他处理技术上的一些事宜。作为德国风电设计公司，Aerodyn 公司向中国多家整机公司出售风电机组产品设计，或共同进行联合设计。可张启应思考的是，就中国风况而言，什么样的机组产品设计才是最适合的，帮助合作方实现本地国产化是他用心用力最多的地方。

可真正进入本地国产化后，张启应才发现即便同样的图纸，国内现有的产业基础也不足以支持做出和欧洲同质的机组产品，持续优化是最为现实的解决方案，所以在做机组设计时要考虑德国技术在国内的转化，这才是双方合作中最重要的内容。

由于工作需要，除了去德国，张启应更多的时间是在国内和国内的整机厂打交道，他被一个迅猛的风电市场推着向前，越来越强烈地意识到中国市场需要更安全、更可靠、更高发电性能的风电机组产品，这是他在 Aerodyn 公司和团队做产品设计的理想。可他更想实现的是到整机厂去，把机组产品设计出来，做出一款成功的产品。

Soenke Siegfriedsen 支持他的想法，这让张启应有点诧异，Soenke Siegfriedsen 还动用自己的资源来帮助他实现。后来，由于各种原因，2011 年他去了联合动力。当时，Soenke Siegfriedsen 有些担心，担心他适应不了国企的体制机制环境，为祝他顺利，还专门为他准备了封信函，强调他的离职"是我同意的，且没有技术秘密和保密限制"。

后来的结果表明，Soenke Siegfriedsen 担心的事情并没有发生。联合动力前同事评价张启应，他在联合动力的那 3 年，正是联合动力产品研发最活跃的时期，2012 年 12 月 6 兆瓦海上机组在潍坊风电场并网，但令人遗憾的是，海上的好势头没有得以延续。

张启应认为，即便今天也不能说这款 6 兆瓦海上机型技术落后。它采用单轴承紧凑型高速双馈技术，新型短主轴结构节省空间，减轻了机组的重量。另外，超级电容三轴独立变桨降低了机组塔架和基础载荷；微正压机舱防盐雾系统适应海上高盐雾和高腐蚀的运行环境。

张启应说他感恩在联合动力的 3 年时光，他和一群聪明人"玩一个游戏"，使他更加热爱海上风电产品的开发和应用，他想为自己内心的不甘和海上产品创新方法论找一个出口。2014 年，张启应跳到明阳智能，成为这家公司的首席技术官，董事长张传卫和他说，"天高任鸟飞，海阔凭鱼跳，明阳智能的平台专为成事而在，你完全不用担心做不成事的问题。"

这就是缘分。当张启应还在 Aerodyn 公司任 Soenke Siegfriedsen

的助理时，张传卫毅然决然地由双馈转舵半直驱技术路线。也就是说，明阳智能引进 Aerodyn 公司双馈技术、半直驱机组技术及国产化初期，张启应是以 Aerodyn 公司的立场与明阳智能合作共赢，2014 年入职明阳智能其角色发生了改变，他当然希望明阳智能与 Aerodyn 公司合作有更多的自主性创新。

据协议，明阳智能与 Aerodyn 公司联合设计 3 兆瓦、6 兆瓦紧凑型（SCD）两款机型，除了解决引进技术的消化和吸收，张启应还带领技术团队实现自主创新，做出成本和性能更优的机组产品，让半直驱技术为行业和客户创造更大价值。

早在 2010 年 5 月，3 兆瓦、两叶片 SCD 样机在中山明阳工业园下线，历经 3 年的供应链建设，该机型 2013 年 9 月在达坂城风电场批量运行，规模超过 5 万千瓦，但运行业绩低于预期，业界因此质疑明阳智能因技术渴望盲目引进 SCD 技术。张启应倒是挺淡定的，在他看来，大功率机型降低度电成本是可实现的途径，在成熟的直驱和双馈技术路线之外做半直驱技术创新，是因为看到它带来的轻量化和更高可靠性，尤其是海上风电，所以明阳智能做半直驱大功率机组产品的信心是坚定的。

明阳智能与 Aerodyn 公司的超紧凑技术方案中，本就支持两叶片与三叶片，之所以先尝试了两叶片机型，是因为位于广东的明阳智能对台风有着天然的敏感性，尤其海上机型，而两叶片在抗台风方面有先天优势。要知道，这款 3 兆瓦、两叶片 SCD 创新设计是全球首个量产的机型，极致的理论设计与实体机组的表现有落差也是产业化初期的正常现象，关键是要有可靠的解决方案和资源来解决问题。

达坂城项目复盘，张启应拉开了他在明阳智能的"第一战"。基于张传卫的信任支持和资源保障，张启应无缝对接 Aerodyn 公司技术，深度优化整机系统软件和子系统部件的协同，并根据机位风况和运行数据将达坂城风电场中的 3 台 3 兆瓦紧凑型机组改变为三叶片机型，同一座风电场中同一功率机组有三叶片、有两叶片，有了比对性。

半直驱国产化是明阳智能向主控、叶片、变桨偏航、齿轮箱、发电机、变频器等产业链进发的载体，也是明阳智能自主创新机组产品的底层基础，张启应提出"航空级产品 + 精益改善"的制造理念，且真正落到了实处。

有两件事情是张启应紧盯的，一个是柔性销轴技术，明阳智能与一家航空齿轮箱生产厂家合作，多年的航空产品制造积累用于明阳智能的中速齿轮箱；另一个是发电机制造工艺改进，明阳智能永磁发电机内部磁钢布置方式由表贴式改为更可靠的镶嵌式，更加安全可靠。

作为明阳智能总裁兼首席执行官，张启应要带领团队做出他心中理想的风电机组产品。理想的产品是一个不断精进的概念，阶段性"结果"就在那里。

在三峡集团福建兴化湾海上风电场一期项目中，国内外 8 家知名整机厂商生产的 14 台 5 兆瓦以上机组同台竞技，2018 年 6 月陆续并网，到 2020 年 12 月 31 日，明阳智能两台 MySE5.5-155 机组已累计发电超过 1.2 亿度，发电业绩名列前茅。还是这款机型，2020 年一整年，36 台 MySE5.5-155 机组在湛江外罗海上风电场累计上网电量达 5.47 亿度，完成业主全年计划上网电量 127%。另一个好消息是，2021 年 1 月，明阳智能 MySE8.3-180 海上抗台风机型也加入到兴化湾海上风电机组逐梦竞技场。

在中国，半直驱技术崛起已是客观事实，作为最早的开拓者，明阳智能也因此格外受行业内外的关注。张启应认为明阳智能的深远海风电未来越来越近了。2021 年 10 月，明阳智能发布 MySE7.X MW 陆上半直驱以及 MySE11MW、MySE16MW 海上半直驱漂浮式机型，打造海上风电"大国重器"的色彩越来越浓。

到 2022 年 11 月，张启应已在明阳智能 8 个年头了，明阳智能的企业文化基因对他影响至深。喜欢哲学的张启应，已将明阳智能"地蕴天成，能动无限"的企业文化上升到哲学的层面，提出了"80% 逻辑 +20% 浪漫主义"的产品方法论。

实际上，张传卫主导的海上风电战略早在广东风生水起，也在全国产生了积极效应，在明阳智能的底层逻辑中，张启应的方法论有了更大的用武之地，这是张启应也是明阳智能的幸运。

2023 年 7 月 3 日，张启应（右一）参与央视《对话》——风中"擎天柱"诞生的背后节目录制。

韩俊良:

一个创立华锐风电却成华锐风电背景的人

一个行业里多一个创造过辉煌的人物,那行业里就多出一束光芒。人在一个特定的困境,总得和现实和解。这样,远处或许还有未来在等待。

2022年我国大容量风电机组下线进入密集期,最大容量达到16兆瓦,刷新了世界纪录,令人振奋。我想起十年前,我国最大容量的5兆瓦风电机组由华锐风电科技(集团)股份有限公司(简称华锐风电)研制出产,2011年运行于上海东海大桥海上风电场二期,其轮毂高度100米,风轮直径128米,年发电小时数2380小时左右。按照当时的中标计划,这款5兆瓦机型将批量安装在东海大桥海上项目二期30万千瓦的风电场,实际上并没有执行。

我记得,韩俊良和我说到这个事情的时候,"国字脸"上满面红光,说华锐风电的6兆瓦机型也在研制中,也可以考虑5兆瓦、6兆瓦在30万千瓦的海上项目同场竞技,为客户带来更高的效益。但是,韩俊良话锋一转,说这只是他的信心,还需和华锐风电的投资人商议。本来语速很快的韩俊良忽然停顿了一下,说即便和投资人达不成相同的愿望,他也得为华锐风电的未来再搏一场!

回头看,2011年到2012年是韩俊良最艰难的两年,也是他对资本体验最深的两年，资本如水，水能载舟亦能覆舟。那么，投资人和企业家如何相处才会让企业更受益？打个比喻，同在一屋，假若企业家是灯，投资人也不是黑暗；反之也一样，一盏灯照亮另一盏灯，一间屋里有两盏灯，一定会让房屋更亮堂，但韩俊良和资本的关系上没有出现这样的场景。

2012 年 8 月 30 日，尉文渊代替韩俊良担任华锐风电代理总裁，从投资人走到前台，开始参与华锐风电的经营决策。实际上，从这天开始，韩俊良失去了对华锐风电的控制决策权。2013 年 3 月 10 日，韩俊良辞去华锐风电董事长及所有职务，走出华锐风电北京总部大楼，送行的人望着韩的背影，轻声告别："韩总，再见！"

局外看，华锐风电"去韩"，理由也简单。2011 年行业政策收紧，市场逆向，但韩俊良依然保持乐观，与供应商签订大量供货合约，这引发了日后高库存和供应链问题，再加上韩俊良低估了美国超导跨国诉讼的负面影响，其海外市场因此而停滞。

韩俊良的遗憾，也是行业的遗憾，一个行业里多一个创造过辉煌的人物，那行业里就多出一束光芒。韩俊良说，人在一个特定的困境，总得和现实和解。这样，远处或许还有未来在等待。

2004 年，40 岁的韩俊良决意进入风电制造领域。

这一年，中国风电从持续多年的缓步前行转入高速快车道，当年新增装机容量 19.7 万千瓦，超过 2003 年当年新增装机容量的两倍以上。但国内风电机组 80% 以上由外资企业提供，这让身在体制内的韩俊良看到了机会，令他更觉眼前一亮的是一条"我国开始进行可再生能源立法"的消息。消息称，全国人大环境与资源保护委员会已委托国家发展和改革委员会起草可再生能源法建议稿，委托清华大学起草专家稿，在建议稿和专家稿的基础上形成征求意见稿，2004 年 12 月向全国人大常委会提交立法草案。"有法可依，就意味着制造风电机组的梦想走进了现实。"韩俊良越发笃定了做风电设备制造这条新路。

韩俊良：一个创立华锐风电却成华锐风电背景的人

作为国有企业大连重工机电设备成套有限公司（简称大连成套）的总经理和大连重工起重设计院院长，韩俊良一门心思地设想采用新体制创办一家市场化风电整机制造企业。

与金风科技从风电场开发介入风电机组制造的路径不同，韩俊良设计的风电路径则是借助大连成套拥有的制造业优势，从国外引进风电机组技术，从市场上寻找资金，整合各种资源以较高起点进入风电整机制造业。按照韩俊良的研判，大连重工可承制齿轮箱、偏航系统、塔架、轮毂、机舱等部件。尤其，大连重工最擅长生产非标准化设备，也就是根据用途自行设计制造的设备。作为神六载人飞船发射平台行走机构的设计制造者，大连重工承接风电部件制造并非难事，所以韩俊良认为他能做到将风电机组的自制比例提高到70%。

满满的信心鼓舞着韩俊良的气势，但他所在的大连成套却拿不出充裕资金独立发展风电机组制造业务，且风电是一个充满不确定性的新兴行业，韩俊良需要做的是一方面在社会寻找资金，另一方面在欧洲寻找合适的技术和产品。

2004年的韩俊良，几乎每一天都在为梦想而战，终于在2004年10月引进了德国富兰德（Fuhrlander）公司1.5兆瓦风电机组生产技术。就这样，韩俊良的风电制造项目进入尉文渊、阚治东等投资人的投资视野。尉、阚二人通过大连国资委找到了大连重工，与正在寻找资金的韩俊良相识，经多次谈判，达成合作意向，2006年2月华锐风电成立，大连成套持股30%，阚治东和尉文渊任法人代表的公司各持股17.5%。

有资本、有产品，韩俊良拼了，2007年华锐风电新增装机容量67.95万千瓦，市场占比20.57%，位居第二。除了1.5兆瓦机组的先发优势，售后服务也满足了客户的需求。当时，华锐风电每安装一台机组，工作人员都要马上给韩俊良发短信汇报。到后来，韩俊良亲自组建了一支超过1000人的售后服务团队，亲自向客户承诺："即便机

219

韩俊良：一个创立华锐风电却成华锐风电背景的人

组出现问题了，您也别担心，我的工程师会很快来解决。"实际上，这成了解决问题的一种方法和战术，他要求售后服务团队"要在业主发现机组故障前找出问题，解决问题。当业主发现了问题，就说明我们工作已经晚了一大步。"为此，华锐风电支付了高昂的成本，但也在一定时间内维护了企业声誉。

2008年至2010年，华锐风电连续3年保持着国内风电整机制造领域的"冠军"称号，其在全球的行业排名也从2008年的第七，上升到2010年的第二。

在我看来，眼光独到、敢于冒险、擅长落地是韩俊良的风电闪光点。从创立华锐风电到告别华锐风电的9年间，韩俊良至少有5年时间将华锐风电置于超常规的扩张之中，屡有冒险之举，但每次都能涉险过关，同时也承受了常人难以想象的重压。

当年，华锐风电从德国富兰德公司引进的1.5兆瓦风电机组技术，在德国仅仅生产了30台，如果在中国大批量地投放市场，一旦出现大的问题对华锐风电和客户都将是灾难性的。技术出身的韩俊良首先想到的就是用技术来规避潜在的风险。于是，韩俊良向鉴衡申请了这款机型的机组产品认证，以此来验证这款机型的设计可靠性。

在这款机型的认证过程中，华锐风电技术团队和鉴衡技术团队因为载荷的计算结果产生了分歧，双方僵持不下，韩俊良亲临鉴衡参加技术会议，听取双方的观点、观看演示，最后建议按照鉴衡技术团队的算法来验证机组产品的设计可靠性。2007年4月，华锐风电拿到了鉴衡颁发的产品认证证书，这也是我国风电首张风电机组产品认证证书。

只要看准且看好的事情，韩俊良就会迅速行动。当年，即便在投资尚未到位的情形下，韩俊良边筹备、边融资、边建厂、边拉订单，也就是两年时间，华锐风电横空出世。这被很多人视为韩俊良大胆冒险的过程，但我认为他的冒险是建立在准确预判基础上的行动，他看

220

见了别人没看见的商机和未来，并真正做到了落地。

2006 年，国内风电市场的主流机型是 600 千瓦、750 千瓦，借助 1.5 兆瓦机组的大量投放市场，华锐风电迅速成为中国最大整机制造商。华锐风电在主推 1.5 兆瓦机组的同时，开始在国外投入力量研发 3 兆瓦、5 兆瓦机组，韩俊良亲自担任开发组组长，但国内几乎没有谁真的把华锐风电的 3 兆瓦、5 兆瓦机组当回事。只是后来，我国要建设上海东海大桥 10 万千瓦海上风电场项目时，这才惊讶韩俊良的"远见和预见"才能。

一个让人叹服的例子是，2006 年 2 月华锐风电刚成立，韩俊良就从国外预订了 1500 套主轴，说以后这个就不好买了。公司投资者认为他太激进太冒险了，但又不好干预。结果是，2008 年全球风电机组主轴短缺，有钱也买不到，而华锐风电却应对自如。

到了 2009 年，韩俊良四处寻找深水码头，投资者问为什么，韩俊良说做海上风电，要运装备，就必须用船，用船就要找深水码头。那公路就不能运输装备吗？韩俊良解释说，3 兆瓦机组底座直径 4.7 米，立交桥高 4.5 米，总不能拆了立交桥吧！韩俊良想的是，中国海岸线虽长，但深水码头有限，无论考虑运输还是未来出口都要用深水码头，趁着竞争对手还没反应过来时赶紧拿下深水码头，不但成本低，选择的余地也大，以后想拿，高价都难。

因为远见和预见，韩俊良对行业政策把握以及企业经营决策也确实领先一步。例如，政府部门鼓励生产大型风电机组时，华锐风电的 1.5 兆瓦机组已下线；国家要求风电设备国产化率要超过 70% 时，华锐风电称其国产化率已突破 80%；国家开始建设海上风电项目时，华锐风电已经拥有了 3 兆瓦和 5 兆瓦海上风电机组产品和项目经验。

除了预见性，敢于冒险的精神为韩俊良带来事业的高光点。

在我看来，他承接上海东海大桥 10 万千瓦海上风电场机组供应任务，是他最大的一次冒险。因为涉及 3 兆瓦海上机组的认证事项，我记得还主动和他聊起规避项目风险的问题。他说，他知道业内认为他在承接这个项目上过于冒险和激进，但他们不知道的是，他早在2007年就为这次冒险做准备了，华锐风电在和欧洲设计公司联合设计3兆瓦海上机组之前，就专门调研过欧洲海上风电的失效案例，包括2002年丹麦海上风电场 Horns Rev 1Vestas 机组批量更换齿轮箱的案例。尽管 Vestas 为此付出了惨重的代价，但也没有阻止 Vestas 成长为一家可以称之为伟大的公司。"我的想法很明确，作为中国的风电整机公司，我不能因为顾及自己风险就不敢向前，而是要为中国海上风电做好准备，一旦国家和行业需要，我敢顶上去，也有能力顶上去，这一步总要有人先走，即便冒更大的风险也值。"韩俊良慷慨激昂的神情，我至今难忘。

后来的事情，想知道的人都知道了，上海东海大桥10万千瓦海上风电场项目招标时，外国整机公司开出了极高的价格，且要求5年之内不向中方提供机组运行数据，更离谱的是坚持将主控端服务器放在国外，但中方不同意。

当时，无论是上海市政府还是国家发展改革委，都希望由国内企业来提供机组，不只是节省成本，更为国家荣誉，但业内专家大多说不可能，认为中国风电企业做陆上兆瓦级机组都刚起步，要做海上3兆瓦机组大概率失败，本土整机商中唯有华锐风电说可以承接这个项目，而这时华锐风电的海上3兆瓦机组还在电脑里。

一片质疑声中，华锐风电接下了这个项目。外方曾认为这一项目5年内很难建成。韩俊良有一次到国外开会时，外方的专家说，东海大桥项目的风险很大，很难成功。韩俊良却不以为然，他对同行的国内官员和专家说："不要听老外的，他们在吓唬我们。"

华锐风电加快了与 WINDTEC 公司联合研制3兆瓦海上机组的节奏，研制成功后用在了东海大桥项目上。2010年6月8日，采用34台华锐风电3兆瓦海上风电机组的上海东海大桥10万千瓦海上风电场整场并网发电。

到 2021 年 6 月，东海大桥 10 万千瓦海上风电项目已运行 11 年。上海东海风力发电公司副总经理张开华告诉我，这些年这 34 台机组的运行情况还不错，年利用小时数超过 2200 小时。

尽管韩俊良 2013 年别离了华锐风电，但他在风电行业的重彩还在，经验也好教训也罢，只要客观理性，总可以从韩俊良和华锐风电身上汲取到想要的东西。

张雷：

十年向苦处行，回头见到光明

> 一款基于 En OS 操作系统的风电软件管理了国内 190 吉瓦的风电资产，占全国 60% 的市场份额；在欧洲管理着超过 30 吉瓦的风电资产，占欧洲市场 15% 以上的份额。

张雷从伦敦回国创业前，我们聊到过他创业的由头。

一个周一的早晨，在巴克莱银行（Barclays Bank）从事能源衍生品交易的张雷在电梯间看到了一张海报："10 年或 20 年以后，碳交易将会超过石油成为全球最大的期货商品。"这像一道光芒让他的眼前一亮。

此后，张雷开始了他的深度研究，他发现"全球二氧化碳的排放被严重低估了，这势必会影响人类可持续发展的未来。"张雷开始有意接触国际气候组织的经济学家和气候专家，以验证自己的研究结论。

这就不难理解，为什么张雷将"为人类的可持续未来解决挑战"这般宏大叙事作为远景能源的使命，理解的人也就理解了。10 年后，回看远景能源的产品线，无论是风电机组、新能源资产管理软件，还是动力电池和储能等产品，都是实现其使命及价值的载体。这些产品线中，我更感兴趣和更为关注的，是张雷早在 2011 年开始探索和打磨的风电软件产品，它最早的名字叫智慧风场。

张雷看中的这款软件产品，2011年在大唐达里风电场试用，效果还不错，但出乎张雷预料的是，远景能源苦干十年才将这款产品"磨"成他想要的"风电工业软件产品"。

一个具有产品经理特质的CEO做一款好产品并不难，难的是用持续的时间和持续的投入打磨一款产品，直到看到他想看到的样子。了解张雷的人，知道他是一个追求产品极致的人，即便再难再苦他也保持着乐观向上的心态，"向苦处行"是他的微信名，也是他人生行迹的映射点。"向世间的苦处行，目标才有价值，人生才有意义。"他说，"我们要去解决世间石化能源的苦处，以便让人类走在可持续发展的大道上。这样的大道上，在远景能源我们有挑战者同事，在全球我们有志同道合的战友！"

人们常说的"十年磨一剑"在远景能源得到了真实的应验。自始至今还在守护和运营这款软件的产品经理赵清声感慨道，从产品质变的角度看，从一个智慧风场解决方案开始的探索，到一款成熟的风电工业软件产品，远景能源为这款产品烧钱续命，痛和乐相伴相生，十年含辛茹苦，终于见到了光明！

也只有远景能源人懂得其中滋味，如果不是张雷的战略定力和远见，这款基于 En OS 操作系统的风电资产管理软件恐早已夭折。事实上，回看十年，高校系、火电系、纯软件系、电网系、互联网系等多路好手涌入风电资产管理领域，每三年进一批、亡一批，大多没有突破风电数据治理的瓶颈，倒在看不见"钱途"光明的路上。

远景能源看见了光明，到2021年基于 En OS 操作系统的风电软件管理着国内190吉瓦的风电资产，占据全国60%的市场，在欧洲管理着超过30吉瓦的风电资产，占欧洲市场15%以上的份额，终于成长为一个可变现的风电工业软件。

令人遗憾的是，据我所知，到今天我国风电数据质量依然存在诸

225

多问题，这在机组 SCADA 数据中体现得尤为明显，比如部分关键变量丢失、数据时间分辨率不一致、数据重复、整条数据记录缺失、部分变量记录缺失、数据超出正常范围、变量错位等。尤其是早期开发的风电场，由于 SCADA 数据系统设计和运行管理不完善，数据质量问题更加突出。

张雷正是从早期 SCADA 数据错乱中萌发智慧风场软件产品创意的。2010 冬天的一天，他到现场拜访客户，客户说他们这座大型风电场采用了几个厂家的机组，但有些厂家的 SCADA 系统数据错乱，有的机组明明在发电却没有数据记录，有的机组明明停机却报出电量数据。这引起了张雷的思考，最初想到的是能否通过一个管理软件给客户提供一个解决方案，来有效发现并解决机组 SCADA 系统问题，增强风电场的整场透明性，提升管理效益。

不久，张雷提出了智慧风场概念，并将其定义为一款针对企业级市场的软件产品，新组建的远景智慧风场研发团队结合客户的痛点，开发了"风电场与电网友好、大部件健康管理、能量利用率、集中监控"等高级应用模块，通过迭代进化的方法不断对其进行打磨，让用户有更好的体验和价值获得感。

这就是智慧风场 Wind OS，从大唐达里到龙源来安再到远景能源风电场项目，转眼到了 2013 年。这一年，远景能源与美国最大的独立新能源公司 Pattern Energy 签订合作协议，成为其新能源管理平台服务提供商，这是中国首个风电软件 Wind OS 进入美国市场。Wind OS 墙外开花墙内也香了，2014 年中广核新能源引入 Wind OS，成为这家公司的风电资产管理平台。张雷自信 Wind OS 能帮助中广核新能源提高资产管理水平和收益，也一定能让中国巨量的风电资产释放沉睡的潜力。

Wind OS 成为中广核新能源风电资产的管理平台，这对远景能源和中广核新能源甚至中国风电行业来说，都是一件具有里程碑意义的事件。也正因此，张雷认为远景能源解决风电行业挑战的机遇来了，关键在于远景能源能不能真正抓住机遇。按照张雷的产品设计逻辑，Wind OS 是风场运营端的一款平台产品，开发更多的高级应用模块以解决风场的痛点，还需要实时数值模型的支持，所以在开发 Wind OS 时也几乎同步开发了"Greenwich 云平台"这款软件产品。"远景能源是在做一款类似 Greenwich 之于航海意义的风场软件产品，为风场投资评估和风险管理提供一套标准化的工具和方法论。"张雷解释了设计这款软件产品的初衷。

Greenwich 云平台的贡献在于，远景能源将超千万亿次高性能计算资源引入到风电行业，实现了高精度流体建模和风场仿真，并且通过大数据架构和云服务模式使其分享到整个行业，帮助风电投资商全过程把控项目投资风险，以及更可靠地优化资产投资方案。

2014 年 10 月北京国际风能大会期间，远景能源智慧风场 Greenwich 云平台正式上线运行。这意味着，一座风场从锁定风能资源到完成全生命周期的演进过程，前有 Greenwich 基因数据库把控风险，保障投资收益的上限；后有 Wind OS 管理风场的物联网世界，发现能量损失的下限，有针对性地提升风电资产收益。

在张雷看来，与人的行为数据相比，物的数据能催生管理方式的变革，但这取决于风电物联网所提供数据的准确性和可靠性，挑战也在于此。在物联网这样一个分布式系统中有一个 CAP 原则，就是说一致性、可用性和分区容错性三者不可兼得，只能取其二。在网络通信很难保证的风电场，又要保证对不靠谱设备的容错性，就很难时刻保证数据的一致性了，也就是说在什么用户场景下保证 CAP 原则中的哪两项是物联网每时每刻要面对的问题。

那么，在物联网领域使系统适应各种不靠谱的设备，进而通过坚强的算法保证系统产生数据的准确性和可靠性是最难的地方。张雷欣慰的是，远景能源创建了新一代风电数据架构，建立了数据治理体系与在线工具，解决了数据在哪里、是否集中、能否自释义、质量怎么管、如何方便使用等问题，形成了核心竞争力。

张雷认为，Wind OS 平台上的高级应用模块可以抄袭，但其背后的数据处理技术难以模仿，不经历艰辛的数据治理历程，就不可能设计出让数据准确、稳定和可靠的算法，在这关键的一点上远景能源走在了前面。

一家发电集团公司，风电设备上千种，仅机型就有几十种，其性能及稳定性各异，数据治理的难度较大。与互联网离散、明确的数据不同，风电物联网的数据大多是模拟及连续变化的数据，而且由于设备型号及其质量差异，就会产生大量的跳变数据，不同品牌机型控制系统输出的点数变化量级及方式时时刻刻都在加剧数据处理的难度。

数据基础不牢，地动山摇，而风电数据治理是一项又苦又累的活儿，没有"死磕"的斗志是搞不清数据本来面目的。在数据治理上，2014 年、2015 年是远景能源投入资源最多的两年，也是张雷参与数据治理工作最多的两年，他会突然出现在客户的现场，了解远景能源数据治理的最新情况，鼓励团队求真务实，打好"数据治理"攻坚战，不放弃不抛弃，一挖到底，还原或再现数据链条及其关系，使其成为远景能源风电工业软件平台上"靠谱"的基础。

正是"一挖到底"的数据治理精神，远景能源真正认知到数据不准确、数据问题责任难以分清和维持数据质量成本高企才是行业真正的痛点。这些痛点的背后原因是什么？张雷和数据治理团队一起来讨论和认知问题，其根本原因在于现有数据源不是为物联网设计的，从数据源到数据平台的采集场景不同，不仅传输链路长，且责任方众多。另外，从原始数据到用户数据的数据流处理场景复杂，第一代数据架构已无法满足数据处理的需求。

也就是说，第一代数据采集技术无法满足数字化转型的需要。接下来，远景能源风电软件团队通过改变数据架构，突破了制约风电数据治理的瓶颈，也就打开了真正成就一款风电工业软件产品的窄门。

作为这款风电工业软件产品的设计师，张雷看见了公有云上的智能物联操作系统，这个系统可以让数亿计的发电设施、充电网络、储能电池以及智能控制器、用能设备相连，并能智慧地调配和管理。"就像是一个庞大的交响乐团，仅有各种各样的乐器是不够的，正如乐队需要指挥，未来的智慧能源系统需要一个开放的操作系统。"张雷相信，"远景能源将会成为这个操作系统的创建者。"

挑战不停，创新不止，张雷邀请国内外互联网顶级技术专家加入远景能源，就有了后来的远景能源 En OS 操作系统。当张雷看好的这款软件产品出现在电力大客户面前时，却被浇了一盆冷水，客户说这样的软件是不能部署在公有云上的，这是电力行业的本性决定的。如果部署在私有云上，倒是可以考虑的。如果是私有云，远景能源要做的万物互联还怎么实现？！此后的两年，张雷还在坚持他的公有云部署，直到远景能源的广灵风电场因为在公有云上运行被当地电网关闭 3 天，他才感到那面可以照进能源万物互联的光芒遇到了"墙壁"。

张雷不甘心，可还是"求真务实"了。私有云也有万物互联的大世界，基于 En OS 操作系统，远景能源的风电工业软件在发电集团、在省级集控中心、在场站腹地都有了部署应用，成为一款变现的软件产品，国内市场份额占比 60% 以上。

回到这款软件本身，从业务到功能、从功能到产品、从产品到 5A 架构，十年重构了三次，每三年上一个台阶，进入到产品化、标准化部署的新阶段，有些发电集团将其视为刚需。

一款风电工业软件，让张雷向苦处行进了十年，其精神可赞可敬！希望走在前面的新能源人像我一样，只要回头便能看见远景能源风电工业软件已有的风电工业光明。

金鑫：
在市场摸爬滚打中看见可持续的生意

> 与过往不同的是，他开始借助两家知名咨询公司的力量，推进公司治理体系建设，期望大金走在大金人的期待里。

对金鑫来说，可持续的风电世界里，有他要达到的商业高峰。

2000年，金鑫借用老家的名字"大金屯"成立了大金重工股份有限公司（简称大金重工），2010年公司上市后，他用10年时间完成了公司由配套火电建设到风电装备制造的转型，产品出口30多个国家和地区，2021年营收近100亿元，其中海外营收占比60%。

和金鑫熟悉后，我才知道金鑫曾在三个产业领域摸爬滚打后进入风电领域。对金鑫来说，风电让他看见可持续的生意价值，有他要达到的商业高峰。

翻越护栏看见钢结构商机

初中毕业"混社会"的金鑫，1987年到一家国企纺织厂当工人，师傅夸他是个心灵手巧的青年，钳工、电工、设备维修工，样样行，工余能组装收音机，还能修表修家用电器，成了厂里的知名"手艺人"。

后来这位"手艺人"到厂团委当干事，再后来离职"下海"，成为当时知名品牌"盼盼"门的销售代表。一个热衷手艺的人，不满足于卖门装门，于是就在阜新整了个工厂，除了制作门窗，还制作高档酒店、办公楼、商业场所用的不锈钢产品。

当时必须到南方上货，为了钱财安全，他将现金装进长丝袜系在腰上、塞进袜子和鞋底，进来的不锈钢材料加工成钢制品、小型结构件卖出去。这期间，他赚了钱，开阔了眼界，也在寻求新的商机，打算把钢结构生意做大些。

1999年末的一天，金鑫开着新买的桑塔纳去兜风，路过大连开发区时，一栋正在建设中的新颖厂房跃入他的眼帘，他立刻把车停在高速路边，翻越护栏进了厂房，禁不住为之一振：这是座钢结构厂房！他边看边问，还悄悄把在现场收集到的产品标识和电话号码塞进衣兜，原来承建这座钢结构厂房的公司是家外资企业，国内企业能做钢结构建筑的公司屈指可数，他看到了商机。

回到阜新后，金鑫通过多方打听和搜集钢结构设备信息，专门从广东邮购了一批过期的钢结构杂志，用于学习和研究，广告上说有个钢结构设备展在广州举行，他就飞到广州，考察产业和设备。2000年春节后，金鑫在阜新成立了大金重工，外购了生产线，又通过来安装生产设备的师傅牵线，从外资企业挖来钢结构建筑设计师和工程施工人员，一头扎进了钢结构建筑行业。

到2001年春节，大金重工在承德交付了一座5万多平方米的钢结构建材商城。这是大金重工的首个钢结构建筑项目，打破了国内钢结构建筑由外资和合资企业垄断的历史，工程造价被金鑫的大金重工直接"腰斩"了，钢结构建筑不再奢侈，这是大金重工作为企业的意义。

毕竟钢结构建筑并不是一个高壁垒的行业，2001—2003年的3年间，钢结构建筑企业由最初的几家发展到上百家。由于市场竞争过于白热化，钢结构建筑市场刀片利润已是大金重工之痛。

痛定思痛，金鑫决定产业升级，由轻钢结构向重钢结构转型，火电锅炉钢结构产品是他看见的首款重钢结构产品，也就是行业俗称的

金鑫：在市场摸爬滚打中看见可持续的生意

火电锅炉岛。那是被钢铁高高举起的火电锅炉岛，在金鑫的眼睛里，那是他要拿下的生意。

从展台到工厂的数控卷板机

时间来到 2010 年，这一年金鑫身上先后发生了两件事，一件是他获得国务院授予的"全国劳动模范"荣誉称号；另一件是他掌舵的大金重工在深圳 A 股上市，是中国风电零部件领域较早上市的企业之一。

此前十年，是金鑫在市场底层摸爬滚打的十年，几乎看不到他在行业会议上抛头露面，有人说这与他第一学历初中文化底蕴不足有关，但他对这种说法嗤之以鼻。

金鑫的家人知道，这个"初中生"工作后，是多么"恶补"文化，到"大专"只是他获得知识的一步。创立大金重工后，什么北大班、清华班、金融"五道口"，都是他乐此不疲愿意到场倾听的地方。在他看来，一个企业家的责任感是在市场底层养成，并在知识经济认知和战略远见中升华的。

2003 年上半年，大金重工升级标准、添置设备，建成了火电锅炉岛产品线，成为哈尔滨锅炉厂有限责任公司的战略合作伙伴。随后，金鑫跑上跑下，大金重工成功拿下中电投阜新电厂首个 60 万千瓦机组主厂房钢结构、电厂锅炉钢结构项目，成为名副其实的重钢结构产品和服务供应商。

金鑫心里明白，大金重工赶上了火电发展的好时候，2004 年国家发展改革委出台了新建燃煤电站的技术标准，要求新建火电单机容量原则上应为 60 万千瓦及以上，开启了我国火电"大机组"时代。凭借火电火热的"风口"，历经 6 年时间发展，大金重工迅速成长为国内电力重型装备钢结构领域经济效益和生产效率最高的企业之一，在东北和蒙东地区的市场占有率超过 70%，还将重钢结构产品出口到巴

金鑫：在市场摸爬滚打中看见可持续的生意

基斯坦、印度、越南等国家和地区。

大金重工在电力重钢结构市场异军突起，金鑫却把更多精力用到了风电布局上。2005 年 2 月颁布的《中华人民共和国可再生能源法》让他眼前一亮，他看到了风电环保和可持续发展的前景。但他也清楚地知道，由火电锅炉岛跨越到风电塔筒制造，无论从产线还是工艺技术，都需要大金重工发生脱胎换骨式的改变，而金鑫更是决心以高起点进入风电行业，期望能像当年进入钢结构建筑业那样为行业带来实质性改变。事实是，为进入风电行业大金重工已经准备了两年，只是等待一个商机和更先进的产线技术。

2007 年 8 月，阜新高山子风电场吊装项目立项，他认为商机来到身边，必须抓住它。于是，选购先进的塔筒制造设备成为大金重工的头等大事。

恰好，北京有一个国际设备展会，金鑫带着技术团队来到北京，意大利展台上的一套风电专用卷板设备引起他们的兴趣。这套意大利设备采用最先进的数控卷制成型技术，其卷制成型过程由西门子数控系统自动控制完成，并采用激光监测器实时跟踪测量，可完成高速高精度卷制作业，是传统设备成型效率的 4 ～ 5 倍。

金鑫乐了，将这套意大利设备从展台上直接运到阜新工厂。就这样，大金重工在国内同行业企业中首家引进了国际上风电塔筒制造领域最先进的专用生产技术，大金塔筒配套的风电机组竖立在阜新的土地上。

回到金鑫"好事成双"的 2010 年，他对自己的认知发生了变化，他认为做生意不仅仅是利润，而是人生的意义，做一个有情怀有责任感的企业家，是他下一个十年的人生追求。

轮式正面吊车提升了行业效率

金鑫记得，2007 年公司高管会议上，他首次提到风电是值得用生命来做的事业。他的理想，是把大金重工带到世界一流风电重工装备行列。他称自己是一个有理想的奋斗者，这一年他 40 岁。

金鑫认为，风电行业的本质是持续降低度电成本，因此他将"提升公司生产效率和为客户技术创新提供支持"作为大金奋斗的着力点。

为了做实"两大着力点"，金鑫团队多次出国到风电技术先进国家考察学习，有两个提升效率的"设想"来自欧洲国家，其中一个已成为行业佳话。

一个"设想"的源头是，在一个伐木场，他们看到一台轮式正面抓木机"抓着"一大根圆木跑来跑去，金鑫边看边和同事讨论说，改进这种轮式正面抓木机的头部结构，可以用来吊运转移塔筒。回国后，金鑫带领公司专业人员和三一重工合作，将来自抓木机的"设想"变成了轮式正面吊车，成为专用起重系统，其双机抬吊方式率先用在了塔筒转场移动和吊运作业上，成为行业提升塔筒作业效率的标配。

234

另一个"设想"来自"移动厂房"概念。金鑫感兴趣的是，这个概念中的"流水线"，与传统工厂生产一节塔筒需要不断变换场所不同，这条流水线的效率在于，一块钢板进入产线"旅行"到出口，就是一节成品塔筒，其效率令人心动。但要使其变成实现，除了要看客户塔筒需求量，还要看有无合适的场地部署这样的产线。实际上，金鑫在等待一个机会。

不忘流水线之心的金鑫，终于在 2019 年大金重工兴安盟基地项目将"设想"变为现实。投运后的"流水线"成为大金塔筒产能及效率的调节器，更好地适应变化的市场需求。

大金重工在追求效率的同时，也在致力于提升产品品质。"大金重工的产品不属于高科技产品，但它一定会成为风电装备领域的高端产品，而且是更安全、更可靠、更符合市场价格的高端产品。"金鑫的底气源自他对大金重工工艺技术的自信。但凡公司的新工艺、新技术研发和应用，金鑫都是参与度最深的那个人。比如多弧多丝共熔池高效焊接技术、无碳刨清根高效焊接技术、高效率预热焊接技术，他都烂熟于心。指不定什么时候，金鑫就扎进车间，观察和检查一番，在他的心目中，"焊接是塔筒制造的灵魂，要用好用足大金重工的手艺。"

早在 2010 年大金重工就完成了高效焊接技术的引进、消化、吸收和创新，保持着与欧洲同行同步的焊接技术。自 2020 年开始，大金重工联合中科院山东省实验室、哈尔滨工业大学等科研院校启动了厚钢板高效率减压电子束焊接技术研发及产业化项目，填补了国内技术空白。值得一提的是，这项技术欧洲处于初始研发阶段，这让金鑫感到既紧迫又兴奋，毕竟产业化后可缩短焊接时间 90%、减少能耗 75% 以上。这就是效率和成本优势。

站在海边的山包上

除了加强公司自身的技术研发，金鑫很在意配合和支持客户的设计创新，和客户共同推进行业整体降本。2017 年，一家国内知名整机商设计开发了国内首款 140 米高度全钢柔性塔筒智能机型，大金重工为这款机型定制配套了塔筒。

此后，国内高塔筒、大容量机型兴起，更高更大直径的塔筒出现在大金重工的生产线上，但新的难题随之而来，同样厚度的钢卷筒，直径越大越易发软变形，现有的工装不能解决它的变形问题。金鑫得知这种情况后，第一时间来到工厂，和工程师团队一起通过工装增强方案解决了问题，既确保了塔筒制造质量，也满足了客户设计创新的需求。

这让金鑫想到了塔筒制造可能面临的挑战，于是在公司专门举行了一次研讨会。随着风电机组单机容量越来越大的现实，大直径塔筒的运输成为行业的痛点，解决痛点必定是先从设计源头开始。大金重工已了解到国际知名整机商已经在做分瓣塔筒设计方案，其他整机商跟进的进程中肯定要避开相关设计和制造方面的专利。因此，金鑫特

235

别强调大金重工要加快分瓣塔筒制造工艺设计开发，为不同客户设计创新提供可靠的支持，顺利实现交付。

金鑫的判断是准确的。一家外资知名整机商把制造分瓣塔筒的订单交给了大金重工。大金重工研发的分瓣塔筒制造工装设计和自动跟踪焊接车焊接工艺有了用武之地。金鑫开心的是，这家外资知名整机商因为大金重工的制造工装和焊接质量及效率，进而修订了自己的制造规范，规定纵向法兰焊接改用自动焊接，并改进分瓣塔筒法兰组合工装，以此实现了制造技术升级。

在金鑫看来，作为风电筒塔和海上风电管桩基础装备供应和服务商，大金重工有能力为中国和世界风电产业链发展作出积极贡献。金鑫的信心源于大金重工的产业和技术综合实力，比如大金重工蓬莱风电母港产业园、大金重工德国汉堡子公司深远海导管架和浮式平台产品研发及制造，都彰显了大金重工在风电产业链上的技术与制造能力。

当年，金鑫提出建设凹槽泊位旨在提升海上风电设备装船效率，意外惊喜在于，近几年整机商出于整体降本需要，将风电机组的电气设施集成于塔筒，立式发运成为必须。大金重工蓬莱风电母港的这一功能，正好满足了海上风电降本的趋势。

2020 年 1 月，金鑫（左）在蓬莱大金基地接待外方专家。

金鑫：在市场摸爬滚打中看见可持续的生意

大金重工蓬莱风电母港是金鑫2021年下半年来往最多的地方，这里承接的欧洲客户海上风电54套导管架TP转换段制造项目令他牵挂。这是欧洲结构最先进、制造难度最大的部件，客户委派了5个监理团队实施24小时不间断的制造流程监检，用上了全世界最先进的探伤设备。如此严苛的"监管"，金鑫心中有点不乐，你们在还是不在，大金重工都会按照项目的标准要求百分百完成。

54套TP转换段产品已经完工，金鑫参与了首批产品发运仪式，目送船只远去的身影，金鑫的眼睛湿润了，艰辛和欣慰的眼神从他的眼中流出。

十年前，金鑫站在山东蓬莱海边的山包上，面对一片荒地和茫茫大海，憧憬将要开建的大金港能为大金的"两海战略"，也就是"海上风电"和"海外市场"战略奠定产业基础；十年后的今天，大金港已成为拥有5个深水泊位的风电母港产业园，也是迄今为止全球风电海上单体最大工厂，已形成辐射全球市场的能力，Vestas、SGRE、GE以及沃旭能源、凡诺德、普瑞尔等全球知名风电整机和风电开发巨头已是大金重工的全球战略合作伙伴。

大金重工的下一个十年已经开始，金鑫作为大金重工的董事长和掌舵人，与过往不同的是，他开始借助两家知名咨询公司的力量，推进公司治理体系建设，期望大金重工走在大金人的期待里。

237

吴佳梁：

起诉奥巴马，打了一场有尊严的官司

> 公平、正义比利益更重要。如果打好这一仗，就可以给全球清楚地呈现一个诚实、自信的中国企业形象。

"当然是把奥巴马告上法庭这件事！"提及职业生涯最艰难也最难忘的一件事，吴佳梁这样说道。从把奥巴马告上法庭到最后和解历时三年时间，这三年花掉了吴佳梁太多时间和精力，他说打了一场有尊严的官司，值得！

这事，要从 2012 年三一集团有限公司（简称三一集团）在美国的一个风电项目说起。

这年 2 月 28 日，三一集团旗下的三一电气有限公司（简称三一电气）从希腊电网公司 Terna US 手中买下了美国俄勒冈州的 Butter Creek 风电项目，并取得了该项目建设的所有审批和许可。在吴佳梁看来，"这是一个没有什么瑕疵的风电项目，20 年的平均电价 8 美分，这个电价水平足以让这个项目在全寿命周期保持一个很不错的盈利水平。"

至于 Terna US 为什么要卖掉 Butter Creek 风电项目，金融危机之下，希腊电网公司出于自保，收缩了在美国的战线。Butter Creek 风电项目名下有 4 家相对独立的风电场,每个风电场的装机容量为 10 兆瓦,主要股东为三一电气及吴佳梁、段大为两位自然人。

吴佳梁设想,这个项目建成后,有两个选择,一个是卖给中国企业,也就是与中国企业合作,通过项目实践打造成一个可在美国持续开发风电项目的投资品牌;另一个是卖给美国企业,华尔街投资人为此做了一个融资方案,如果项目早卖给美国的企业,也就没了后来的官司,但吴佳梁决定卖给中国企业,后来就成了被美国禁止的项目。

三一电气以总包建设商身份在美国进行风电投资始于 2009 年,项目建成后整体转让给其他风电运营商。当时,三一电气在美国的另两个项目,一个已经移交给风电运营商,另一个仍处于建设阶段。Butter Creek 风电项目是三一电气在美国的第三个风电项目,吴佳梁仍然按本土化模式,将该工程交给美国本土知名建筑商 Silvey 建设,同时派出土生土长的美国公民 Robert Brennan 作为监理,负责项目管理和协调工作。

在吴佳梁看来,美国是全球三大风电市场之一,中国风电整机企业赴美投资具有较大技术与成本竞争优势,是可以持续进行的风电投资业务。基于这样的认知和判断,在购买了 Butter Creek 项目以后,2012 年 3 月,三一电气就该项目与中国亿城集团股份有限公司(简称亿城股份)展开商务谈判,并在 5 月签订项目转让合同,后者拟以 2.42 亿元收购三一电气 Butter Creek 项目相关资产,并预付了部分履约保证金。

吴佳梁万万没想到,项目开建后各种麻烦不断。先是美国海军西北舰队与吴佳梁交涉,要求三一电气在美国的关联企业罗尔斯公司将最北面的风电场南迁一段距离,理由是这个风电场可能影响空军的训练。罗尔斯公司负责三一电气 Butter Creek 项目下的四个风电场建设。美国海军西北舰队所指的这个风电场距美国得克萨斯州达拉斯市约 300 公里,离美国最近的海军基地超过 1000 公里。尽管美国海军无权审批风电场建设和空域管理，且相关项目已经在 2010 年 9 月获得了美国联邦航空管理局（Federal Aviation Administration，FAA）的"无潜在危险"的许可，三一电气方面还是给予了积极配合，同意将美国军方所说的风电场南移 1.5 英里 ❶。

回到 Butter Creek 项目本身，因为项目承接方亿城股份为上市公司，需对项目收购履行严格信息披露，在随后的程序审批过程中，美国外国投资委员会（Committee on Foreign Investment in the United States，CFIUS）开始对该宗"发生在中国企业之间"的交易进行调查，并要求三一电气方面出具相关报告。

2012 年 6 月 28 日，按照 CFIUS 的要求，三一电气提交了一份关于 Butter Creek 项目的详尽报告。7 月 11 日，CFIUS 就该项目召开了听证会，会议在友好的气氛中进行，会议结束后，律师告诉吴佳梁，按照过往经验，"这个会开得很好，应该没什么问题。"

听证会后，CFIUS 通知三一电气，要求罗尔斯风电场设备上不能有任何标记，油漆只能用单一白色，吴佳梁当即表示服从，并马上安排人员对现有问题进行了更改。

7 月 18 日，中美直接投资论坛上，吴佳梁以代表身份在论坛上对上千名中国企业家做了主题发言，他还特别以罗尔斯公司为案例称："CFIUS 是一个透明的、公正的、温情的机构，中国企业家赴美投资不必顾虑。"

7 月 25 日，CFIUS 以涉嫌危害国家安全为由发出临时禁令，要求罗尔斯公司立即停工，禁止存放或堆存任何设备，立即移走全部设备包括已经浇筑的基础环等。禁止任何人进入，只允许 CFIUS 同意的美国人进入移走设备。

吴佳梁和律师判断，这事情比较麻烦了，就赶紧找华尔街投行的

---

❶　1 英里约合 1.609 公里。

吴佳梁：起诉奥巴马，打了一场有尊严的官司

人谈判，美国时间 8 月 2 日下午完成谈判，约定第二天上午签协议，一旦项目产权转移到美国人手里，就没有人再禁这个项目了，结果第二天一早又收到了 CFIUS 的第二次禁令和修改令：该项目禁止使用三一设备；该项目禁止转让直到所有设备移除完毕等。

吴佳梁多次与 CFIUS 沟通，请求 CFIUS 对终止 Butter Creek 项目所造成的损失予以合理赔偿。但 CFIUS 不同意，称他们"对被禁项目并无赔偿机制"。

实际上，索赔遭拒后，吴佳梁和团队向 CFIUS 提出一个委曲求全的"三换一"方案，即在 Butter Creek 项目的 4 家风电场中，只有一个风电场处于"涉嫌威胁国家安全"区域，罗尔斯公司愿意放弃这个风电场且不要赔偿，只需同意继续建设其他 3 个项目。因为，Butter Creek 其他 3 个项目所在区域并非仅有中国企业投资的风电场。实际上，该区域内还有 10 台德国 Repower 风电机组、27 台丹麦 Vestas 风电机组在运行。

但是 CFIUS 说"不"，对于禁止 Butter Creek 所有项目的原因，CFIUS 没有给出确切理由。"一个合法的企业、合法的项目，不许你开工，不许你转让项目，以'莫须有'罪名被禁止了。"吴佳梁十分愤怒，问他的律师团队，美国法律保护合法的私人财产权利吗？保护非美国人在美投资的合法权益吗？律师团队给出肯定的答案。

忍无可忍，9 月 12 日罗尔斯公司在美国哥伦比亚特区联邦地方分区法院向 CFIUS 提起诉讼。CFIUS 签署的只是一个临时性命令，不是法律，只有经总统签字后才能永久生效；否则，CFIUS 的禁令就会失效。"所以，要坚持。"吴佳梁下定了决心。

在美国，一旦 CFIUS 否决的投资案件，被禁项目往往默然离开，而罗尔斯公司的"坚持"让 CFIUS 很不理解。面对罗尔斯公司提起的诉讼，CFIUS 不得不按照程序，将棘手的案件交给了奥巴马总统。

美国时间 9 月 28 日，奥巴马总统同意签署 CFIUS 提交上来的禁

吴佳梁：起诉奥巴马，打了一场有尊严的官司

令。10 月 1 日，罗尔斯公司向美国哥伦比亚特区联邦地方分区法院递交更新修正诉讼书，将奥巴马总统与 CFIUS 一起推向了被告席。这是自 CFIUS 成立以来，历史上第一次有相关公司或者是被审查一方，通过美国法院起诉维护自己的权益。

罗尔斯公司起诉奥巴马得到了三一集团的支持，总裁向文波说，"过程比结果重要，尊严比金钱重要。"三一集团状告奥巴马已升级为维护中国企业在美国的权益和尊严的一次战斗。在吴佳梁看来，公平、正义比利益更重要。如果他们打好这一仗，就可以给全球清楚地呈现一个诚实、自信的中国企业形象，"这样的形象对整个中国对外投资的影响都是深远的。"

2015 年 11 月 5 日早间，央视发布消息，美国东部时间 11 月 4 日，三一集团在美关联公司罗尔斯公司宣布，罗尔斯公司与美国政府正式就罗尔斯公司收购位于俄勒冈州 4 个美国风电项目的法律纠纷达成全面和解。

罗尔斯公司据此撤销了对奥巴马总统和美国外国投资委员会的诉讼，美国政府也相应撤销了对罗尔斯公司强制执行总统令的诉讼。被舆论广泛关注的，三一集团诉美国总统奥巴马一案由此画上句号。

根据和解协议条款，三一集团在美关联公司罗尔斯公司可以将 4 个风电项目转让给罗尔斯公司选定的第三方买家。和解协议还明确指出，美国外国投资委员会已认定罗尔斯公司在美进行的其他风电项目收购交易不涉及国家安全问题，欢迎罗尔斯公司和三一集团就未来更多的在美交易和投资项目向其提出申报。

至此，吴佳梁才算真正长舒一口气，感慨道：时间、精力和金钱无不在为尊严而战，无论企业还是个人，尊严都是头等重要。

吴佳梁：起诉奥巴马，打了一场有尊严的官司

田庆军：

成就客户是行业发展的源泉

> 行业的变化更快了，营销要素也随之发生了深刻的变化，除了常规的客户关系、产品与方案、商务条款、交付与服务，又附加了产业与资产、政府关系。

田庆军是 2015 年年初从通信行业转战到风电行业的，作为远景能源有限公司（简称远景能源）高级副总裁，他为远景能源"开疆拓土"，2016 年远景能源新增市场份额冲到行业第二，且新增订单增量凶猛。

"远景来了个田庆军！"有友商忌惮远景能源的销售凶猛，也对田庆军提出了质疑，他们认为"拉客户、引导招标及奇谈怪论会玩坏了这个行业"。

而田庆军却不以为然，他认为这是本位主义下对他的一种误解。

田庆军在华为技术有限公司（简称华为）工作 17 年，从老牌信息通信行业来到新兴风电行业，有其独到的行业见解和做法，被误解也是正常的行业舆情现象。有一次，我们讨论到行业销售，我问他什么是销售，他立刻说，"销售的本质是服务，服务的目的是成就客户。风电行业有这么多能够包容你产品瑕疵且诚信满满的优质客户，你成就了客户就成就了行业的发展。"

　　显然，田庆军对风电行业有自己的感受和思考。服务客户就必须建立客户关系，什么样的客户服务观就会有什么的客户关系。在田庆军看来，"客户关系是检验服务质量的温度计。"

　　在远景能源内部，田庆军分享他对客户服务观的"三点思考"：

　　第一，树立纯粹的客户服务意识，不留杂念。田庆军强调，要拿出"客户虐我千百遍，我拿客户当初恋"的韧性服务客户。因为，只有通过为客户服务，才能间接实现服务社会、服务人类的伟大使命。

　　第二，虚心向客户学习。只有差的市场，没有差的客户，每一个客户都值得尊重，都是学习的对象。向客户学习，学以致用，取之客户，用之客户。

　　第三，全心全意热爱客户。没有客户，厂家的产品就不能称之为商品；没有客户，企业就没有存在的意义。因此，"你没有理由不热爱客户。"

　　有友商认为田庆军的"客户关系说"存在过度销售的嫌疑，不能不令人对行业风气担心。但田庆军认为，这是认知偏见，"不能一说客户关系，就想到请客送礼，这太狭隘。对风电设备提供商来说，有一个高效的客户关系平台，就能更好地为客户提供便捷到位的服务，进而创造客户价值。"

　　实际上，田庆军是在拜访远景能源客户的活动中体会到加深客户关系重要性的。远景能源曾因一家客户拖欠回款和这家客户发生了不愉快的事情，两家的关系一度紧张不堪，这让他十分吃惊；也有客户向他反映，一个项目的建设需要和远景能源的多个部门打交道，麻烦且效率不高，这也是行业的通病。

　　于是，田庆军提出改革远景能源内部的销售体系，以客户为中心建立了"铁三角"客户服务型组织，一角是销售，一角是产品解决方案，一角是售后服务，每个客户部都有个"铁三角"，从售前的技术和产品解决方案到财务与商务，再到后端的交付服务，对每一个客户来说，无论什么样的需求或问题，他只要和远景能源客户部的一位人员对接也就解决了，所有的事情都是一站式解决。这样，远景能源就把服务客户的内部协同工作留给自己，让客户和远景能源打交道变得简单和务实，提高了办事效率。

"铁三角"客户服务组织并不是一个新概念，它出自通信行业的华为，风电行业早有耳闻，正所谓"隔行如隔山"，也就没有哪家整机商采用这种服务组织，但在来自华为的田庆军看来，"隔行不隔理"，通信行业的客户服务经验也可以借鉴并创新应用到新兴的风电行业中来，且得到远景能源客户的认可和好评。

后来，以客户为中心几乎成为风电行业的叙事，头部企业都设立了营销中心，"铁三角"或类似的客户服务模式在行业兴起，成为一种全新的服务。

推出"铁三角"客户服务型组织后，田庆军与客户和市场的距离更近了，他发现随着国内风能资源开发条件渐趋复杂，以及陆上风电上网电价下调压力的骤增，当下及未来风电场投资收益都会变得脆弱，而传统的设备招标模式已不能避免客户风电场开发投资收益上的风险。

在这种情景下，田庆军提出"带解决方案招标"新概念，延展客户服务的深度和广度，期望帮助客户识别内部收益、净现金流，以及动态投资成本等相互关联又相互制约的指标，实现客户价值最大化。但这立刻招来友商的非议，认为田庆军在"引导招标规则，又在行业搞事情"。

田庆军懒得解释，在他看来，整机商带着解决方案投标，意味着服务前置，可以为客户提供增值服务，这是整机商技术能力的一种体现。田庆军坦言，带着解决方案投标，远景能源确实拿到了更多的订单，但并不是只要远景能源带着解决方案投标就拿到了订单，有些项目尽管远景能源把服务延伸到了更前端，包括现场探勘、风场风能资

245

田庆军：成就客户是行业发展的源泉

源精准评估、机位个性化选型、项目建设风险控制等等，但因为设备报价高，而没有拿到订单。

令田庆军欣慰的是，风电项目解决方案招标模式很快形成潮流，成为 2016 年行业最具价值创造的事件。这一模式将风电场作为一个整体产品来开发，挖掘影响发电量提升和成本下降因素的增效潜力，通过优化和迭代实现风电场最优收益。采用这一模式，无论对开发商还是设备制造商，甚至于整个行业的良性发展都有一定促进作用。对整机商来说，必须要从发电量、基础投资、塔筒投资、交付难度、后期相关服务等多个维度做出全方位评估和优化，并和开发商进行讨论和反复迭代，才能做出真正符合开发商投资偏好的经济目标最优方案。也就是说，整机商要想满足开发商的诉求，进而在竞争中脱颖而出，也必须具备提供风电场全生命周期解决方案的技术能力。

对开发商来说，通过解决方案招标引入了以直接价值创造为导向的良性竞争机制，额外获得综合实力更强的供应商所提供的全生命周期综合解决方案。对一个风电场项目来说，开发商能够真正从全生命周期角度核算风电场投资、收益和支出，并在细则上对影响全生命周期收益的技术经济及财务指标进行考量评分，从而选出最佳方案，投资更有保障，开发风电也更有信心。

在田庆军看来，"风电整机商除了要有适合客户需求的机组产品，还要有贯通整条风电产业链的技术能力，在成就客户的过程中成就自己的竞争力。"

尽管田庆军在风电行业如鱼得水，但行业发展之快也让他不得不深度思考，力求走在行业变化的前面。2018 年，我国风电政策和产业发生了很大变化，传统的开发和合作方式已经不适应新的竞价开发模式。在他看来，风电开发商在投标报电价时必须要有一定的前瞻性，要用未来的风电技术来计算投资收益，这样才能在竞价时报出有竞争力的电价，进而赢得开发权。

田庆军：成就客户是行业发展的源泉

　　田庆军看到这样一个事实，2018 年远景能源还在交付 2016 年中标的一些项目，很多项目的机组风轮直径还是 115 米，而 2018 年当年市场上 141 米风轮直径的机组已在大量销售。如果 2016 年能够洞察到未来两年后的情况，进而采用未来机型，那 2018 年的交付就可以最大化提升项目收益率了。

　　这也不难理解为什么田庆军在 2018 年一次行业大型会议上提出了"用未来赢得未来"的理念，也就是整机商要用未来机组产品和技术投标当下的项目。道理也很简单，前几年整机商 2～3 年推出一款新机型，近两年 1 年就推出 2～3 款新机型。按照风电场建设周期，当下中标的机型，要到 1～2 年后才能交付到风电场，这就是说 2 年后建设的风电场所使用的技术并不是最新的技术。

　　但业内有些人持反对意见，认为这会助长 PPT 机型投标的乱象。事实上，陆上风电技术已经很成熟，只要未来新机型获得设计认证就可以用来投标，有 2 年的时间来获得型式认证，开发商采用未来技术可以获得预期回报。后来，陆上风电"用未来赢得未来"成为现实，这一理念也延展到了海上风电。

　　因为陆海风电去补贴，行业压力来到眼前，有些焦虑甚至悲观的情绪在行业蔓延。田庆军率先提出行业"风电＋"的发展思路，从供给侧转向了需求侧，引导行业关注绿电消纳，让风电从"小池塘"迈向"太平洋"。田庆军坚信，"风电＋"带来的智慧、高效、便捷、低廉和绿色定会使各个行业降低成本、提升竞争力。正如互联网使各行各业提高效率，"风电＋"使各行业降本增效成为现实。

　　据我对田庆军的了解，田庆军是认同"行业好才是真的好"的企业高管，这就是为什么这些年来他总是根据自己的洞察力提出风电未来发展理念或思路，以及风险预警。比如业内担心风电平价年的行业增长停滞或不确定性时，田庆军用来自平原、分散式风电和海上风电的调研数据来展示风电的发展空间，以对冲行业的悲观情绪，让同行

247

和投资人看到行业多维度的积极面；当海上风电大跃进、陆上风电抢装可能带来风险时，田庆军在各种场合呼吁关注投资风险和质量管控，谨慎理性乐观。值得提及的是，无论提示风险还是唱响风电，田庆军是立足行业而非企业的小圈子。对他来说，为客户和为行业创造价值的立场是一致的。

现在看，如果把当初那些针对田庆军的一个个质疑放到时间的进程中来看，会发现那些质疑终究还是促进了行业进步，已经不存在争议。

在田庆军看来，一个项目的成功在于"四要素"，也就是"客户关系、产品与方案、商务条款、交付与服务"。他到远景能源后，改变公司内部的销售组织，打通这"四个要素"间的阻隔，建立了"对外成就客户，对内成就公司的产品"的高效营销体系。

随后，田庆军就来了个"三板斧"，亮了远景能源品牌，也给行业带来惊喜。

第一板斧，组织大型技术交流会。2015 年 11 月 27 日，"首届远景能源技术高峰论坛"在云南丽江举行。龙源电力、华能新能源、中广核风电等国内主流风电开发企业相关负责人以及行业知名专家近百人，共同对风电技术前景和发展趋势进行了深入的探讨和交流。

这是行业首家整机企业组织的行业会议，远景能源介绍了振奋人心的机组技术，描绘了一个非常美好的风电技术前景，从行业本身来看，整机企业还有很大的创新空间。此后，远景能源每年都会举行这样的技术交流会，从第二届开始参加人员均超过 500 人，成为行业的技术盛会。

第二板斧，请客户到远景能源参观。在田庆军的提议下，远景能源建成了展厅和云中心，客户通过参观看到了远景能源的科技实力，良好的科技感受打下更稳固的合作基础，打开了更大的共赢空间。

第三板斧，请客户走访样板点。山西广灵山地高风速风电场、云

2023 年 4 月 15 日，田庆军接受媒体采访。

南雪邦山高原中风速风电场、安徽来安丘陵低风速风电场，客户可以
查看远景能源风电机组的运行数据和风电场监控系统，眼见为实，心
里踏实。

　　这三板斧有一个共同特点，都是请客户走出了办公室，沟通交流
的场景发生了变化，和客户拉近了距离，交流起来更为坦诚和亲近，
自然提升了和客户关系的密度。

　　一转眼，田庆军在风电行业耕耘了 8 年，他感慨"行业变化的速
度更快了"，营销要素也随之发生了深刻的变化，除了常规的客户关
系、产品与方案、商务条款、交付与服务，又附加了产业与资产、政
府关系。在"双碳"目标大背景下，开发商做大新能源资产规模的诉
求越来越强烈，而市场上资源竞争又非常激烈，他们希望用手中的订
单换取合作伙伴在规模上的支持，而整机商要获得资源就必须与政府
合作，投资建厂或建设产业园是必需的选项。

　　但是，资源开发过热导致竞争激烈，非技术成本快速增长，行业需要分工协作、优势互补、各司其职。单纯和过度建厂和资源置换，会将先进技术和产品拒之门外。品牌输给价格、价格输给资源的"剧情"已经上演，对田庆军来说，是忧虑也是挑战。田庆军希望"全国统一大市场"的建立能给当下的风电行业发展带来新一轮的阳光。

下 篇

地标之变

1986—2022

　　不歇的风声，流淌的动能，一座座风电地标之变，一场场接力传承，人类已经点亮解决气候挑战的明灯。

马兰 1986，风电离我们近了

荣成马兰风电场，1986 年 5 月建成。

很多人不知道，中国首座商业示范性风电场的背后有航空的"背影"，它的名字叫马兰，由山东省政府和原航空工业部共同投资建设，隶属山东省荣成市电业局，坐落在山东荣成马兰湾畔，紧邻国家级风景区成山头。

1986 年 4 月，马兰风电场安装了 3 台 Vestas 公司 V15–55/11kW 风电机组，同年 5 月并网发电。这是当时全球最先进的风电机组，一如中国风电的"启蒙老师"，站在中国太阳最早升起的海岸边。

这一年，我在读初中。大学毕业参加工作后，我有幸到马兰风电场参观，当我仰望 3 台 Vestas 风电机组徐徐旋转的样子，恍然感到风电与我的距离一下子近了许多，那种憧憬带来的欣喜至今难忘。

因为行业国际交流及其他工作需要，我与丹麦 Vestas、LM 等企业以及丹麦科研机构、丹麦驻中国大使馆建立了深厚的友谊，也参与了中丹风能发展项目实践活动。可以说，丹麦政府、企业和专家学者给予了中国风电很大的支持，帮助中国的风电发展到今天的成就。

2006 年，中丹两国政府正式启动了中丹风能发展项目（WED），通过引进丹麦在风电领域的多年经验和领先技术，以及两国政府部门、研究机构、技术单位、教育机构和电力企业进行合作，促进了绿色经济在全球和中国的发展，已成为中外合作在华发展可再生能源的典范。

正如丹麦驻华大使马磊所说，"中国和丹麦的绿色转型合作始于2006 年，自此以后两国都取得了长足的进步，中国已发展成为全球最大的风电市场，陆上风电率先实现了平价，我相信中国的市场将会持续发展。"

为感谢丹麦政府和企业对中国风电发展作出的贡献，2018 年春天中国风能奖评审委员会向 Vestas 公司颁发了"杰出贡献奖"，2020 年春天向丹麦大使馆颁发了"特别贡献奖"，感谢丹麦为中国风电发展提供的帮助和支持。

中国风能奖是由《风能》杂志社、国家可再生能源中心、风能行业企业及相关机构共同发起的行业评奖表彰活动，旨在向社会传播风能价值，弘扬风能人艰苦创新精神，凝聚风能行业发展力量，缔造积极进步的产业文化。

回到马兰风电场，这座风电场运行到第 23 年时，Vestas 公司调集全球资源免费为它做了深度检修，更换了部分叶片，直到 2015 年才光荣退役。正是这座风电场超出设计寿命 9 年的运行业绩，越发给我留下深刻的记忆。

254

马兰 1986，风电离我们近了

马兰的"秘密"

马兰风电场始于 1983 年。

这一年，山东省政府和原航空工业部组织相关学科的专家学者，对国内外风能发展和利用状况做了广泛深入的考察和论证，并提出了"引进机组、学习经验、旨在实用和便于推广"的风能开发方针，借鉴国外的先进经验，填补国内风电商业化开发空白。

实际上，当时国内不但缺少风电场建设经验和风电并网技术，更没有适用的并网型风电机组，而且也没有风电项目的审批程序。同时，由于严格的外汇管理制度，使用有限的外汇资源购买国外风电机组也有很大难度，但是山东省政府和原航空工业部联手积极解决现实问题，将一个并网型风电商业化项目做实。

由于国内还没有建立风电场项目的审批程序，马兰风电场是按照科研项目"商业示范性"课题立项的。山东能源研究所制定了《项目建议书》大纲。据其大纲，山东气象台完成了风能资源勘测与评估，荣成电业局完成了项目规划、预算和经济评估方案的编制。最终还是按照计划经济管理模式和流程，由荣成电业局提报《项目建议书》，山东省原计划委员会（简称计委）批准项目，山东省政府和原航空工业部共同拨付外汇引进风电机组，山东省原计划委员会拨款 25 万元人民币用作风电场附属设施配套，项目建设由荣成电业局负责实施。

1984 年春天，由山东省原计委、原科委、电业局、能源研究所以及原航空工业部等部门和单位组成的考察团，在丹麦、美国等欧美国家进行了多个品牌的风电机组技术及实际应用考察，最终决定购买 4 台丹麦 Vestas 公司 V15–55/11kW 机型作为荣成马兰风电场示范机组。

1985 年 10 月，4 台 V15–55/11kW 风电机组到岸，到岸价 17.2 万美元，这 17.2 万美元包括满足 5 年使用的维修配件、1 人的安装指导费和中方维护人员赴丹麦的培训费。到岸的 4 台 V15–55/11kW 风电机组，有 3 台安装在马兰风电场，另外 1 台用作研究，5 年后山东工

255

业大学、青岛大华机械厂等单位联合制造了 2 台 FD15–55kW 风电机组，1991 年 5 月安装在长岛。

1986 年 3 月，马兰风电场完成土建施工，4 月 26 日丹方人员进场指导机组吊装和调试，5 月 1 日 3 台机组并网发电。按照山东省政府和原航空工业部的指示精神，自 5 月 8 日起，马兰风电场进入为期 1 年的科研试验期。

1986 年 9 月 1 日，一个雷雨交加的夜晚，风电场侧第一级跌落保险 C 相跌落，导致 3 台组制动系统油泵电机、有机玻璃油槽烧毁，调向电机绝缘性能遭到破坏。

当年的记录显示：1986 年 9 月 1 日 10 时至 12 时 20 分，电网停电，风电场停运；12 时 21 分至 22 时 30 分，风电场正常运行，雷雨、风力逐步增强；9 月 2 日 6 时，风速 12.3 米 / 秒，3 台机组停运，控制盘均示"解列""调向电机过载""油泵电机过载"，值班人员复位不成，进一步检查发现油泵电机、有机玻璃油槽烧毁，调向电机绝缘老化。

风电机组遭遇重创的原因，在于风电机组与电网设计不匹配。风电场连接线路是按以往电力线路设计规程设计的，即在电力线路中逐级使用 T 接跌落保险作为分级开关；风电场变压器高压侧虽设有 GG1A10kV 户内断路器，但户外仍使用跌落保险作为进户开关。可在欧洲，其电力线路大多使用断路器（三相联动）作为分级开关和进户开关，因此在 V15–55/11kW 风电机组设计上，当机组出现缺相时只切除大发电机和小发电机，而不切除伺服电机，这是基于伺服电机在特殊情况下的重要性而做出的设计选择。

当时，指导机组安装的丹麦工程师曾要求中方把跌落保险拆除，而按照当时国内相关的电力线路设计规程，是不能把跌落保险拆除的。设置跌落保险的目的，在于保护电网线路的安全。用跌落保险作开关，即使风电场主变压器出现了问题，也不会影响到电网整条线路的安全。

事故以后，山东电力局同意将风电场与联网变电站间的三组 T 接跌落保险及进户跌落保险全部短接。就这样，丹麦工程师要求拆除而没有拆除的跌落保险，终在这次事故后被拆除，足见当初山东电力局对风电场的呵护。

需要提及的是，1987 年 3 月，1 台国产 20 千瓦风电机组由荣成瓦房庄迁装到马兰风电场，这台机组因为液压系统问题，一直故障连连，终在几年后被拆除，这表明当时国产机组与 V15–55/11kW 机组的差距。这台机组由浙江机械科研所研制，采用直升机"直 –5"的旋翼桨叶，1982 年安装在荣成瓦房庄。

到 马 兰 去

马兰风电场是我国风电商业化的开山鼻祖，更是风电奋斗者参观学习的"圣地"。风电场建成并网后，先后接待过海南、内蒙古、广东等地的 18 个考察团队，37 批高校、科研院所和相关机构的专家学者团组，以及 30 多位国家部委、省、地级的领导。即便到了 20 世纪 90 年代末，荣成马兰风电场也是风电年轻人最想去参观的地方，我也有幸成为到过马兰风电场学习的风电人。

23 米高的塔架，徐徐旋转的叶片，马兰风电场发电的消息传遍当地。很多荣成人坐船、乘车，来看风车的神秘和神奇，尤其是神道沟和道南姜的村民更是对风车恋恋不舍，多么希望也有一台为村里发电的风车！

其实，1981 年冬天，神道沟村和道南姜村的村民就自己动手造过风电机组，他们让风力发电的梦想比别人做得更早，也更深刻。那时这两个村，每个村出资 10 万元，在一个退休回乡工人的带领下开始了"梦想制造"。他们要造 560 千瓦的风电机组，村民们看见了一个船用发电机，一个自行车轮毂一样的大轮子上挂着帆，可惜没有成功。

参观马兰风电场，有村民说那时"想得太简单"，他们距离发电

257

成功还有"十万八千里"。有村民调侃道，"俺们到这儿过过眼瘾就足够了，能让全国各地有本事的人到这儿来看看外国风车的门道，这对俺们当地人来说，也是很有面子的事。"

1986 年 6 月至 1987 年 5 月，一些科研部门和院校的专家、学者，在马兰风电场进行了 V15–55/11kW 风电机组空气动力、机械结构、并网技术等多项研究，明确了定桨距、异步并网风电机组的应用价值点，为我国风电机组制造和风电场建设提供了一种可能。

从技术上看，柔性传动是 V15–55/11kW 风电机组的显著特点。主轴采用双列向心轴承，齿轮箱悬浮在主轴的被动端可以晃动，齿轮箱被动轴与发电机的连接采用了双列万向球联轴器，塔架也柔性地对地连接。

以柔克刚可以抵御疲劳破坏、延长风电机组的使用寿命。马兰风电场之所以能够延长使用寿命，无疑与机组的柔性传动结构有关。另外，先进的零部件也为这些机组延长使用寿命作出了贡献。其中液压系统采自匈牙利，发电机采自捷克，齿轮箱采自德国，出口继电器采自日本，功能继电器采自美国，可以说汇集了当时世界最先进的风电零部件。

当时，一些来马兰风电场考察的企业人员，尤其对 V15–55/11kW 风电机组的零部件以及随机组带来的维修配件和工具更感兴趣。有的厂家专门来看维修工具，有的厂家专门来看接触器，他们真是大开眼界！有些来访的企业人员，希望带走个别部件或工具，以供学习和研制。一家温州企业负责人带走一只调向接触器，一家青岛企业借走高空作业保险带，后来市场上就出现了类似的产品。但产品质量与 V15–55/11kW 风电机组使用的接触器还有较大的差距。

2002 年 10 月，荣成电业局主管生产的副局长参与了一次电气产品招标会，一家浙江知名企业称其生产的调向接触器使用寿命超过 2 万次。而根据荣成电业局的测算，1986—1996 年的 10 年间，V15–

55/11kW 风电机组使用的调向接触器大约动作了 100 万次，且完好无损。山东工业大学材料科学系对一只调向接触器的触点材料进行分析，未知的材料成分占到 50%，鉴于当时的实验室水平，最终也没有解开谜底。

23 岁马兰重现活力

2009 年春天的一次会议上，Vestas 公司中国市场副总裁徐侃和我聊到了荣成马兰风电场，他说这个风电场已运行了 23 年，Vestas 公司和荣成电业局达成"马兰风电场全面大修"计划，期望这座中国最早的商业化风电场继续跟着风行走，成为业界研究中国风电发展史的"活化石"。

2009 年 7 月，Vestas 公司的工程师来到荣成马兰风电场完成了 3 台风电机组的全面检测工作，确定需要更换和修复的备品备件，及所需的技术设备和工具。

这 3 台风电机组自 1985 年并网运行以来，到 2009 年 5 月 8 日，已运行了整整 23 年。其中，3 号风电机组一直正常运行，而 2 号风电机组和 1 号风电机组则分别因 2006 年、2008 年叶片根部出现裂痕而人为停运。

由于 3 台风电机组已超出了额定运转 20 周年的使用寿命，普遍存在磨损和锈蚀等问题，其中 2 号风电机组的机舱盖在 2007 年 3 月的一场大风中落入大海，致使这台风电机组的零部件长时间暴露在外，锈蚀更加严重，要靠针对性的维修方案来解决恢复运行的问题。

尽管 3 号风电机组还在发电，但 Vestas 公司的工程师认为这台风电机组的叶尖问题严重，到了非修不可的地步。由于这款机型早已停产，Vestas 公司只好在全球范围寻找资源，以解决马兰风电场的风电机组大修问题，来自美国的 4 支叶片和丹麦的零部件解决了部件更换难题。

259

8月9日到16日，5名Vestas公司工程师在马兰风电场进行了一周的维修作业，按计划完成了3台风电机组的大修，更换了叶片及其他零部件，重现往日的发电活力。

Vestas公司在马兰风电场维修的日子里，鉴衡的工程师也到现场调研，有两个细节令人印象深刻。一个是Vestas公司工程师团队的环保意识，他们无论在空中维修叶尖，还是在地面修补机舱罩，每个工程师把作业产生的所有垃圾放入腰间的布兜，而不是随手丢弃；另一个是Vestas公司工程师团队的责任意识，维修工作结束后他们给出了针对马兰风电场的后续运行建议，鉴于23年来的运转和磨损，风电机组运转需要密切监控，建议荣成电业局维修人员继续进行后续的维护工作，每3个月、6个月分别对偏航系统和发电机、主要轴承部件添加润滑油，以及更换1号和2号风电机组的齿轮油等具体的维护事宜。

这次大检修后，马兰风电场又继续运行了6年多，到2015年年底才退役。实际上，在这座风电场退役之前，荣成电业局已将包括土地在内的风电场资产卖给了烟台的一家公司。

最知马兰的人

谈论马兰风电场，刘鉴昭是一个绕不过去的人物。

1981年冬天，作为荣成电业局的工程师，27岁的刘鉴昭在荣成瓦房庄进行风力发电试验，但试制机组运行故障颇多，让他很伤脑筋，一直找不到好的解决办法。尽管刘鉴昭1981年开始与风电结缘，但他真正成为风电工程师是从到马兰风电场开始的。

丹麦Vestas公司V15–55/11kW风电机组运抵马兰风电场不过几天，他就去丹麦Vestas公司接受培训，回到荣成电业局后参与了马兰风电场建设的全过程。他说从此他和马兰风电场成为相互的影子，来自丹麦Vestas公司V15–55/11kW风电机组图纸跟随了他多年，此前是放在摩托车的工具袋，后来放到小汽车的后备箱。

在马兰风电场 20 年的设计使用寿命期内，仅有的一次事故是 1986 年 9 月 1 日那个雷雨交加的夜晚，3 台风电机组因电网设计问题而遭受的重创。马兰风电场停运，刘鉴昭急在心中。当他得知由于发货时间和通关原因，Vestas 公司配件需 2 个月才能到场的时候，他萌生在荣成当地修复的想法。

刘鉴昭在一家玻璃钢厂重新加工制作了油缸，在一家微电机厂修复了 3 个油泵电机和 2 个调向电机，仅用 7 天时间就使风电场恢复了正常运行。出乎意外的是，荣成的这家微电机厂却从维修的油泵电机上发现了一个秘密，令师傅们喜出望外。

当时，这家微电机厂在省内较有名气，专为龙口电扇厂提供电机，而那时龙口电扇厂生产的电扇产品行销全国，是一个知名的全国品牌。那么，师傅在拆修 Vestas 公司风电机组油泵电机的过程中发现了什么秘密呢？原来，师傅拆开油泵电机后，始终找不到固定定子铁芯的螺栓，这很奇怪。按照当时他们制造微电机的工艺，定子铁芯的芯片是用螺栓来固定的，这也是当时的行业做法。师傅无奈，只好按照他的惯例，把定子铁芯放到火上烧，这一烧，定子的铁芯就散了，这时师傅才惊奇地发现，这个微电机的定子铁芯的芯片根本不是用螺栓固定的，而是一片片黏合起来用力压牢的。后来，师傅做了试验，果真如此。此后，荣成的这家微电机厂就改变了多年的铁芯芯片固定工艺。

通过紧张的工作，3 台风电机组修复运行。风电场正常运行后，刘鉴昭继续他的疑问：为何风电机组没有启动自身的缺相保护呢？最终他和专家的分析认为，尽管在这次缺相事故中，Vestas 公司 V15-55/11kW 风电机组受到重创，但机组在设计上还是合理的。在遇到供电缺相时，机组唯独不把刹车和调向切掉，宁可让油泵"自残"，也要用尽最后一点力量把油液打上去，以实施刹车；宁可烧掉调向电机，

261

也要使桨叶顺桨，以控制事故使其损失最小化。

一年又一年，马兰风电场渐渐出现了"疲态"，刘鉴昭也已过了知天命之年。每次来到马兰风电场，刘鉴昭都会挨个抱着塔架倾听风电机组运行的声音，以判断风电机组的运行情况。他越来越感到，它们就像自己的孩子、自己的知心朋友！他对它们的感情很深很深。

2004年4月的一天，刘鉴昭听出了2号风电机组的叶片问题，随即爬上了塔架，经检查发现，一支叶片的叶尖配重块脱落，随着叶片的旋转在叶片内部作往复运动，破坏了叶片的平衡。没有配件更换，2号风电机组带病运行，他心里很不忍，但无能为力，只是多了一份担心。2006年2月的一天，刘鉴昭"听见"了2号风电机组的叶片问题，爬上塔架一看，发现叶尖配重块脱落的这支叶片，其根部出现了裂痕，这让他后悔没能解决叶尖配重块脱落问题。事已至此，只好让2号风电机组停运，这更令他格外伤心。

实际上，到2006年5月，3台风电机组都已到了设计使用寿命。2008年4月，1号风电机组一支叶片的叶根同样出现了裂痕，也只好让它停运。此后的日子，刘鉴昭再来风电场，总是感到心里空空落落。

2008年12月，刘鉴昭与Vestas中国公司进行了联系，请他们提供维修部件，恢复1号和2号风电机组的运行。这就有了2009年8月Vestas公司工程师来马兰风电场对3台风电机组进行大修并更换叶片的作业场景。

达坂城，不会消失的"风电历史博物园"

达坂城风电一场，1989 年 10 月建成。

达坂城风电二场，1992 年 12 月建成。

确切地说，作为过去的一个标记，新疆达坂城风电场不仅不会从我记忆里淡去，而且依然会是我心中的高地。在我加入风电行业的前几年，常和同事去那座"风电历史博物园"学习与调研，更重要的是结识了王文启、于午铭、武钢等良师益友，正是得益于前辈的帮助和鼓励，鉴衡人才能为中国风电行业发展作出专业的贡献。

至今我还记得 2012 年春节武钢给我发来的拜年短信："小秦，我代表金风人向你们表示敬意，没有你们就没有中国风电的今天。从 10 多年前第一版《规范》在新疆天池出台，到如今鉴衡品牌得到国际领域的认可，这期间有多少的付出和艰辛！为了中国风电事业，你们坚守、坚韧，持之以恒，中国风电界感谢你们！"

武钢在短信中提到的《规范》，是我国高技术研究发展计划（"863计划"）课题中的《风力发电机组规范》（简称《规范》），我和武钢都是这部《规范》编写组的成员。

那时，武钢在金风科技担任常务副总经理，1998 年 6 月 16 日是他风电人生中值得纪念的一个日子。这一天，金风科技首台 600 千瓦风电机组在达坂城风电场并网发电，引起国内外关注，有国外评论将此称为"大型风电机组中国化的开始"。

从 1989 年到 2009 年的 20 年间，达坂城风电场投运的国内外各类机组超过 300 台，涉及 10 多个制造厂家的 30 多个机型，单机容量从几十千瓦、几百千瓦到几千千瓦，成为探索中国风电发展道路的大本营，由此沉淀构成了一座足以反映中国与世界风电关系史的"博物园"。

即便风电机组退役，人们看不到它的实体身影，但它发过的电，换过的部件和大修都会以纸质或数字的方式成为达坂城风电场记忆中的一部分。有些机组在这儿完成了生命旅程，退出历史舞台；有些机组刚刚站在这儿，开始实现一生的绿电使命，正在创造历史的机组终将成为达坂城"风电历史博物园"不会消失的记忆。

斜着生长的树木

达坂城位于天山山脉中部一条谷地的终端，西北连接广袤的准噶尔盆地，气温相对较低，冷空气入侵频繁，气压变化较大；东南则连接吐鲁番、托克逊盆地，是世界著名的"热极"，夏季气温经常在40摄氏度以上。这样，达坂城谷地就成了两大盆地冷热气流交换对流的通道，特殊的气象与地理条件造就了达坂城谷地几乎常年不衰的大风，不是来自东南的热风，就是来自西北的冷风，"吹歪了老汉的胡子，吹歪了姑娘的裙子，吹歪了地上的树"，但对于依风发电的风电机组来说，达坂城是风水宝地。

我记得，有一次我和于午铭老师聊起达坂城的风能资源，他提到了唐代诗人岑参的诗句："轮台九月风夜吼，一川碎石大如斗，随风满地石乱走"。于午铭老师感慨，千百年来，任性的风，除了给达坂城的百姓造成生活上的不便与灾害，几乎想不到它还能给这片土地带来什么样的希望和收成。

直到1989年10月，历史发生了改变，因为一片"发电风车"的崛起，达坂城在中国乃至世界风电发展史上有了地标意义。这一年，总装机容量2050千瓦的达坂城风电场，成为当时中国也是亚洲规模最大的风电场。

这时候，人们再来达坂城，风中的"大风车"成了风景。到今天，想到达坂城的风，我的脑海里依然会出现一棵棵"斜着生长的树"。由于冬季长期受风力作用，这儿的树均长不高，树干大多向东南方向倾斜，别具一格的"歪歪树"，却是达坂城"风能富矿"的显著特征。

1987年5月，由中国外经贸部和丹麦外交部国际开发署（Danish International Development Agency，DANIDA）联合组成的项目评估团到新疆达坂城考察，王文启老师全程进行了陪同，带他们考察达坂城柴窝堡风电试验场、走风区。丹麦官员看到这儿斜着生长的树后，立刻驻足观看，一边照相，一边赞叹这儿的风能资源是"世界上少有的风

265

能富矿"。

正是这次考察和评估，DANIDA 决定增加赠款的额度支持这里的风电开发，希望新疆达坂城成为中国的"加利福尼亚"。

规模化风电场兴起于美国加利福尼亚州。20 世纪 80 年代初，大量的丹麦风电机组被运往加州 Palm Spring 一个拥有 1000 多台风电机组的大型风电场，帮助加利福尼亚拥有了当时全球最大的风电场。加利福尼亚风电开发的成功经验增加了人们对风电技术的信心，继加利福尼亚之后许多国家和地区大力发展风电。

柴窝堡湖畔的试验

谈论达坂城风电，王文启是一个绕不过去的人物。从风电试验到请"洋拐棍"，再到"丹麦增款"、规模化项目装机，都有他的印迹。

20 世纪 80 年代初，新疆水利水电研究所的科研人员在所长王文启的带领下，开始了风力发电探索，这在当时曾被有些人讥讽为"想干月球上的事情"。

但是，王文启不为所惑，继续进行风力发电试验，直到 1985 年 11 月，他随同时任新疆维吾尔自治区副主席黄宝璋、新疆水利厅厅长维吾尔、原水电部农电司王兰一起参加了原水电部组织的风电考察团赴欧洲考察回来之后，风力发电试验工作终于有了实质性进展。

王文启主导的风电试验工作得到了黄宝璋副主席的全力支持，新疆水利厅也专门成立了由王文启任所长的新疆风能研究所，由此拉开了达坂城风区风电试验开发的序幕。

此后，在新疆维吾尔自治区政府的大力支持下，新疆风能研究所筹资购买了丹麦 Wicon 公司 55 千瓦独立运行风电机组与 100 千瓦并网式风电机组各 1 台，在达坂城谷地的柴窝堡湖畔建立了风力发电试验场。

多年过去，王文启老师 80 岁那年，我和他聊起当年柴窝堡风力发电试验场的往事时，叙述当年他依旧激情澎湃，让我深受感染。他说他下那么大的决心，花那么大的精力，用那么多的工夫，一定要建设好柴窝堡风力发电试验场，可不只仅仅为了电量，更大的野心是培养中国风电自己的队伍和人才。也正是这样的想法，在购买丹麦Wicon 公司的两台风电机组时，他执意把中方人员到丹麦接受培训写进了合同。1986 年 10 月，新疆风能研究所的首批人员走出国门，到风电先进国家接受培训，为达坂城风电场后续建设积累了技术力量。

1986 年 11 月，丹麦 Wicon-100kW 并网机组和 Wicon-55kW 独立运行机组运抵柴窝堡。于是，在那"人心炽热"而气候寒冷的冬天，王文启带领一些年轻的学生，硬是在柴窝堡湖畔立起了两台"大风车"，1987 年元旦那天，正式投产发电。

柴窝堡风力发电试验场立起了风电机组，实现了零的突破，可下一步怎么办呢？知识不够，没有经验，甚至连教训也没有。那就请个"洋拐棍"带着走路吧！王文启想到了英国人 Lipman 教授。王文启是在随原水电部组织的风电考察团赴欧洲考察时结识 Lipman 教授的。于是，他邀请 Lipman 教授来新疆达坂城，Lipman 教授在柴窝堡风力发电试验场做过一段时间的讲学和研究，认为这儿是"世界上少有的风能富矿"。

Lipman 教授回国后，推荐了一对年轻的英国夫妇来到新疆达坂城，做风能技术培训和风能开发利用的"援助工作"，丈夫 Paul Gardener 是风能资源分析专家，妻子 Elisen 是教育心理学专家。他们不计报酬，在达坂城工作了 7 个月，一天接着一天，从早到晚忙个不停，Paul 除了为风力发电试验场人员上培训课，还要做达坂城风区风能资源的收集、分析和研究工作；Elisen 则选择适当的时间和员工谈心，围绕风电发展做心理辅导，还分级举办英语培训班，初级的、中级的、高级的，所有员工都能找到适合自己的班级。那一段日子，英语几乎成了达坂城柴窝堡风力发电试验场的"官方用语"。

267

达坂城，不会消失的"风电历史博物园"

Paul 回国后，写了一篇题为"新疆达坂城——中国的加利福尼亚？"的文章，发表在一本国际知名的能源杂志上，具体表述了他在新疆达坂城做风能资源研究的情况，公布了新疆达坂城柴窝堡风力发电试验场两台机组"惊人"的运行数据，引起了世界风电界的高度关注。据此，国外有评论预言，"新疆达坂城将成为中国的加利福尼亚"，也就是会成为世界上最有影响力的风电场所在地。

来自丹麦的赠款

1986 年 7 月，在北京举办的一次展览会上，王文启遇到了丹麦 Vestas 中国区销售代理，这位代理问他愿不愿意扩大风电场规模，王文启说当然愿意。

这位热心的代理立即带王文启见丹麦政府的官员，但没有见到，可这位代理很执着，把他带到了中国外经贸部大门口，且给大楼里的人打了个电话。

就这样，王文启在外经贸部大门口见到了一位姜姓官员。几乎没什么寒暄，王文启直奔主题，对这位官员说，"这位丹麦 Vestas 的朋友告诉我，我们新疆风能研究所可以使用丹麦贷款建设风电场。"

"可以。"姜姓官员说，"但你要立项，写项目建议书，先到你们自治区计委审批。"

原来，丹麦外交部国际开发署（DANIDA）有个贷款项目要和中国外经贸部一起执行。这之前，王文启并不知道这一信息。喜出望外的王文启赶紧回到宾馆收拾东西，退房，火速赶往首都机场，心想：我们不只是要做试验，还可以建设达坂城风电场了。

回到新疆，王文启找到自治区副主席黄宝璋，当面汇报了可以申请丹麦贷款建风电场的事情，得到了黄宝璋主席的允许和支持。那一段时间，王文启从新疆到北京、由北京回新疆，这样来回跑，缺什么文件补什么文件，直到外经贸部的官员说"可以了，先放这儿吧"，他才终于松下一口气。

到了这年的 10 月下旬，外经贸部在武汉东湖宾馆召开会议，其主要内容是介绍如何申请国外的贷款项目，以及项目可行性研究报告的撰写。当时，会上立项项目有 50 多个，但风电立项项目仅有达坂城风电场这一个。这也引起了丹麦政府一位负责贷款项目官员的特别重视，这位官员找到王文启，问他可行性研究报告的准备情况，一再说达坂城风电场是个好项目。

但是，王文启却强调了这个项目的困难。他向丹麦官员这样解释：新疆维吾尔自治区政府批复的文件是，最多只能贷款 100 万美元，即便这样，怎么能还上这 100 万美元的贷款，也是个大难题。"新疆风电上网电价套用小水电标准，每度电只有 5 分钱，我们就是一辈子不吃不喝也还不上啊！"可这位丹麦官员却坚定地告诉王文启，"可研报告一定要继续写，贷款的事情我来想办法，改成无息贷款。"

会议结束的前一天，丹麦官员又找到王文启，说无息贷款 35 年还清。王文启乐呵呵地说，"那时我早就不干了，找不到我啦。"

"不急！"丹麦官员认真地说，"到北京再想办法。"

后来，王文启就得到了外经贸部姜姓官员的通知，"你们这个项目通过了，丹麦对这个项目十分有兴趣，给你们改为一半贷款一半赠款，各 160 万美元。"

1987 年 11 月，丹麦国家实验室 Risø 几位专家来到达坂城实地考察研究，写出了达坂城风电场可行性研究报告。通过这份报告，经协商，丹麦政府同意将混合贷款改为全额赠款约 320 万美元，以支持中国边疆民族地区的风能资源开发利用。而中方则负责土建、电网等配套建设，投入费用约 700 万元人民币。

此后，由中国技术进出口集团有限公司代理，进行了风电设备招标。引进丹麦赠款这件事，因 Vestas 中国区销售代理而起，但设备招标的时候 Vestas 公司正遭遇经营上的困难，没能参加这次招标，这令

269

王文启深感遗憾。

在对投标厂商进行资格审查时，王文启和同事到了丹麦，一连考察了 4 家投标商，几经比较，最终选择了 Bonus–150kW 失速型机组。接下来，和 Bonus 公司有一个商务谈判，包括购买多少台风电机组，塔架怎么配，需要配备多大吨位的吊车（当时国内吊车吨位比较小，达不到机组吊装要求）等等。其实这是一个 320 万美元的一揽子商业合同，从生意的角度看，中方希望尽可能多地采购机组设备，而丹方也想尽可能地"用完"这 320 万美元。按照丹方的想法，除去其他必需的项目，可以买到 11 台机组设备。

可真正进入合同内容的实质性谈判时，却发生了两件不愉快的事情。

一件事是，丹方强调，因为内战或天灾等因素，致使设备不到位，丹方不负责。这一条款令王文启很不爽。他说，"我们国家不可能发生内战，"并坚持去掉这一条款。于是，双方一番争吵，最终还是取消了这一条款。

另一件事是，丹方安排了一家叫科威的咨询公司帮助中方做风电场设计工作，当然也要取走 320 万美元的一部分。这也是合同内容一个"必须"的项目条款。王文启当即表态："不需要这项服务。在新疆，我们自己完全可以做好这项工作。"对方说，"那不行。丹麦援助约旦等国家的风电场都是这家公司设计的。"

双方僵持不下，这件事就传到丹麦驻中国使馆的一位参赞那儿，这位参赞立即飞到新疆实地了解情况，然后，通过电话对丹麦相关人员说了两句话："约旦是约旦，中国是中国，王先生这儿的情况我知道，就按王先生的意思办；王先生这儿已经做了大量的富有成效的前期工作，他们自己可以做好风电场的设计工作，那就由他们做，相信他们好了。"

王文启认为，尽管双方在合同谈判上有分歧，甚至有过激烈的争执，但还是很真诚、很友善的，毕竟都想把好事做好。最终的谈判结果是，中方采购到了13台机组设备，还有一台法国75吨吊车，以及对中方人员的技术培训。

亚洲最大的风电场

1989年4月，从丹麦起运、由海运而来的机组设备已经到达中国的港口。风电场施工最初的工作基本顺利，但进入设备安装阶段时却遇到了"很意外"的问题：本该早已到场的法国吊车被"卡"在俄罗斯里加港口，致使已经运抵风电场的13台机组设备只能摆在场地。

尽管王文启通过多种渠道和方式向对方交涉，但仍旧无济于事。

盛夏的达坂城酷热难当，王文启和他的同事们显得更为焦灼：国内没有符合吊装要求的吊车，而负责机组安装、调试的厂家工程师，以及负责工程监理的丹麦工程师均已来到了风电场，只欠法国吊车的"东风"了。等还是不等？王文启决定，不等！

于是，王文启就和当地吊装公司的师傅一起讨论，考虑吊车的吨位，制定了新的吊装方案：三节塔筒两次起吊，即先在地面把两节塔筒组装，完成起吊后，再进行第三节塔筒的吊装。为了加大保险系数，起吊塔筒时使用了三台吊车，一台吊车在中间起吊，另外两台吊车分别在一侧"抬升"，以确保起吊安全。

而丹麦工程师们对这个吊装方案提出了异议，称"这样的塔筒吊装方案在丹麦、在其他国家从未有过！"他们认为，必须先在地面组装好三节塔筒，再整体吊装。没有符合要求的起吊设备，就不能进行机组吊装。

"你们没有做过的事情，我们就不能做成吗？"王文启的不妥协，惹怒了丹麦工程师们，他们气愤地说，"出了任何问题，都由你们自己负责！"

"我当然会负责！"王文启坚持己见，大胆实施新的吊装方案。

而丹麦工程师们也很执着，他们又是记录，又是照相取证，以证明这样的机组吊装不是他们想要做的。

王文启老师向我讲起当年与丹麦工程师的这场争执时说，那时候什么事情能干、什么事情干不了，他心中还是有数的。实践证明，当时采用的吊装方案是成功的，13 台 Bonus-150kW 机组全都顺利完成安装，加上原柴窝堡风力发电试验场迁移来的丹麦 Wicon-100kW、Wicon-50kW 风电机组，总装机容量达到 2105 千瓦，但 Wicon-50kW 机组独立运行，只用于冬季采暖、夏季供水，风电场并网容量为 2050 千瓦。历经 6 个月的施工和调试，于同年 10 月 24 日整场并网发电，成为当时中国也是亚洲装机规模最大的风电场。

而此时，专为 13 台机组吊装而购买的法国 75 吨吊车依旧被"卡"在俄罗斯加里港口，依旧没有起运的消息。直到来年，这台吊车才来到达坂城风电场，为机组维护以及新疆风能公司的生产经营作出了很大贡献。

达坂城上空的风电机组

到 1989 年 10 月 24 日，达坂城风电场上空运行的 15 台风电机组中有三种机型，一种是丹麦 Bonus-150kW 定距失速型，风轮直径 23 米，圆锥管塔，轮毂高度 24 米；另一种是丹麦 Wicon-100kW 定距失速型，风轮直径 19 米，多棱锥管塔，轮毂高度 23 米；还有一种是非并网独立运行的 Wicon-55kW 机型。

后来，我国政府部门改革，原水利电力部分开，新疆维吾尔自治区电力局引进丹麦政府混合贷款（一半赠款，一半贷款）扩大达坂城风电场装机规模，建设达坂城风电二场。这样，1989 年 10 月建成投产的达坂城风电场为一场。

新疆电力局组织人员到丹麦考察，选购了 8 台机组，其中 Bonus 公司 300kW 机组 4 台，Nordetank 公司 300kW 机组 4 台。就 8 台机组，为什么还选用了两家供货商？新疆电力局解释，"Bonus 公司为我们拿到这笔混合贷款作出了贡献，选他们的设备算是一种回报，何况从 Bonus 机组运行情况看，机组本身也很不错。因为在做这个项目时，我们考虑到了国产化问题，自己能做的部件就不进口。选择另一个制造商的机组是为了比较和鉴别，为机组国产化奠定基础。"

1992 年 12 月，达坂城风电二场并网发电，装机容量 2400 千瓦。到 1994 年 12 月，达坂城风电二场装机容量达到 1.01 万千瓦，成为国内首家装机容量超过 1 万千瓦的风电场，其中 4 台 Bonus-500kW、风轮直径 35 米的失速型机组为当时全国单机容量最大的机型。1995 年 8 月，原电力部在达坂城召开现场会，总结推广达坂城风电开发经验，推动全国风电开发利用。会议由时任副部长汪恕诚主持，引起全球关注。

20 世纪 90 年代，在国家改革开放大背景下，利用外资开发建设风电场的步伐加快。1995 年至 1996 年，新疆风能公司利用德国政府"黄金计划"扩建达坂城风电一场，共接收援款 380 万美元，引进了 Tacke、Jacobs 等厂家的 8 台大型风电机组，装机容量增加了 4050 千瓦，其中 Tacke-600kW 机型 1996 年投运时为全国单机容量之冠。

"黄金计划"由德国政府 1995—1996 年推出，该计划可提供设备价格三分之二的赠款援助，支持发展中国家建立风力发电和其他新能源项目。我国在风电方面共实施 6 个项目，这些项目的实施不仅扩大了我国风电场的规模，也引进了多个外国厂家的不同技术，为大型风电机组国产化研制提供了技术帮助。

正是得益于"黄金计划"，新疆达坂城风电一场扩大了规模，更重要的是引进机型代表了当时世界先进水平。1997—2000 年，金风科技（前身为新疆新风科工贸公司）与新疆风能公司、新疆风能研究所研制的前 10 台 600 千瓦国产化机组在达坂城风电一场投运，一场也因此成为金风科技国产化机组最早的试验基地。

273

到 2004 年，达坂城风区已成为世界风电机组的"博物园"，汇集了此前世界各地的多种机型，单机功率从 30 千瓦到 1500 千瓦。对中国风电来说，达坂城风区又是一个试验基地，新技术、新部件、新机型都可以来这儿试验和实战，由此可以预见中国风电未来。

早期项目价值影响

2000 年到 2004 年的 5 年间，几乎每年我都要和同事到达坂城风区调研或进行某些检测试验。在达坂城，有一次我和于午铭老师谈起达坂城风电的价值，他说从一定程度上说，"达坂城项目起到了种子的作用。在中国尤其是早期，凡是搞风电的人大多来过达坂城，凡是中国搞风电的地方，也几乎都可以找到新疆人的身影，这种影响对中国风电发展产生了积极作用。"

首先是观念上的影响。比如，新疆风能公司就是根据丹麦政府赠款项目要求而成立的。接受这个项目的时候，丹麦方面提出"科研单位（新疆风能研究所）不能经营风电场"的要求。为适应这一要求，1998 年 6 月新疆风能公司成立，由其管理和经营达坂城风电场。正是企业化运营促进了新疆风能公司不断壮大，逐步脱离水利厅，成为新疆国资委管理的地方国企，也催生了后来的金风科技的诞生。再比如，该项目在丹麦实施设备招标，由中方进行评标，即使丹麦制造商也不能躺在援助项目上吃饭，也要依靠竞争拿到援助中国的项目。新疆风能公司的管理人员在项目合同中第一次看到了监理工程师的职责，起初很不理解，因为那时国内还没有工程监理这个概念。新疆风能公司在后来的某些工程建设中，也内部模拟了工程监理这一监管方式，确保了工程质量。又比如丹麦人严谨、细致的工作精神，也让我们受益。他们做事很有计划性，明天要做的工作，今天晚上必须做好一切准备，要用的工具，也要对着清单一一检查。由他们组织的会议或会谈，不仅内容具体、详细，就连时间安排也要具体到几点几分。这些细节都

274

在当时的新疆风能公司产生了"震动"。于是，新疆风能公司也在后来的日常工作和对外接待活动中予以应用，可在国内接待活动中的应用却被调侃："你们这是火车时刻表吗？"一张小小的日程表反映在观念上，绝不是一张纸的差距。

其次是技术上的"吃惊"效应。控制系统是该项目的最大亮点，主控室就一台计算机，而且可以显示每台机组的即时数据，这在当时连搞电站监控技术的人也感到吃惊。该项目中央监控系统由286AT微机和三条数据采集链路组成，一条连接6台风电机组，一条连接7台风电机组，一条连接测风塔，记录包括风速、环境温度、大气压力、空气密度、机组状态、运行小时数、功率、发电量、日期及时间，以及机组故障显示和记录，并实时监测有功功率、无功功率等，还可以遥控机组启动、停机、复位、偏航等，还可以根据记录数据统计，打印生产率、利用率、故障、产量及风能资源分析等。"就其功能而论，是当时国内引进机组中最完善、先进的一套监控系统。"这为国内引进风电项目提供了标杆，也为国内风电场中央监控技术学习和研发提供了借鉴版本。

第三是项目附加的"学校"作用。随项目合同"捆绑"的，是走出去、请进来的学习和培训方式；随设备而来的，是丹麦专家的技术服务以及现场培训。"这个项目最大的附加值，就是它发挥了学校的作用，不只是培养了新疆本地的风能技术人才，也让全国的风能人受益匪浅。"

具体到1989年10月建成的达坂城风电一场，我看到的一份资料显示：1991年9月4日，该项目通过了由水利部科教司主持的科技鉴定，获得1993年度水利部科技进步三等奖。15名中外专家一致认为，"该项目技术指标优异，发电设备平均年利用小时数为2749小时，已达到世界风电场运行先进水平，在国内处于领先地位。该风电场建设为我国风力发电事业提供了有益经验，起到了很好的示范作用。"

275

达坂城，不会消失的"风电历史博物园"

　　说到 1992 年 12 月建成的达坂城风电二场，一位在原国家计委工作的专家朋友告诉我，新疆电力局在引进机组时并没有进口塔筒，而是在国内制造塔筒。从那以后，原国家计委下发文件，要求风电开发企业不再从国外进口塔筒，新疆电力局能做到的事情，其他单位同样可以做到。可以说，达坂城风电二场建设创造了塔筒国产化的历史。

达坂城，不会消失的"风电历史博物园"

辉腾锡勒，因风电而生的地名

　　爱旅游的人大多知道中国内蒙古有一个叫辉腾锡勒的大草原，草原上有一些站在高处徐徐旋转的风力发电机，但是少有人知道，1993年之前内蒙古并没有"辉腾锡勒"，它来自于一次风能资源普查和一个人的激情与梦想。这次风能普查成就了"辉腾锡勒"风电场，这个人后来被誉为"内蒙古风电第一人"，他就是陈通谟。

　　辉腾锡勒，是一个因风电而生的地名，不但登上了"台面"且四海皆知，到2010年成为蒙西千万千瓦级风电基地建设的核心区域，也是亚洲第一个装机规模超过100万千瓦的风电场。

小飞机舷窗外的青山开阔地

1992 年夏季的一天，一架小型飞机由锡林浩特向呼和浩特方向飞去，机上有英国风能专家加法诺夫夫妇，以及内蒙古自治区电管局风电办公室主任工程师陈通谟一行，此行是他们考察完锡林郭勒盟风场返回呼市的途中。

30 多个座位的小飞机，在气流中颠簸得厉害，陈通谟的目光投向舷窗外，内蒙古西部一片茫茫。突然，他惊讶地发现大青山顶上有一片开阔地，草地间还有星星点点的湖泊，"这是什么地方？"他禁不住怔了一下。

作为风电办负责人，自 1986 年开始，陈通谟的足迹遍及内蒙古各地，目标是在内蒙古选出 10 个优良风场的场址，当时已经选定了 9 个距地表 10 米高度年均风速大于 6 米 / 秒的场址，可随着测量范围的扩大，最后的一步似乎并不容易跨越。

回到呼市后，陈通谟还在琢磨从飞机上看到的那块绿地，多年踏勘选址的经验告诉他，这里不同寻常。他想起自己在内蒙古电管局农电处工作时，曾陪着华北电管局的领导，从凉城县穿过卓资县到察右中旗考察，路过一个叫灰腾梁的地方，风很大，8 月初的季节，两个人坐在吉普车里，冷得直哆嗦。后听老乡说"这地方，早上冻死头牛，到中午就臭了，"意思是说这里昼夜温差特别大，大风每月都有，气候变化无常，不适宜人居住。此时他断定，他在飞机上看到的山顶开阔地就是灰腾梁。

灰腾梁，蒙语意思是"寒冷"，位于内蒙古乌兰察布市中旗境内阴山山脉中段，地理位置为东经 112° 40′，北纬 41° 05′，海拔2000 米左右。该地区属于大陆性气候，受西伯利亚冷高压和蒙古高原气旋活动影响，常年干旱多风，极端最低气温 -42 摄氏度，极端最高气温 36 摄氏度，一天最大温差在 25 摄氏度左右。

正巧此时全国风能机械工作会议在内蒙古军区招待所召开，会议

辉腾锡勒，因风电而生的地名

邀请了时任原电力部农电处处长尹炼参加。尹炼是陈通谟的清华大学校友，于是借会议间隙，陈通谟便拉上尹炼，从单位借了一辆老旧的苏联产伏尔加轿车，穿过卓资山，直奔灰腾梁。这车上山有点难，他俩下车推车，两人满头大汗，排气筒的黑烟直接喷在他们的脸上，轿车被推到山上后，风太大，他们又躲回到了车里，这夏末时节，他们感到阵阵发冷。在尹炼的提议下，司机师傅开着车在东西跨度45公里、南北14公里的开阔地上绕了一小圈，便载着两人匆匆返回，谁知在第二天的会议上，尹炼高度评价了灰腾梁这一潜在的风场，他说："昨天去了一个新奇的地方，风很大，地势平坦，距呼市也不远，肯定是这个世界上也难找的风场，应该列为国家开发的重点。"

尹处长的发言让陈通谟又惊又喜，会后陈立即向上级汇报，并随内蒙古电管局赵凤山副局长实地考察，争取到30万元人民币的立塔测风经费，但是30万元也只够制作10个40米高的测风铁塔，昂贵的测风仪器还没有着落。

当时，呼市有一个中德合作的风能项目办（后改为内蒙古华德新技术有限公司），在他们的帮助下，使用10台最先进的德国WICON型测风仪器，只收取3万元的安装费和测试费，负责提供1年期以小时为单位的测风数据。1年后的风速、风向数据分析结果证明，这个风场选对了！40米高度年平均风速8.8米/秒，风功率密度625瓦/平方米。

"我在内蒙古绕了一大圈，撒了个大网，最后发现最近的一个是最好的！"陈通谟难掩兴奋。发现了资源宝库之后，接下来就是做规划写报告。很快，陈通谟他们就完成了装机容量120万千瓦开发规划和测风报告的编制。对当时的中国风电界来说，120万千瓦是一个惊人的数字。有人说"一两万"还差不多，"120万"有点儿离谱。

幸运的是，报告得到了中国气象局气象科学研究院风能专家朱瑞兆的重视，他说："120万千瓦可是世界级的了，我来找人开鉴定会。"

279

作为世界气象组织风能组组长、世界知名教授，朱瑞兆出面邀请了美国、英国、印度、意大利、日本的风能专家，由他亲自任组长，在内蒙古自治区电管局的大会议室召开"风能资源评审会"。与会专家看完汇报演示后，评价说"这里的风比美国加利福尼亚的风还要好"，一致同意朱教授写的评审结论并签字，审查会圆满结束。

1993年上半年，陈通谟在为风能资源审查会编制报告时，一直在想为风电场取个好名字。"灰腾梁"这个名字难免让人联想到灰蒙蒙一片荒凉的山梁，显然不能诠释他心中对这个地方所倾注的热情和寄予的希望。思来想去，他为风电场取名为"辉腾锡勒"，"辉腾"与"灰腾"谐音，取辉煌腾飞之意，"锡勒"在蒙语中是"台地"的意思，其原意为"桌面"。于是随着风能资源评审会的召开和专家的传扬，从1993年下半起，内蒙古就有了"辉腾锡勒"这个响亮的地名。

辉腾锡勒风场诞生的过程，正如历史上的很多发现一样，并非按部就班，而是机缘巧合，只不过这样的机会需要一双善于发现的"慧眼"和持久的铺垫。与其说是陈通谟在1992年夏天的那次"神奇之旅"发现了辉腾锡勒，不如说是他整整7年寻觅后换来的回报。

丹麦600千瓦机组落地辉腾锡勒

当时的辉腾锡勒仅有一纸规划，要上项目则面临着缺资金、缺设备、缺技术、缺管理经验、缺政策的尴尬局面，同时地方领导对于大型风电的发展前景也有不同看法。陈通谟却一心想用"借鸡下蛋"的办法，探索一条"白手起家"之路，就是利用国外政府贷款并采购他们的设备进行风电场项目开发。

按照当时的通行做法，每个项目可以培训5个人，还可以让5名管理人员出国考察，新疆等地已经有了这方面的操作经验。陈通谟也想通过这样的方式来打造自己的班底，推进辉腾锡勒风电场的开发和建设。

辉腾锡勒，因风电而生的地名

正好当时可以申请世界银行贷款的风电项目，但结果并不尽如人意。

当时原国家经委成立了世行办，负责国内世行贷款风电项目的具体工作，世行专家团前后共 5 次到内蒙古进行调查，每次一个主题，涉及资源、工程、电网、政策和财务等多个方面。在审查还款计划时，遇到了问题，电管局并不是创汇单位，如何还款呢？这是陈通谟难以解决的问题，只能靠内蒙古电管局来解决，但电管局对 1 亿美元的巨大负债顾虑重重，最终放弃了世行的贷款。

有一天，陈通谟突然接到去北京前门饭店开会的通知，任务是汇报辉腾锡勒风场的风能资源情况。原来，在世行的专家队伍中，有一位叫阿姆斯特朗的美国专家，这位专家将辉腾锡勒的情况告诉了美国普林斯顿大学的朋友，普林斯顿的师生迅速做出了一份辉腾锡勒大型风电场可行性研究报告，并转给了世行和联合国开发计划署（UNDP），得到了两个机构的极大关注。

因此，世行将辉腾锡勒项目列为在华重点投资项目，UNDP 将其选为风力发电全球示范项目案例，由此也引起了我国政府有关部门的高度重视。我国政府召开了由原国家计委、原国家经贸委、外经贸部、原科委、电力部门、高等院校等 12 个部门参加的会议。在这次会议上，陈通谟见到了普林斯顿大学提交的厚达 56 页的英文可研报告，报告将陈通谟之前所做的 120 万千瓦的规划装机容量调整到 400 万千瓦。陈通谟担心内蒙古当地消纳不了这么多的风电，但世行的专家似乎早就考虑到了这个问题："用不了就送北京！"一句话开启了一种新的开发思路，内蒙古风电有了比"自发自用"更高远的目标。自此，陈通谟和他的同事们便开始了"风电进京"的求索之路，哪知多年无结果。

当年陪同世行专家 5 次赴内蒙古考察的水规院高级专家施鹏飞教授非常了解当时的情况。他认为世行的项目在促进我国风电大规模开发前期工作规范化方面发挥了积极作用，但是项目审查程序太繁琐，有些项目地方政府反复斟酌后，最终又放弃了。

辉腾锡勒第一个成功的项目，是丹麦政府的混合贷款项目，1995年建成。内蒙古风电办算了一笔账，400万美元贷款中有160万为赠款，240万为商业贷款，按伦敦商业银行的拆借利率，还款期限为10年，风电上网增值税是17%，所得税33%，如果电价是0.671元／千瓦时，项目是可行的，可喜的是内蒙古物价局批准了这个上网电价。

内蒙古风电办请内蒙古电力勘测设计院编制了利用外国政府贷款建设风电场的规划，然后同负责对外项目的外经贸部取得了联系，但是项目要得到原国家计委的审批立项，没想到在审批时遇到了问题。第一次报批时，被告知需要先拿出规划来，第二次把规划提交后，又被告知规划需要已有的项目支撑才能成立。

来国家计委跑项目的陈通谟感觉自己掉入了一个"怪圈"，左右为难，他的愁苦叹息引起了国家计委一位干部的注意，她看过材料后主动伸出了援助之手："你已经有规划和立项报告，材料是齐全的，我帮你办吧。"

过了一段时间，事情真的办成了，这让陈通谟着实感动不已。

丹麦混合贷款项目成功后，9台丹麦Micon-600kW风电机组来到了辉腾锡勒风电场，1995年并网发电。其实，这是内蒙古接触到的第二个丹麦政府混合贷款项目。早在1987年，由于地方某些部门的犹豫，内蒙古曾经与当时中国第一个丹麦政府混合贷款项目失之交臂，而那个项目1988年落户新疆。

国产机组助长辉腾锡勒的巨变

辉腾锡勒是全国第一个安装600千瓦机组的风电场，也是全国第一个安装1.5兆瓦机组的风电场，成为检阅国内外品牌的大舞台。

"九五"计划伊始，国家原经贸委和电力部颁布了《利用"双加"

工程推动大型风电场建设及风电机组国产化的工作意见》（水电农〔1995〕707号），计划在2至3年内，投资12亿元，新建和扩建风电场12万千瓦，目的是加大力度、加快速度，在不降低进口风电机组技术性能和产品质量的条件下，用国内制造一些部件的办法大幅度降低设备造价，通过引进、消化、吸收实现自我开发的技术能力。

在内蒙古争取到2亿元"双加"工程资金后，陈通谟便与新疆的王文启联系，商量在同外方设备制造商谈判时怎样提条件，不能光买设备，要建设自己的制造厂或至少是本地化。经由国家有关部委及"双加"工程项目窗口单位中技公司的统一协调，丹麦Micon公司接受了合同中技术转让的专门条款，同意将600千瓦和750千瓦机组技术进行转让，并且不另收取转让费。这让陈通谟感到很高兴，在他的主持下，一块3万平方米的建厂用地在呼和浩特市金川开发区得到落实，内蒙古电力勘测设计院进行了厂房、道路、水电等设计。正当一切按部就班向前推进之时，有人却提出制造风电设备没有必要，用他们的话说就是"内蒙古有几个风电场就行了，搞多了受不了"。其实这是经济问题，他们嫌赚钱少。而新疆则按照原来的思路坚持做了下去，"双加"工程既促进了风电装机，又萌生了风电产业，加快了新疆风电设备本地化和自主研发的进程，后来的金风科技因此获益多多。而内蒙古失去了一次机会，不能不说是个遗憾。

尽管设备制造业没有借机落地开花，但"双加"工程还是为辉腾锡勒增加了33台Micon-600kW风电机组，1997年10月并网发电。随后，内蒙古风电总公司利用美国进出口银行贷款为辉腾锡勒风电场购置了10台ZOND Z-40型机组，1998年10月完成安装后的调试期，但后来的运行业绩表明这些机组的质量不好，只好依靠国内的技术力量进行维护与技改，从坏事变好事的角度看，也算是锻炼了队伍，提升了国内技术水平。

客观上说，这10台美国风电机组的售后服务不好也是厂家变化

283

造成的。美国的做法与欧洲国家不同，美国政府不给社会主义国家贷款，但为了同欧洲竞争，便参照欧洲的条件，由美国进出口银行以 1% 的利率提供 10 年期优惠贷款。ZOND 公司后被美国安然公司（ENRON）收购，后来安然公司又被 GE 公司吞并，在并购过程中售后服务脱节，该型机组本来在设计和制造上就缺乏经验，售后服务又跟不上，致使其长期处于调试检修当中。2001 年初外方停止派技术人员进行检修，大多数机组处于停机状态。内蒙古风电总公司组织技术人员对其液压系统和偏航装置进行了国产化技术攻关，我国运载火箭研究院的风电专家齐同庆等人参与了这项工作。这个过程为我国风电设计和维修技术人员积累了经验，之后有多篇探讨该机型维护与改进的文章发表，业界对适合辉腾锡勒风电场自然条件和风况的风电机组参数有了更为清晰的认知。

像这种因为美国厂家组织发生变化导致引进机组发生变化的例子也发生在了英国人身上。1997 年的一天，陈通谟的清华校友潘伟平（时任英国 GH 公司驻华首席代表）打来电话，请他去上海国际会展中心参加展览会。参展的英国风能集团（WEG）希望能找到一个可以合作的开发商，先试用 1 台 500 千瓦的样机。陈通谟闻讯立即飞赴上海，见到了英国风能集团的代表以及英国政府海外开发署的官员。经洽谈，中英双方正式签订了合同，双方约定机组无偿赠送，英方负责运抵天津港，中方负责国内陆上运输与土建安装，在运行前 6 年内每度电付给英国风能集团 0.30 元人民币的回报。后因英国风能集团被 NEG Micon 吞并，合同由 NEG Micon 代为执行，但是后者没有 500 千瓦的型号，经协商改为提供了 1 台 600 千瓦的机组，并为其配备了风轮直径 48 米的英国产木制叶片，这是当时世界上 600 千瓦机组装配的最大的风轮。NEG Micon 出于试验和开拓新机型销售市场的考虑，他们也把辉腾锡勒当作了低温地区最具市场前景的试验场，事实证明试验是成功的，机组发电量和运行都不错。

辉腾锡勒，因风电而生的地名

　　在内蒙古风电总公司副总经理陈通谟看来，内蒙古风电总公司利用荷兰政府混合贷款为辉腾锡勒购置的 9 台 VESTAS V42-600kW 机组其质量和运行也是不错的，这些机组 1998 年 12 月并网发电后故障很少，发电很稳定，事实证明是个好品牌。可以说，内蒙古风电总公司在利用国外贷款引进机组方面也增长了知识和见识，促进了辉腾锡勒风电的长足进步。

　　2001 年内蒙古风电总公司利用德国政府贷款，为辉腾锡勒风电场购置了 9 台 600 千瓦机组，2002 年初投入运行后，辉腾锡勒风电场装机容量增至 4.27 万千瓦，成为我国第三大风电场。

　　渐渐地，辉腾锡勒已经成为一个知名的地名。来辉腾锡勒开发风电的投资商因辉腾锡勒的风而来，国电龙源电力与内蒙古电力共同投资建设的 2.58 万千瓦风电场项目 2003 年 9 月开工建设，在全国率先安装了美国 GE 公司生产的单机容量 1.5 兆瓦风电机组。

　　2005 年之后，随着 10 万千瓦大型项目的进驻以及国产化风电机组的市场化，金风科技、华锐风电、湘电集团有限公司（简称湘电）等国产品牌也相继来到辉腾锡勒，到 2009 年辉腾锡勒区域风电规划开发面积向北、东、西、扩大到了 1000 多平方公里，装机容量规划到 400 多万千瓦，远远超过当年陈通谟和他的团队规划的 120 万千瓦。

一项政策扶助了一个行业的兴起

2003 年 10 月 14 日，风电特许权第一期项目签署《特许权协议》《购售电合同》。

2003 年 9 月 1 日，是我国风电史上一个被记录为历史性时刻的日子。

这年的这天，我国第一期风电特许权项目在北京开标。此刻起，我国风电开启了由招标电价到有资源差别固定电价，再到与燃煤发电标杆上网电价平价的发展历程。

来自行业的一个共识是，"风电特许权政策扶助了风电行业的兴起，推动了风电设备国产化进程及风电行业规模化发展。"回头看，从 2003 年到 2007 年，我国陆上共计进行了 5 期风电特许权项目招标，确定了 18 个风电工程项目，涉及广东、江苏、内蒙古、吉林、甘肃和河北 6 省（自治区），装机容量 335 万千瓦。利好是，政策允许投标人可以按照特许权风电场同样的条件和电价，在招标风电场附近建设同等规模的风电场。实际上，特许权项目招标带来 880 万千瓦的装机容量，2010 年全部建成，对于推动我国风电大规模发展意义重大。

到 2008 年，我国风电市场新增装机容量中，我国自有品牌占比 75%，外资品牌占比 25%，风电机组供应格局的转变催生了中国风电"暴发式发展"。当年，风电新增装机容量 650 万千瓦，累计装机容量达到 1240 万千瓦，特许权项目的工程经验功不可没。

更重要的是，特许权项目开发及工程经验已推广应用到 7 个千万千瓦级风电基地的规划与建设，以及海上风电场示范项目的招标中，陆海风电迎来更大规模化的发展。

本质上看，风电特许权政策是中国风电规模化、产业化发展的里程碑。

迈出产业化关键一步

风电在我国的应用探索始于 20 世纪 80 年代初，到 1995 年累计装机容量仅为 3.61 万千瓦，发展相当缓慢。1994 年，原电力部制定了风电并网规划，明确规定风电场可以就近上网，全额收购风电电量，其电价按照"发电成本 + 还本付息 + 合理利润"的原则来核定，旨在推进风电产业化发展。

那时的风电开发方式是，政府确定风电场项目，谁投资其项目就由谁来做，其上网电价由政府物价部门审批。从最初的几个项目看，有的项目电价为 1.5 元 / 千瓦时，有的项目电价高达 2 元 / 千瓦时。实际上，这样的电价是投资方与政府部门博弈和妥协的结果，前者要建风电场，后者要赚钱。但如此高昂的电价，风电场项目难以持续下去。后来，政府部门在审批电价时更为严谨，新疆、内蒙古风电场项目电价在 1.2 元 / 千瓦时左右。风电电价居高不下，显然拖累了风电产业

287

化的脚步。

与燃煤发电用煤相比，风力发电的风能资源不需要购买，但发电成本却远高于煤电。问题出在设备成本上，就设备千瓦价格来说，火电设备比风电设备低得多。为什么风电设备如此昂贵呢？主要原因是，我国还没有能力制造风电设备，风电场安装的风电机组设备基本上是从国外购买，且这些设备投资有贷款，是贷款就得还本付息，这越发抬高了本就高昂的设备成本。

另外，风电设备进口中的中间商也会推高风电设备成本。国家发展改革委原副主任张国宝讲过这样一个例子。他们去国外做风电设备调研，遇到过一些做风电设备生意的中间商。比如在美国，有两个华人兄弟卖出一台风电机组可以得到 20 万元的中介费。不只是美国，在欧洲也有不少中间商，欧洲出产的风电机组产品也被交易到中国的风电市场，尽管国家在"双加"工程（加大投资力度、加快改造步伐）中，通过提供贴息贷款等措施安排了 7 万千瓦风电装机容量，但并没有给中国风电带来实质性的推进，到 1997 年风电装机容量累计仅为 16.67 万千瓦。

可以说，风电设备是制约我国风电产业化发展的瓶颈。也正因此，1996 年 3 月原国家计委推出了"乘风计划"，意在通过成立中外合资公司实现以"市场换技术"发展我国风力发电制造业的目标。

先国内确定总装企业。1996 年 11 月，原国家计委进行了"300千瓦、600 千瓦风电机组国内总装企业"询标，确定了原中国航空工业总公司下属的西安航空发动机公司、中国一拖集团有限公司为中标单位。

随后，也就是 1997 年 5 月，原国家计委进行了"300 千瓦、600千瓦风电机组国内总装合资企业"国际询标。来自丹麦、德国、荷兰、西班牙、美国等国家的 9 个厂家来投标，经过对各外商厂家的技术、合资条件、现场考察等进行评标，最终确定了德国 Babcock 集团下属的 Nordex 公司与中国航空工业总公司下属的西安航空发动机公司组建合资公司西安维德风电设备有限公司（简称西安维德），引进了 600 千瓦失速型机组制造技术，首台样机于 2000 年 9 月在辽宁营口风电场投入运行；中国一拖集团有限公司与西班牙 MADE 公司组建合资公司一拖 – 美德（洛阳）风电设备有限公司（简称一拖 – 美德），引进了 660 千瓦变桨距型机组制造技术，首台样机于 2000 年 10 月在辽宁营口风电场投入运行。

实现中国风电产业化发展，必先做到风电设备国产化，这两台样机的横空出世像两束光芒照亮设备国产化蹒跚学步的现实，也在验证市场究竟能不能换来外国的技术？按照"乘风计划"的预期，这是风电设备国产化迈出的关键一步。

此后，西安维德量产了 49 台风电机组，一拖 – 美德量产了 8 台风电机组。但令人遗憾的是，这场以"市场换技术"尝试没有能持续下去，两家合资公司先后解体。

杜广平说，这是他"心中永远的痛"。杜广平曾是一拖 – 美德董事、常务副总经理。他曾经那么希望全面掌握一拖 – 美德系列风电机组技术，形成年产 150 台风电机组的生产能力。可就在他满怀憧憬之时，打击接踵而来，先是遭遇进口零部件断供，后来西班牙 MADE 公司的股份被西班牙歌美飒公司收购了，歌美飒决定在华建立独资企业，不再与一拖公司继续合作。

就这样，一拖 – 美德遭遇解体。令人唏嘘的是，西安维德也走到了解体的结局。这也就意味着，"市场换技术"尝试成为一步"死棋"。随后，德国 Nordex、西班牙歌美飒都在中国成立了独资公司，他们的风电机组竖立在中国的风电场，但居高不下的价格也让风电开发商望而却步。

时任国家发展改革委副主任张国宝在"2005 北京国际可再生能源大会"企业家论坛致辞中说，"制约中国风电发展的主要因素，就是中国风电设备制造水平和制造能力不足。为提高中国风电设备制造能力，我们在风电建设中提出了风电设备 70% 国产化率的要求。目前，国外知名风电设备制造企业都想来中国投资风电设备，今天在座的 GE、Vestas 就是这样，但都不愿意与中国企业搞合资，都要搞独资，说白了就是都不愿意转让技术。"

张国宝提到的风电设备国产化率要求，正是特许权招标政策的核心内容，但百分比的提升是一个渐进式的过程。2003 年 9 月 1 日，第一期风电特许权项目招标在北京开标。江苏如东 10 万千瓦风电场由华睿公司中标，中标电价为 0.4365 元 / 千瓦时；广东惠来石碑山 10 万千瓦风电场由原广东省粤电集团有限公司（现为广东省能源集团有限公司）中标，中标电价为 0.5013 元 / 千瓦时。

惠来石碑山风电场 2004 年 9 月 28 日正式开工，安装 167 台金风科技 600 千瓦风电机组，首台机组 2005 年 9 月 28 日发电，全场机组 2007 年 2 月投产并网发电。值得提及的是，全场建设两座 110 千伏变电站，一座是坂美主控变电站，另一座是月山无人值守变电站，所有信号通过光纤电缆传送到主控站集中控制，"无人值守"概念首次出现在我国风电场开发项目中，这也是我国最早的规模化风电项目样本。

项目的"样本"性，其环保效应也对后来的项目产生了积极影响。这一点可从广东省环境保护厅 2011 年 9 月 14 日发布的"广东惠来石碑山风电场特许权示范项目竣工环境保护验收公示"中得到验证。公示称，"项目位于广东省惠来县靖海镇、前詹镇，实际投资 67845 万元，其中环保投资 467 万元，约占本工程项目总投资的 0.69%。"

从环保执行结果看，"项目施工过程中对裸露地表进行了植被复绿，减少了水土流失；配套了地埋式一体化的生活污水处理装置，污水处理后用于浇灌林地；采用低噪声变压器和通过机组合理布局等措施减小噪声对环境敏感点的影响。距离机组较近的 5 个敏感点 24 小时声环境监测符合《工业企业厂界环境噪声排放标准》（GB 12348—2008）的要求。"

在合适的时间用恰当的方式做对的事

没人会料到，第一期风电特许权项目过低的中标电价给这项政策带来负面声音，华睿公司也因此被偏执批评者称为"天上掉下来的搅局棍"。

业界舆论认为，华睿公司的投标电价远低于合理范围，属于恶性竞标。一时间，华睿公司被视为风电特许权项目招标的"反面典型"。

业界好奇华睿是谁？华睿公司的掌舵人是李河君。据公开资料，2003 年 7 月，华睿公司斥资 12 亿元收购了位于黄河上游的青海尼那水电站，这一项目是当时中国最大宗民营企业收购国有能源资产并购案，李河君也因此当选为 2003 年中国十大并购人物。

在李河君看来，以低价拿下风电特许权一期如东 10 万千瓦风电场项目是"志在必得"，以此进入风电领域。2004 年风电特许权如东二期项目招标，风能资源和其他条件几乎与如东一期完全相同，华睿公司的投标电价上升为 0.56 元 / 千瓦时，时隔一年投标电价上升30%，这表明华睿公司继续开发风电的心愿。

风电特许权第一期项目在北京开标后，时任国家计委能源局可再生能源处处长史立山给在外地出差的时任国家计委副主任张国宝打电话，汇报民营企业华睿公司报价情况，并强调说，"所有参加投标的人都认为三毛九的电价是不可能做到的，而其他公司的报价都在 5 毛以上，我们应该让谁中标？"

张国宝心里清楚，华睿公司的最低报价是很难做下去的，可招标规则明确规定承诺上网电价最低的投标商中标。张国宝犹豫了片刻说："按照规则办事，就让华睿公司中标吧！"

实际上，中标的华睿公司是华睿集团牵头的神州·万京·欧中中外联合体中标。中标后，华睿公司成立了江苏联能风力发电有限公司，但过低的电价也使其处于进退两难的处境，项目最终在 2004 年 8 月 18 日破土动工，计划共安装 80 台 1.25 兆瓦机组，但后又调整为安装 50 台 Vestas 2 兆瓦机组，2006 年 12 月首批机组并网，2008 年 6 月风电场全容量并网投运，后称为汉能如东风电场。

之所以项目进展缓慢，除了机组选型谨慎，地方政府调整场址也影响了项目的建设进度。50 台机组中只有 13 台安装在特许权招标的场址，也就是洋北一期地块，其他 37 台机组分别迁移到地方政府另划的两个地块上，即环港外滩地块 18 台，洋北二期地块 19 台。也就是说，华睿公司用 3 年 4 个月的时间完成了 50 台机组、10 万千瓦的风电场建设。这一点，可在中国可再生能源学会风能专业委员会发布的《中国风电产业地图》中找到项目年度装机容量的印迹，即 2006 年 12 台，2007 年 19 台，2008 年 19 台。

需要说明的是，洋北一期 13 台机组并网后，当地政府在洋北一期南侧建成化工园区，与洋北一期南边的一排机组平行，相距不到 100 米，化工园区建设了大量厂房、烟囱、构架、精馏塔等设施，影响了洋北一期地段机组的发电量，机组运行数据比对已证明了这一客观事实。

作为我国风电特许权第一期项目，华睿公司也尝到了超低电价中标的苦楚，因项目电价偏低，银行认为风险较大而不肯贷款；项目投运后的两年一直处于亏损状态，项目负责人曾告诉《新华日报》，"每年亏损 1000 多万元。"

实际上，对业界来说，这是华睿公司必然尝到的"亏果"。华睿公司低价中标，也激起业界对风电特许权项目招标的争论，质疑者认为低价中标导致的恶意报价扭曲了招标正常的价格；也有舆论指责说，国有企业可以不计成本去竞标，而民营企业则亏不起，失去了投资风电的积极性。

风电特许权招标究竟包含了哪些核心内容？风电特许权招标是原国家计委组织进行的，后因为政府机构改革，再由国家发展改革委推进，具体工作委托中设国际招标有限责任公司和中国水电工程顾问集团有限公司实施。

也就是说，风电特许权招标是在当时不能承诺固定上网电价、地方政府和电网公司未积极支持风电发展的条件下，由中央政府推动的加快风电大规模发展的重大举措。

为什么我国要加快风电大规模发展，是因为以风电为代表的可再生能源迎来了大发展的阶段。从大势来看，在全球范围内，清洁能源绿色发展越来越得到重视，在中国也是如此，国家的方针政策也为加快风电大规模发展带来了利好和支持。可以说，风电特许权项目招标政策的推出正是在合适的时间用恰当的方式做了对的事。

面对风电特许权争议，张国宝倒是很淡定，他认为，"无论是国企还是民企都不可能持续去做亏本的生意。风电特许权项目招标，可以通过竞争招标来发现价格。在某一个地区通过几次招标，通过几次修正，就好像去掉最高分和最低分，慢慢就可以发现一个真实价格，既不暴利，也不亏本。"

张国宝的底气，除了对风电必定大发展的信心，还源于特许权招标在我国西气东输工程中的应用实践。那时，张是西气东输工程建设领导小组组长，主持了管道钢供应商招标，其目的是推行管道钢的国产化。国内的原宝钢集团有限公司（简称宝钢）、鞍钢集团有限公司（简称鞍钢）、原武汉钢铁（集团）公司（简称武钢）等几大钢铁公司都制造管道钢，只是韩国一家公司的报价比国内公司的报价都低，实际上是低于成本价来倾销，这惹恼了国内的钢铁公司，一并指责韩国的这家公司恶性竞争。业主单位中国石油天然气集团有限公司（简称中石油）的负责人找到张国宝询问应让谁中标，张国宝也很为难，但

293

他知道业主单位的利益导向肯定是谁的货便宜就买谁的。第一次招标，韩国公司中标了，但第二次招标时，韩国的这家公司因为做了一笔不好的生意后，就不可能再以低价投标了，结果中标的都是中国的公司。

就经验来看，风电特许权项目招标背后的运行逻辑也是这样的。所以，张国宝断言，风电特许权项目招标，即便有投标人低价恶性竞争，也不可持续。

史立山回忆说，风电特许权第一期项目开标后，"有张主任这样的主心骨，不管多么嘈杂，我们能坚定去做对的事，用特许权这种方式推进了我国风电的大规模发展，更是提升了风电设备国产化水平。"

实际上，风电特许权项目招标政策开创了以企业为市场主体的风电投资建设新机制，对我国风电开发建设进程产生了巨大影响力。从2003年到2007年五期风电特许权项目招标中，机组设备的本地化制造率始终是主要的投标条件，一期国产化率要求不低于50%，二期国产化率则提升到了70%。

就国产化率要求的变化而言，2006年特许权第四期项目招标明确要求风电开发商与机组制造商捆绑投标，针对选定的设备提出本地化的方案。也就是说，参与投标的制造商都与主要部件供应商签订了供货协议，制定出达到70%国产化率要求的方案和时间进度表。这期招标中的内蒙古包头巴音20万千瓦风电场项目，虽然中节能投资联合体的投标电价最低（0.4566元/千瓦时），但龙源电力联合体凭借更高的机组本地化率优势最终赢得该项目。

2006年，参与第四期投标的风电机组制造商共有12家，其中外国独资企业1家、中外合资企业3家、股份制企业2家、民营企业1家、国有企业5家，投标机型共计20种，风轮直径49～83米，额定功率750千瓦至2000千瓦。1兆瓦以下的机型已经批量生产；1.5兆瓦机型开始生产样机，2兆瓦机型正准备生产样机。这在一定程度上支持了我国风电的规模化发展。

值得一提的是，12 家企业的 20 种机型中，国内企业拥有自主知识产权的机型有 6 种。这不仅增加了投标人与制造商的深度合作，也为后来的机组技术创新应用打开了一扇窗口。

让开发商乐见的是，风电特许权项目第五期招标中，标书规定风电机组制造商作为供货商参与投标时，对于其生产的同一机型，在同一项目上可以与超过 3 家的投标人签署供货协议，这改变了第四期招标中必须是"捆绑"一对一的排他性。通过这样的调整可以增加投标人对机组的选择范围，有利于投标技术方案更加科学合理。

第五期特许权项目招标，一次性安排了内蒙古乌兰伊力更风电场、内蒙古通辽北清河风电场、河北承德御道口风电场、甘肃玉门昌马风电场等 4 个项目共计装机容量 95 万千瓦的风电项目，于 2007 年 11 月 30 日在北京开标。2008 年 2 月，国家发展改革委以发文方式确认了上述项目的招标结果。

值得提及的是，甘肃玉门昌马风电场装机容量为 20 万千瓦，中标电价为 0.5206 元 / 千瓦时。随后，按照特许权第五期玉门昌马风电场同样条件和电价的原则，甘肃酒泉风电项目达到 21 个，共计 400 万千瓦。也就是说，特许权第五期玉门昌马风电项目引发了酒泉风电基地的诞生。

一个更有历史意义的日子来了。2009 年 8 月 8 日，甘肃酒泉千万千瓦级风电基地在玉门昌马风电场开工兴建，计划到"十二五"期末，也就是到 2015 年形成 1271 万千瓦的风电装机规模，成为世界最大的连片风电场。

当时，时任国家发展改革委副主任、国家能源局局长张国宝出席开工仪式，他提出了"建设大基地、融入大电网"的发展方式，并强调在风能资源最富集区域建设若干个千万千瓦级风电基地，酒泉风电基地是其中率先建设的示范基地。尽管后来遭遇"弃风限电"的严酷现实，但到 2015 年酒泉基地风电装机容量累计达到 900 万千瓦。

2009 年，还发生了一次与风电特许权招标有关的政策之变。11 月 25 日，国家发展改革委下发《关于取消风电工程项目设备采购国产化率要求的通知》（发改能源〔2009〕2991 号），取消《关于风电建设管理有关要求的通知》（发改能源〔2005〕1204 号）中"风电设备国产化率达到 70% 以上，不满足设备国产化率要求的风电场不允许建设"的要求，并要求各项目单位根据国家有关标准和技术要求，按照《中华人民共和国招标投标法》的有关规定，公开、公平、公正招标采购。

取消"风电设备国产化率要达到 70% 以上"的要求，除了满足欧美企业进入中国风电市场的需求，更重要的是为风电市场建立公开、公平、公正的市场竞争环境，无论国内企业还是国外企业，都在同一平台上竞争。

正是这种竞争促进了中国风电设备水平的提升，到了海上风电特许权项目招标的时候，机组选型已不是问题。

2010 年 5 月 8 日，我国海上风电特许权项目招标开标。本期特许权招标的四个项目均位于江苏省，也被称为江苏百万千瓦海上风电特许权项目招标。滨海海上风电场（30 万千瓦）由大唐新能源中标，中标电价为 0.7370 元 / 千瓦时，采用华锐风电 3 兆瓦机组；射阳海上风电场（30 万千瓦）由中电投联合体中标，中标电价为 0.7047 元 / 千瓦时，采用华锐风电 3 兆瓦机组；大丰潮间带风电场（20 万千瓦）由龙源电力中标，中标电价为 0.6396 元 / 千瓦时，采用金风科技 2.5 兆瓦机组；东台潮间带风电场（20 万千瓦）由鲁能集团有限公司中标，中标电价为 0.6235 元 / 千瓦时，采用上海电气集团股份有限公司（简称上海电气）3.6 兆瓦机组。

海上风电特许权首次招标引起开发商积极响应，每个项目的投标企业都在 15 家以上，并报出 0.6101 元 / 千瓦时的最低电价，但报出这一低价的企业并没有中标。这表明风电特许权项目招标应用到海上风电，最低电价已不是首选要素，而是包括海上风电工程在内的综合性探索与实践。这也是为什么中交第三航务工程局、江苏电建和南通海建作为施工单位也出现在中标结果中。

这之前，2010 年 1 月 22 日国家能源局、国家海洋局联合下发了《海上风电开发建设管理暂行办法》（国能新能〔2010〕29 号）的通知，要求海上风电工程项目优先采取特许权招标方式选择开发投资企业，意味着海上风电开发是以企业为主体的市场行为。

用合理电价给产业一个支点

对起步中的中国风电来说，电价是风电产业发展的支点，价格变化是其最为显著的特点。

说到支点，人们会想到"给我一个支点，我将撬动地球"这句名言。它不仅生动诠释了物理学原理，还给了人们在哲学意义上的启示，只要找准发力点，看似不可能的事情也会出现奇迹。

297

到 2007 年，政府部门的决策者们越发认识到风电不只是"解决能源环境问题"，也是"培育具有世界领先优势的战略新兴产业"的战略问题，这就需要为风电建立一个基础支点，也就是一个与时俱进的电价机制。

基于这样的认知，政策决策者们自然就回到我国风能资源与经济发展的实际层面来思考问题。我国区域经济发展不平衡，风能资源也呈现地区的不均衡性，东部、中部和西部地区经济对电价的承受能力也各不相同。那么，风电的电价既要能符合地区经济的承受能力，又要让风能丰富地区的资源得到开发利用，才是合理的电价，也会更有可能成为风电产业发展的支点。

可以说，风电特许权招标的进程就是一个发现"合理电价"的进程。2007 年《风能》杂志的一项调查显示，参与特许权第四期项目招标的 17 家开发商大多认为，经过前三期的投标实战，第四期项目投标更趋于理性，投标电价基本反映了项目的建设条件，其项目核算效益大多符合行业基准内部收益率。

至此，变化也就发生了。风电特许权第五期项目招标，采用了与前四期招标完全不同的电价评分方案。对投标人来说，越接近平均投标电价的投标人得分越高，中标的可能性就越大。采取这样一种方式，旨在改变一些投标人不合理的低价竞标，进一步引导理性投标。2008年 2 月公布的特许权第五期项目招标结果也表明上网电价得到了明显改善，尽管风电上网电价偏低的状况没有得到根本性的改观，但为制定全国风电标杆上网电价提供了底层支撑。

与特许权项目招标探求合理电价相呼应的是，国家发展改革委价格司依据资源和开发成本确定风电电价，逐步形成了一地一价的"固定"上网电价。2006 年到 2008 年，国家发展改革委价格司核准 15 个省（自治区、直辖市）、70 多个风电项目的上网电价，比风电特许权项目上网电价水平有所提高。

于是，一个具有里程碑特质的日子来了。2009 年 7 月 27 日，国家发展改革委下发《关于完善风力发电上网电价政策的通知》（发改价格〔2009〕1906 号）（简称《通知》），将完善我国风电价格机制的进程引入到有资源差别固定电价的发展阶段。这意味着，风电由标杆上网电价踏上了为平价而战的发展历程。

《通知》规定，按资源状况和工程建设条件，将全国分为四类风能资源区，相应制定风电标杆上网电价。四类风能资源区风电标杆电价水平分别为 0.51 元 / 千瓦时、0.54 元 / 千瓦时、0.58 元 / 千瓦时和 0.61 元 / 千瓦时。《通知》要求，2009 年 8 月 1 日起，新建陆上风电项目统一执行所在风能资源区的风电标杆上网电价。而对于海上风电的上网电价，今后将根据建设进程，由国务院价格主管部门另行制定。

标杆电价的设定，对于风电投资者来说，可通过项目上网电价和利用小时数倒推项目建设成本，预先了解项目收益，大大降低了投资风险。更具引导作用的是，标杆电价可以保证全国大部分风电场项目获得行业基准收益率以上的收益，鼓励了开发商建设风电场的热情。因为风能资源一般，而使风电场开发一度陷入停滞状态的湖南、贵州、陕西、广西等内陆地区的省（自治区），在标杆电价政策发布后，重新启动风电场项目建设，为这些地区风电开发带来新的增长。

值得一提的是，面对 0.61 元 / 千瓦时电价水平的第Ⅳ类风能资源区，也就是业界称之为低风速地区的区域，有整机商和开发商将开发目光瞄向这些地区，2010 年年底安徽来安低风速风电场首批机组发电照亮了低风速风电的"蓝海"。

回看我国风电发展历程，真正走向快速发展是 2003 年以后的事情，这得益于我国风电有明确的发展目标和规划、清晰的法律框架，以及营造了各种投资主体积极参与的产业发展环境，其中 2003 年推出的风电特许权政策扶助了风电行业的兴起，功不可没。

仅从风电电价政策看，风电特许权招标电价政策可以上溯到经营期平均电价、还本付息电价，下行至标杆电价、指导电价政策，直到风电平价时代。从政策全生命周期看，从 2003 年的陆上风电到 2010 年的海上风电，风电特许权政策在风电历史舞台上贡献了 7 年后退出，成为我国风电渐进式产业政策史上最明亮的一部分。

由此我也想到，风电产业政策支撑了风电行业的发展，使风电产业从无到有，由小到大，由弱变强。我们可以自豪地说，现在我们使用风电，不仅是因为它清洁，更是因为它经济和实用。

一个"不可能做成"的项目

东海大桥海上风电场风电机组吊装。

2021年6月的一天下午，我和团队在回顾风电过往的认证案例时，同事提到了"上海东海大桥100MW海上风电示范项目"，很是感慨。这天晚上，我和张开华聊起了这个项目，他说那时敢想敢干，实现了我国海上风电从无到有的关键转变，形成了71项专利、17项标准，促进了我国海上风电规模化发展和技术进步。

张开华是上海东海风力发电有限公司的副总经理，是东海大桥100兆瓦海上风电示范项目的主要建设者和运营者，第二天他给我提供了一份项目11年来的运营情况报告，这个报告像一只温暖的手把我拉回到2009年。

这年，张开华向一家国外知名咨询机构提出为东海大桥海上风电项目提供基础咨询服务的需求，但这家机构婉拒了他，理由也很直接，他们没见过海上高桩承台群桩基础，"别说中国，就算全世界也没谁做过这样的基础，而且从设计到施工全部由中国人完成，这几乎是不可承受的风险。"

考虑到风险，不做这笔生意，说到底还是这家机构对中国首个海上大型风电项目缺乏信任感。"掌握海上风电技术的欧美厂商和安装工艺的提供方在与我项目方谈判过程中提出的霸王条款，实际上是技术封锁与价格垄断。"这令张开华难以忍受。

从东海大桥海上风电项目建设的角度看，风电机组、基础和吊装方案是决定项目能否做成做好的三大决定性因素。按照项目规模，"上海东海大桥 100MW 海上风电示范项目"是当时中国首个也是亚洲最大的海上风电项目，计划选用欧美海上机组，包括 GE、Vestas、Repower 在内的知名整机商都拿走了标书，但均因他们提出的合同条款"过于自我"，最终双方没有达成一致，外购风电机组的计划彻底搁浅。

概要地说，外方整机商报价过高，如果按其价格采购，项目成本暴增，导致项目失去经济性。高昂的机组价格不符合项目的商业诉求。另外，有些外方整机商拿过时机型投标，不愿将主力机型应用于中国市场，与其在其他国家市场上应用的机组相比，技术及硬件配置均有很多保留。比如一家在中国市场占比较高的外方整机商，明明有 3.6 兆瓦的海上机型，却执意提供 2.3 兆瓦机型，也就是不把最新海上风电技术应用到中国市场。显然，这不符合我方示范项目的诉求。

实际上，即便机组价格各退一步，但具体到项目合同谈判上，外方整机商个个强势。有家欧洲整机商霸气地说，"你们确定的这些指标都不能执行，必须按照我们修订的指标和界定来做。"还明确提出，技术培训要在项目进行第五年的时候再开展，而不是在项目一开始的

301

时候就进行交流和移交，且运维数据要传送至整机商所在国的服务器。回忆当时的情况，张开华说，"这不但不利于中方项目的开发和管理，而且地理及通航数据也有泄密的风险。"

即便在外购机组谈判困境下，中方项目组还是期望在机组吊装工装支持方面的谈判取得进展，但最终结果却令人失望。一家英国公司答应为我方项目提供机组整体吊装工装，只是价格居高不下，每套工装超过 1 亿元，我方只好放弃了这项外购。

有关东海大桥海上风电项目的一场场谈判，不但没有取得想要的结果，还被外方定论为一个"不可能做成"的项目。"中国人要建大型海上风电场，但他们目前根本没这个能力。"这是当时外方的共识。

东海大桥海上风电项目渊源

上海东海大桥海上风电项目始于 2005 年，由上海勘测设计院有限公司（简称上勘院）进行场址规划。这一年，我国海上风电还是一片空白。业内共识是，"风电赶海"是我国与欧美风电发达国家缩短技术差距的最大机遇。

2006 年 6 月，国家发展改革委下发了《关于开展上海东海大桥海上风电项目前期工作的复函》，可随后质疑之声纷至沓来，"无设备、无标准、无研发"，一片空白之上怎么可能建设起一座大型海上风电场？！

在各种各样的质疑声中，项目迎来实质性进展。上海市发展改革委于 2006 年 9 月组织进行了东海大桥海上风电项目的业主招标工作，以中国大唐集团有限公司、上海绿色环保能源工程有限公司、中广核能源开发有限责任公司、中国电力国际有限公司四家组成的联合体中标该项目，随后这四家公司出资成立了上海东海风力发电有限公司，负责东海大桥海上风电项目的运作。

2008 年 5 月，国家发展改革委下发了《关于上海东海大桥 100 兆瓦海上风电示范项目核准批复》，其明确指出，"为发挥好项目建设的示范作用，要开展海上风电建设技术的研究工作，逐步建立海上风电技术标准体系，形成拥有自主知识产权的海上风能资源评价、风电场设计和机组制造技术，为我国海上风电规模化发展创造条件。"

根据上海东海风力发电有限公司招标文件确定的风电场场址范围，风电场场址可布置于东海大桥两侧，距岸线 8 公里至 13 公里范围的上海海域内。按照最初方案，风电机组布置于东海大桥东侧和西侧两边海域。后期选址中，上勘院发现风电场的微观选址受周边条件的约束比较多。东海项目所在的南汇芦潮港为上海市海底管线集中登陆点之一，通信、电力、油气、液化天然气等海底管线和通航航道密集。风电场东侧有液化天然气海底管线，还有一条 1000 吨的航道穿越，北侧有光缆区域，南侧则涉及浙江的海域，因此风电场用海矛盾突出。在确定风电场具体位置的过程中，上勘院综合考虑东海大桥东侧场址可利用海域面积大，单机容量较大的机组在这一侧海域既可完全布置，又可减少电缆、施工方面的费用，也有利于风电场运行管理和场址资源综合利用乃至风电场今后的扩容。通过设备方面的调研和招标，项目确定利用 3 兆瓦风电机组，在东海大桥东侧海域建设整个 100 兆瓦的风电场。选址在东海大桥东侧海域的唯一缺点是不能避开航道穿越问题，需要在基础设计时特别考虑。

最终，东海大桥风电场于东海大桥东侧 1 ～ 4 公里、浦东新区岸线以南 8 ～ 13 公里的上海市海域，平均水深 10 米。该项目是国家发展改革委核准的我国第一个大型海上风电示范项目，也是欧洲以外第一个海上风电项目，项目总投资 22.8 亿元。

电脑里的海上风电机组

上海东海风力发电有限公司放弃机组设备国际招标后，转而考察国内几家具有海上风电设备制造潜力的企业，决定采购国内企业的机组。

2007 年东海大桥海上风电项目机组设备招标时，我国 1.5 兆瓦机型还属于量产的初期阶段，而项目招标要求机组单机容量须大于 2 兆瓦，且项目建设期只有 3 年。也就意味着，整机商要在两年半内完成海上风电机组的研制。

当时，国内前几名的整机商唯有华锐风电表态，"完全可以满足东海大桥海上风电项目的要求"，并且以书面的形式对机组的防腐、设备冗余设计、部件厂家选择、设计技术等海上风电机组的特殊要求作出承诺，可以成为合同附件中的强制规定。

为什么是华锐风电呢？华锐风电董事长韩俊良认为，"这太重要了，如果干不成，中国的海上风电在萌芽当中就夭折了。"华锐风电的底气是，"我们的 3 兆瓦海上机型就在电脑里！"

华锐风电是国内最早将 1.5 兆瓦机型进行产业化的整机商，其机型获得了鉴衡颁发的设计认证证书，这也是国内首张风电机组产品认证证书。随后，华锐风电又与鉴衡深度合作，就 3 兆瓦海上机型向鉴衡提出了设计认证申请。

为开发这款 3 兆瓦海上风电机组产品，华锐风电与奥地利Windtec 公司成立了以中方为组长的设计开发小组，华锐风电派出的工程师常驻奥地利，在 Windtec 公司办公，参与了全程设计，承担了相当大一部分设计工作量。专家担心的"有产权无知识"问题没有在华锐风电出现，就联合设计的这款 3 兆瓦海上风电机组产品而言，华锐风电是既有产权也有知识。

华锐风电开发的 3 兆瓦海上机组的发电机、齿轮箱、叶片等重要零部件均为国产，还特别说明该机组的配件可以根据客户的要求作出调整，如果客户没有特殊要求，就全部采用国产零部件。

华锐风电敢于保证在两年半内完成海上风电机组的研制，这一点很符合项目规划的要求，也就更加坚定了项目组和华锐风电合作的信心。这背后的逻辑在于，上海东海大桥风电项目机组设备招标时，参与投标的国际著名风电设备商在投标以及之后的谈判中设置了许多歧视性的商务和技术条款。正是他们这种傲慢和偏见，激发了项目业主转向国内并支持大型海上风电机组国产化、自主开发海上风电技术的决心和积极性。这样，我国的风电设备企业才得到了机遇，而华锐风电恰恰抓住了这个机遇。

东海大桥海上风电项目组组织了由行业专家组成的考察团队来华锐风电考察，华锐风电有关负责人把华锐风电与奥地利 Windtec 公司联合设计的知识产权合同、所有图纸，以及关键零部件国产化的设计及合同都摆出来，仅仅覆盖了敏感的价格内容，让考察人员一项项查看想看的内容条款，但华锐风电也要求不能拍照、不能复印、不能带出办公楼。三天的考察后，考察团感叹，华锐风电竟然是国内唯一在开发 3 兆瓦和 5 兆瓦海上风电机组的企业。

实际上，当东海大桥风电项目业主组团来华锐风电考察时，华锐风电 3 兆瓦海上机组方案设计工作已经完成。针对业主非常关心的海上风电机组的防腐和维护问题已有了完善的解决方案。这些方案消除了业主的担心，而当业主考察了华锐风电 1.5 兆瓦机组的生产情况和 3 兆瓦机组的实际设计进度之后，他们的心踏实了。2007 年 12 月 21 日，华锐风电成为我国首个海上风电项目的机组供应商，签约仪式在上海西郊宾馆举行。

2009 年 3 月 20 日，上海东海大桥 100 兆瓦海上风电场首台机组安装成功，这在国内外引起广泛的关注，也引起了质疑。质疑者认为，欧洲的经验表明，海上风电开发初期的主要风险，是在开发中过早地将风电机组安装于海上。据此认为，华锐风电的胆子够大，陆上没有运行的机型直接安装到了海上风电场。

华锐风电的解释是，表面上看，华锐风电的 3 兆瓦海上机组没在陆地运行就直接下了海，实际上机组在车间进行了很长时间的满负荷运行试验，而且运行条件十分苛刻。不错的运行试验数据，更加增添了华锐风电对这款海上机型的信心。

客观地看，中国开发海上风电刚刚起步，是探索就有风险，关键在于规避、控制和预防风险，使其降低到最低程度。在欧洲，2002 年投运的丹麦 Horns Rev 1160 兆瓦海上风电场，Vestas 2 兆瓦机型的齿轮箱曾出现过批量事故，Vestas 因此付出了很大代价。从当时华锐风电研制 3 兆瓦海上机型的情形看，他们在解决机组安全可靠性上做实了两点：首先，在设计上体现了风险控制的思想，做到了能控制的要全部控制。韩俊良回忆说，华锐风电早就注意到上海东海大桥海上风电项目的信息，因此华锐风电 3 兆瓦海上机型的设计完全按照海上风电设计规范进行，尤其对东海大桥风电场风况环境的复杂性以及台风因素都做了实际测量和计算，使得机组研制更具针对性和适宜性。

其次，结合欧洲海上风电场投运后的失效案例，从机组全生命周期运维角度提升运维效率和降本，因此华锐风电 3 兆瓦海上机型机舱内配备了大部件单元自维修起重系统，实现机组自身具备 35 吨的吊装能力，能够拆装齿轮箱、发电机、叶片等部件，这样就可在不动用大型海上浮吊船的情况下完成机组维修，保证机组的可利用率。十年后，提到这款机型的自维修系统，张开华感慨道，"它确实给风电场的大部件更换和部分机组风轮直径升级带来便捷和降本。"机组的齿轮箱产自捷克，但厂家退出中国市场后，这批齿轮箱的维修缺乏技术服务支持，长期运行中频繁出现高速级失效问题。对此，东海风力发电有限公司 2019 年启动这批齿轮箱的国产化替代计划，机组自维修系统的应用使单次齿轮箱更换施工费用降低 80%。

张开华还谈到一个重要信息，当年机组选型有些保守，二类风场选用一类风电机组，直径 90 米风轮效率偏低。假若当年的测风更准确些，使用直径 105 米的风轮，机组的发电能力可提升 15%。他说，"2014 年，结合机位的风速数据，对 10 台机组的风轮直径实施了升级，对整场发电量增量作出了贡献。"

2010 年至 2021 年，34 台机组经历四次台风考验，其中 2011 年台风"梅花"来袭，最大瞬时风速达到 46.53 米 / 秒，为风电场投运以来最高风速纪录。2012 年台风"海葵"来袭，最高瞬时风速达到 45 米 / 秒，34 台机组全部正常切出，期间无人为干预。台风过境 4 天时间，机组发电量超过 800 万千瓦时。风电场 11 年运行经历说明，机组在上海区域抗台风性能良好，符合设计预期。

给机组配个"长腿螃蟹"基础

东海大桥海上风电场位于长江口，10 米水深以下的海底沉积着 20 米厚的淤泥质土，在这样的地质区域竖立超过 30 层楼高的巨大机组，国内没有先例，国外仅有的单桩、导管架与重力基础均不适用，须要独特的创新设计。

上勘院结合我国海域特有的台风天气、淤泥地质条件以及东海大桥海域独特的通航需求，攻克了软土地基低载荷能力的影响与通航条件下的防撞难题，提出了三角架式、四角架式、高桩承台群桩和单根钢管桩等多种基础方案，通过比较论证，最终采用中国首创的高桩承台群桩基础设计方案，建成了我国首座大型海上风电场。

在上勘院，这套基础方案被戏称为"长腿螃蟹"，先是在海底斜着打入 8 条 80 多米长、直径 1.7 米的钢管"长腿"，围成一个圈；然后，再在 8 条"长腿"上浇筑一个直径 14 米的混凝土承台，相当于"蟹壳"，机组就站在这样的"蟹壳"上。

当时，出于为这套基础方案提供认证服务的需要，鉴衡与上海东海风力发电有限公司、上勘院相关专家就项目基础及其他关键设计进行深度交流，"优化"和"改进"成为高频词。

早在 2007 年，鉴衡就介入到东海大桥海上风电项目的认证评估工作之中。鉴衡副总裁张宇回忆，为更好地完成我国首个海上风电项

307

目设计评估，鉴衡引入了当时国际上最先进的"一体化"计算仿真技术，在项目公司、整机制造商和上勘院三方的支持下，在评估过程中完成了机组和基础整体透明化建模仿真。这是国内首次对"一体化"仿真技术的探索。

值得一提的是，依托后续几年的推广，"一体化"仿真与设计技术逐渐得到行业重视，在更多的项目中得到了不同程度的应用。鉴衡也以此项目为开端，加入了海上风电"一体化"仿真国际合作项目IEA Task30，十几年来该项目中的海上风电仿真计算能力得到了国际前沿研究机构的验证和认可，成为国内该项目参与程度最高的机构。截至目前，该项目第 6 阶段仍在开展，鉴衡共在国际上公开发表联合论文 4 篇，编纂了《海上风电项目认证实施规则》（2019）。张宇坦言，"这些成绩都源于最初在东海大桥海上风电项目中进行的实践和能力建设。"

张开华总结道，这套基础方案不仅代表了"中国首创"，更重要的在于，它综合考虑到了国内企业的施工能力，做到了安全、经济、合理，获得业主方和施工方高度认可。

东海大桥东侧海域平均水深比西侧低 0.5 ～ 1 米，但总体水深仍在 10 米以上，施工条件恶劣。欧洲已建风电场多采用单桩基础，也有导管架基础等。上勘院不仅对这些基础型式在东海施工的可能性、投资大小进行了研究，还特别对这些基础型式受通航孔过往船舶非正常航行撞击风险的承受力进行了比较。风电场海域原属于可通航水域，来往船只较多，风电场建成后，由于场址区域使用权是按风电机组机位点征用，风电场为非封闭管理区域，存在船舶进入风电场的可能。其中，有 9 台风电机组位于东海大桥 3 号 1000 吨级船舶通航孔两侧，最近的一台机组距离通航孔仅 30 米，受船舶撞击的风险较大。风电机组塔架为典型高耸结构，对水平撞击比较敏感，必须防止船舶的直接撞击。

也正因此，上勘院在可研报告中考虑了两方面的防撞方案：一是对 1000 吨级通航孔两侧的 9 台风电机组，采取在每台机组周围设置 5 根直径 2.5 米的防撞钢管桩，管桩周围设置橡胶护航，每根桩之间以两道锚相连的防撞措施；二是对于通航孔以外的机组，防撞设计原则和方式与通航孔侧的防撞桩相同，不同的是按 200 吨级船舶防撞设计，每台机组周围的 5 根防撞钢管直径为 1.2 米。

但在实际的施工过程中，防撞方案改为钢筋混凝土承台降低到一个合适位置，并在机组外围设置适当防护，如此一来，船舶即使撞击到混凝土承台，其撞击力也有一定减弱，通过混凝土承台，可将撞击力传导至下部的多桩承台，减弱对整机的影响。

上勘院总工程师陆忠民谈到，假如采用单桩基础，基础直径要非常大才满足要求，但这是风电场安装条件不允许的。同时，船舶撞击到单桩基础上，有可能直接将塔筒撞偏。如果连接多桩基础和塔筒的不是钢筋混凝土承台，而是导管架基础，船舶直接撞击到基础结构的桁架或支腿上，这样就要求每个桁架或支腿要做得很强壮，才能抵抗住船舶的撞击，这个投入是非常高的。

如果不做强支腿，也可在基础周围做一个防船撞击的外围，而这个投资也是很可观的。经过研究，上勘院最终选择了多桩承台的形式，下面打 8 个桩，连接机组的基础是钢筋混凝土承台，上面是塔筒。这种结构的优势在于，一方面较好地解决了软土地基的问题，另一方面有效解决了通航孔中船舶对基础可能的撞击风险。这个基础型式可以把混凝土承台降到一个相对合适的位置，使船舶撞击的时候不会撞到底下的桩基，也不会撞到上面的塔筒。船舶撞在混凝土承台上，撞击力马上就会通过整个桩台传到下面的多桩承台上，减少了撞击对基础的危害，对整个结构也是有利的。

风电机组基础设计本身就是一件非常复杂的工程，而海上风电机组基础结构具有重心高、承受的水平风力和倾覆弯矩较大等受力特

309

点，其设计就更加复杂，涉及上部风电机组和下部支撑体系在结构方面的静力和动力分析，设计过程中还需要充分考虑离岸距离、海床地质条件、海上风浪以及海流、冰等外部环境影响。

国外应用的海上风电基础从结构型式上主要有重力基础、单桩基础、导管架基础、漂浮式基础。欧洲海上风电场采用的基础一般是钢结构或混凝土结构，而东海大桥海上风电场采用的是钢结构和混凝土互相混合的结构，因此应力比较复杂，受力也很复杂，需要进行大量的结构分析工作。另外，海浪作用在这种复杂基础结构上，受力相对比较复杂，需要通过相关模型试验，进一步测量作用在基础上的荷载情况。

潮汐对基础周围海床的冲刷也是一个需要重点考虑的问题。因为，机组基础是一个多桩基础，在整个区域的涨落潮影响下，基础周围的海床会受到冲刷。对此，上勘院做了包括相关物理模型试验在内的相关研究，为风电场安全运行起到最大的保证作用。

"偷懒"的桩锤

2008年9月25日，东海大桥海上风电场开始基础沉桩施工，这是项目业主、设计方和施工方最为紧张的一天，毕竟多桩基础承接台施工是一次重要的探索和示范。

在此之前，我国缺乏海上风电场项目的施工经验，仅有的一次海上风电探索，是在离岸70公里、水深约30米的渤海绥中油田建成的风力发电站。该风力发电站由中国海洋石油集团有限公司投资兴建，2007年11月8日投运，所采用的1台1.5兆瓦风电机组由中国海洋石油集团有限公司与金风科技联合开发。该机组在海上并入柴油机供电系统，尽管科研价值高于商业价值，但它为机组的海洋环境适应性、燃料与风力互补电力系统研究提供了宝贵数据。

真正规模化海上风电项目建设还看东海大桥项目。

中交第三航务工程局有限公司宁波分公司承担了此次施工任务。这家分公司的副总经理黄国梁成为执行这次施工任务的领导人，他们结合特殊施工条件进行针对性科研攻关，确定具体的施工方案。与国外的做法不同，本工程采用了群桩基础，由于风电机组承台基础要承受复杂和恶劣的外来载荷，每根钢管桩的入土深度达66米，其中进入沙土层约40米，超出水工结构桩基常规施工要求，钢管桩沉桩时对捶击能量的要求已到现有桩锤的极限。

在项目开工前，施工方和设计方对沉桩可能性进行了分析，并结合类似地质条件下的桩基检测经验，选用了国内最大最新型的D220柴油锤进行锤击沉桩。这种锤的锤击数最多达到6000次，这是他们以前从事水工工程结构施工没有碰到过的。

即便这样，在试打第一根桩时，仍然碰到了难题。柴油锤打桩进行一段时间后，效能就降低了，最后桩锤的承载基本上达到了临界状态，也就是说根本打不动了。怎么办？后续桩也这么打的话，不可能按期完成风电场的基础施工。

经过一段时间的摸索，他们终于发现，桩锤在长时间试打过程中，打桩机发热严重，致使桩锤效率降低，最后打不下去，也就是说，"打着打着桩锤就'偷懒'了"。而有效解决桩锤"偷懒"的方法也很简单，就是给桩锤适当的休息时间，让它打一段时间后，就休息一段时间，使柴油锤尽可能冷却，这样，再接着打的时候，桩锤就又能够发挥本身的效能了。

好在，这个问题的解决不需要对设计进行颠覆性的修改，从总体施工费用上来讲并没有多大差别，而实际上却使整个工程得以顺利地推进。

首期工程3台样机带来的"修正"

2009年3月20日，东海大桥100兆瓦风电场项目首台机组安装

311

成功，此后 4 月 5 日、7 日，第 2 和第 3 台机组相继安装成功，9 月 4 日正式并网运行，至此首批机组安装工程竣工。

为什么要先做首批机组安装工程？陆忠民说，3 台样机的吊装，除了验证机组整体安装技术的安全可靠性，更重要的是验证基础是否满足机组安装及运行时的设计载荷要求。机组吊装的时候，需要基础承受一定压力，但这个基础承载力设计值的最优值是多少呢？如果在欧洲，通过已有的经验就可以知道承载的情况，但是东海大桥的土壤情况与欧洲截然不同，基础到底能不能承受所设计的荷载，需要现场装机载荷试验来回答。

同中国其他航务工程公司一样，实施机组吊装任务的中交第三航务工程局有限公司也没有建设海上风电项目的经验。也正因此，这家公司在确定吊装方案时进行了大量调研，并在前期工程实例中进行了验证，最终认为在东海大桥这种海床淤泥较厚的情况下，分体吊装方式必需的自升式船舶或平台，存在液压支腿下限过深无法拔出的风险，所以分体吊装方式不完全适用，最终确定采用整体吊装方案，即在陆上完成整机拼装，由驳船将机组运输到风电场场址，再用起重船完成最后的安装工作。

东海大桥海上风电项目机组吊装作业，其背后是我国首创的海上大型机组整体安装技术，即初定位、软着陆与精定位的一体化整体安装技术，实现了悬空吊装的海上机组与固定基础之间平稳对接、精确定位。

从技术组合上看，主要有 3 项：一是初定位系统，集成了 GPS、测倾仪与自动对中控制技术，可在大雾等能见度低的天气情况下，达到施工船两吊点中心与机组基础中心定位误差小于 5 厘米；二是集成油压缓冲隔振器、蓄能器、同步升降系统的柔性安装系统；三是独特的液压缸组合式设计，构建了自动精定位系统，实现机组在安装平面内平移 ±150 毫米下的旋转角度小于 1.5 度，机组内法兰 108 个螺栓孔在 2～5 分钟内同步快速对中，每个螺栓孔的定位偏差都小于 1.5 毫米。

就这样，高于海面 90 米的 3 台样机稳稳地矗立在东海大桥东侧的海域，7 月 26 日送电后开始进行系统测试，8 月 20 日迎来大风，顺利地进行了满功率测试，9 月 4 日正常并网。

这 3 台运行的样机，上上下下安装上了不同的传感器测点，从桩基到承台也有多个测点。3 台样机一段时间的运行数据成为评估基础结构设计、施工和安装效率优化的依据。项目投资方上海东海风力发电有限公司、项目总体设计方上海勘测设计院有限公司、机组提供方华锐风电、机组基础施工和安装方中交第三航务工程局有限公司、科技攻关参与方上海交通大学和同济大学、基础和机组设计认证服务提供方鉴衡举行项目评估会，除了对基础结构设计中基础的强度进行了"修正"，还要求机组小部件要在装配工厂配置好，不要到海上来配置，以便提高海上机组安装效率。

比如样机安装阶段，机组立起来以后，需要工程师为机组安装机舱散热补偿器，令人难以接受的是，就为安装这么 1 个小部件，就花费 1 整天的工夫，因为工程师要爬到 90 米高的机舱顶部，且在机舱内必须使用高达 4 米的铝合金梯子，可每次打开梯子至少需要 3 个人，攀爬时也得有人扶着，工作时耗费人力和时间。后来的 31 台机组的机舱散热补偿器直接在装配厂安装好，海上现场安装就没了这道工序，提高了安装效率，且机组机舱内的梯子直接换成钢结构，固定在机舱内。

住在"集装箱"的工程师们

3 台样机正常并网运行，确实给后续 31 台机组吊装、调试和运行提供了可借鉴的经验。

313

但由于海上风况变化，常会出现不能作业的情况。项目组本来计划 10 月 20 日进行后续 31 台机组的吊装。可自 10 月 3 日开始，连续刮了 20 多天风，正是工期最紧张的时候，反而干不了活，真是令人着急。实际上，自项目首阶段最后 1 台样机 4 月 7 日完成吊装后，项目施工按下 6 个月的暂停键，为的是优化和改进，使其更符合项目本来的示范和商业价值定位。

按照项目建设工期，后续 31 台机组也就是整座风电场要在 2010 年上海世博会期间正式并网运行。为保工期，华锐风电项目团队作出了"住在风场"的决定，也就是住在机组平台上的白色集装小屋，这 8 平方米的小屋安装在 20 平方米的机组平台上，旁边就是 30 层楼高的机组塔筒。在机组调试最紧张的日子里，华锐风电 30 多个工程师分组分别住在这样的小屋，小屋内置一个上下铺，折叠床，还有电饭锅、电磁炉、冰箱、空调。

但让华锐风电工程师们想不到的是，机组身边住人这件事成为一些媒体质疑"机组质量问题"的佐证。"机组故障太多，也就只能守在机组旁随时待命解决。"这是质疑者的逻辑。可真实情况是，住在风场能避免海上交通的危险与不便，使得机组调试能连续不间断地进行。一个基本事实是，出船时间要根据气象而定，风速超过 12 米 / 秒之后不会出船。若天气好，一般到下午 3 时左右船就必须从风场驶回，天黑后船易撞到海上的渔网。这样，清晨 7 时出海，在风场的有效工作时间非常紧张。

这个中国第一个海上风电项目一直备受业界关注，质疑之声也一直不绝。即便 2010 年 2 月 27 日第 34 台机组完成安装，6 月 8 日 102 兆瓦风电场全容量并网发电，质疑者还在质疑，认为"该项目缺乏深入研究和必要的基础准备就仓促上马，仅是一个为给世博会添加一抹绿色电力的政治工程和形象工程而已，其经济性和商业性并不具备示范意义"。

一个"不可能做成"的项目

上海东海大桥 102 兆瓦海上风电场，2010 年 6 月建成。

这只是质疑者的质疑。国家相关部门的鉴定、验收意见回答了质疑者的质疑。2011 年，国家能源局验收与后评估复函指出，上海东海大桥一期海上风电场的成功建成投产，使我国海上风电开发实现了从无到有的关键转变，海上风电开发技术取得突破性发展。该项目推进风电机组设备制造水平迈上新的台阶，初步形成了海上风电施工安装的能力，海上风电机组基础设计技术得到初步检验，推进海上风电标准体系的建立和完善，对推动其他地区海上风电发展具有示范效应。

以海工领域王景全院士为组长的专家组鉴定意见认为，东海大桥一期海上风电项目综合技术为国内首创，该项目的顺利实施，对加快我国海上风电场建设意义深远，具有重要的推广应用价值。

中国科学院上海科技查新咨询中心的查新咨询报告认为，东海大桥海上风电项目与欧美同类技术相比更具新颖性和应用性，能够起到良好的示范作用，为同类工程项目提供参考。该项目的综合技术达到国际先进水平，部分成果居国际领先地位。

另外，东海大桥海上风电项目还获得两个重要奖项："我国首座大型海上风电场系统关键技术及工程应用"获得 2016 年度中国电力科技进步奖一等奖；"我国首座大型海上风电场建设与运行关键技术及示范应用"获得 2018 年度国家科学技术进步奖二等奖。

业界的一个基本共识是，东海大桥海上风电项目是一个可以进入海上风电建设史的工程项目，全面开启了我国利用自主技术大规模开发利用海上风能资源的大幕。

一个"不可能做成"的项目

来安，"低风速风电是个了不起的创举"

安徽来安低风速风电场。

　　2015 年的秋天，国际电工委员会可再生能源设备认证互认体系（IECRE）的一位专家来中国调研风电技术发展情况，其间他对我国低风速风电开发"最感兴趣"，很感慨地对我说，"中国低风速风电是个了不起的创举，让世界看到了更加广阔的风电开发空间。"

　　我记得，最早和我聊起低风速地区风电开发话题的，是华能新能源总经理赵世明。那是 2009 年初春的一天，我们先是聊起三北地区大面积弃风限电的现状，后又讨论了一番低风速地区开发风电的可能

性。按照当时的风能资源评估标准，一个地区年平均风速低于 6.5 米 /
秒，称之为低风速地区。赵世明认为，"别看现在这些地区的风能资
源没谁愿意来开发，可你一旦让它们变成经济性项目，'鸡肋'立马
会变成'香饽饽'。"

只是后来，赵世明退休了，也就离开了他的"低风速风电梦想"
之地。

看见低风速风电的公司，总会有一个公司先行，2011 年 1 月 6 日，
龙源电力安徽来安低风速风电场并网。这是我国首个建成投运的低风
速风电场，结束了低风速地区无风电的历史，意味着占我国风能资源
60% 以上的低风速地区从此具有开发价值，改变了中国风电的开发
格局。

低风速风电机组产品开发成为我国风电技术创新与进步的经典场
景，到 2021 年，我国主流风电机组产品的风轮直径已超过 156 米，
有些机型的风轮直径达到 210 米。预计未来 3 到 5 年，度电成本可以
降至 0.15 元 / 千瓦时至 0.2 元 / 千瓦时。近海风电 5 年内降至 0.4 元 /
千瓦时至 0.5 元 / 千瓦时，深远海风电 8 年左右降至 0.4 元 / 千瓦时至 0.5
元 / 千瓦时。

可以预期的是，在大数据人工智能技术加持下，无论陆上风电还
是海上风电，其度电成本都会得以降低。事实会进一步证明，我们使
用风电不仅因为清洁，更是因为便宜。

来 自 来 安 的 星 火

为什么低风速风电的星星之火起于来安？

来安县位于安徽省东部，隶属于滁州市。在中国风能资源版图中，
安徽省历来被列为风能资源较差地区。"处于内陆腹地的安徽省除了
部分山地外，风能资源相对贫乏。"中国气象局 2006 年 12 月出版的
《中国风能资源平价报告》对安徽省风能资源作出这样的评价。

来安，"低风速风电是个了不起的创举"

安徽地区的低风速究竟有多低，是不是真的不具有开发价值？作为安徽省内的能源投资主体，安徽省能源集团有限公司（简称皖能集团）率先行动，一探究竟。2007 年上半年，皖能集团在来安布置测风设备，经过两年时间的实际测风，发现 70 米高度年均风速不足 6 米/秒，属于超低风速区域。按照当时风电技术水平及机型测算，在这一区域开发风电项目几无盈利的可能。也正因此，从皖能集团到当地政府不再对来安风电开发抱有热情和希望，甚至有些失望。

龙源电力在得到这一信息后第一时间联系皖能集团，提出售让测风设备和数据的请求，以进一步开展来安区域的风电开发调研工作。皖能集团认为，龙源电力是我国开发风电较早也是装机规模最大的新能源公司，在风电开发上更专业，经验也更加丰富，有可能尽早实现安徽风电开发"零"的突破。因此，皖能集团欣然同意了龙源电力的申请。

龙源电力负责人回忆当年这段往事时，还特别感谢皖能集团给予的支持，有两年的实际测风数据基础，至少让龙源电力在低风速区域的风电探索提前了两年，也为后来的风电开发策略调整提供了新的认知。

进入 2009 年，由于电网送出瓶颈和当地消纳需求不足，我国"三北地区"出现了大面积"弃风限电"状况，各大风电开发企业被迫放慢甚至停止了在风能资源优质地区的开发脚步，龙源电力希望通过低风速风电开发实践，进而实现就地开发、就地使用的规模化开发策略转移。

于是，龙源电力从邻近的江苏省等地调来骨干力量进驻来安实地勘探，加快项目可行性研究，并与远景能源、联合动力反复探讨项目解决方案，确定用"增加风轮单位千瓦扫风面积和精细化微观选址"这两项技术来提升项目收益，最终拿出了可满足内部收益率 10% 投资要求的开发方案。

尽管龙源电力在运行来安低风速风电项目上比较低调，但还是引

319

起了业内高度关注，毕竟龙源电力是行业第一个"吃螃蟹"的公司，人们在佩服其勇气的同时，也在为其担心，在低山丘陵复杂地形、不足 6 米 / 秒的风速区域，建设一座可以盈利的风电场并不是一件容易做到的事情。

但龙源电力还是比较淡定的，在启动来安项目的内部会议上，他们认为更大的风轮能够捕获到更多的风能，随着风电机组控制策略的优化和风电场设计水平提升，低风速区域风电场发电量还有较大上升空间。

一切如期进行。2009 年 11 月，龙源电力与来安县签订《来安 20 万千瓦低风速风电项目开发协议》，项目一期、二期、三期选用远景能源 1.5 兆瓦、风轮直径 87 米机型，项目第四期选用联合动力 1.5 兆瓦、风轮直径 86 米机型，装机容量 19.8 万千瓦。

2011 年 1 月 6 日，来安低风速风电场首批机组并网发电；2011 年 5 月 16 日，来安 19.8 万千瓦低风速风电场全容量并网投运，标志着我国内陆地区首座低风速风电场正式建成并投产发电，每年为安徽电网提供近 3.6 亿千瓦时的绿色电能。

来安低风速风电场是我国风电发展史上里程碑式突破，打开了陆上风电的一片蓝海。一年后，我和同事到来安低风速风电场调研，现场数据告诉我们，在平均风速 5.5 米 / 秒风况下，这座风电场的年等效满发小时数达到 1874 小时，按照国家发展改革委规定的 0.61 元 / 千瓦时标杆上网电价，其内部收益率超过 10%。需补充的一点是，使用当下的机组技术，还是这座低风速风电场，年等效满发小时数可达 3000 小时。

来安低风速项目的成功主要在于两点，一是适宜在低风速区域运行的定制化低风速机型和高效的控制策略；二是精细化的微观选址，细化到结合地形地貌甚至植被茂密或稀疏实际来确定机位，旨在每台机组都能捕获到更多风能。

来安，"低风速风电是个了不起的创举"

在风能资源丰富的三北地区，机组安装点位相差几米对机组的发电量几无影响，但在风能资源贫乏且地形复杂、植被茂密的安徽来安，相差几米的点位其风速却有着较大差异，而低风速风电场发电量对风速有着很强的敏感性，在风电场设计过程中 0.1 米 / 秒的风速误差对应 4% 的发电量误差。这也是为什么龙源电力将微观选址视为来安风电场建设的重要因素，有些机组竖立在丘陵的顶部，有些机组则竖立在一片水面的旁边，由于水面粗糙度小，风的阻力就小，附近机组可以获得相对高些的风速。这足以看出这座低风速风电场在微观选址上的精细化程度。

来安风电场是我国内陆省份第一个低风速风电场，其设计年平均风速为 5.7 米 / 秒。对于这座基于当年风电技术水平的风电场，在龙源电力党组书记黄群看来，"它的成功投运对于国内陆上低风速省份的风能资源开发利用具有示范和引领作用。"

国家能源局新能源和可再生能源司专程向龙源电力发来贺电，鼓励龙源电力总结成功经验，加快中东南部地区风能资源开发步伐。值得行业自豪的是，来安低风速风电场项目获得 2012 年度"中国电力优质工程奖"和"国家优质工程银奖"。

大风轮风向标

来安低风速风电场成功投运，是我国风电发展史上的里程碑，远景能源也因此成为我国和全球最先推出大风轮低风速风电机组的整机商。同其他整机商在我国三北地区展开激烈竞争不同，远景能源实施差异化竞争策略，专注低风速领域机组技术突破，期望用产品创新打开一片蓝海。

当年远景能源的风电机组控制策略行业领先，可以说设计开发低风速机组水到渠成，但起关键催化作用的是远景能源的创新意识。2009 年初春的一天，远景能源创始人、CEO 张雷来北京拜访华能

来安，"低风速风电是个了不起的创举"

新能源总经理赵世明，赵因处理别的事情，让张雷苦苦等了半个多小时。

见面后，赵世明先抱歉，说中午请张雷吃炒饭，两人聊得很开心也很投机，赵提到华能集团进入风电圈子晚于其他发电公司，圈定的风能资源中有些是中低风速资源，建议远景能源开发低风速风电机组，引领中低风速风电发展。听到这儿，张雷格外激动，事实上远景能源内部正在酝酿低风速机组的设计开发，有些技术可行性调研已悄悄展开，赵世明的需求和建议更加坚定了张雷设计开发低风速风电机组的决心和信心。

2009 年 12 月，远景能源研发团队完成了 87/1.5 兆瓦低风速机型的设计稿，并给其赋予了"智能风机"的概念。在管理层会议上，张雷将设计和制造低风速智能风电机组比喻为"在刀尖上行走"，步步惊心。他强调，"必须保证远景能源低风速智能风电机组在设计水准和制造质量上的可靠性，因为低风速让客户行走在盈利和亏损的边缘。"

这让龙源电力多了一分踏实。在低风速区域也可以赚钱，风电并网也不是问题，这款低风速机型，远景能源有多少，龙源电力就要多少！龙源电力也希望将 1.5 兆瓦机组的风轮直径从 87 米提升到 93 米，以提升 10% 的发电量。

在低风速地区，并非增加风轮的扫风面积就能提高风电场的投资回报率，必须使用特殊的低风速控制技术和策略才能获得好的经济效益。远景能源技术官王晓宇博士在和我交流时提到，远景能源在自己的"风电机组载荷控制软件在环仿真平台"上验证了各种控制思路之后，找到了一种特有的"动态最优发电量捕获算法"和降载核心控制策略，推出了全球首款针对低风速地区的 1.5 兆瓦、87 米大风轮风电机组，创造了国内低风速区域风电开发需求。

要知道，此前行业 1.5 兆瓦风电机组的风轮直径在 70 米至 80 米之间，远景能源 1.5 兆瓦低风速机组的风轮直径增大到 87 米，这是我

来安，"低风速风电是个了不起的创举"

国风电创新发展的一步。

远景能源这款机型的设计突破了欧洲风电机组风轮的"黄金比例"概念。简单说，在确定可利用风速目标的条件下，风轮面积与功率之比有个黄金比例。按照这个概念，1.5兆瓦机组风轮直径可以做到82米，但这是基于欧洲7米/秒以上可利用风速所做的设计。如果开发商把这样的机组安装在中国风速6.5米/秒的风场是不会赚钱的。如何才能让机组在风速6米/秒的风场也可以为开发商赚钱呢？通常来说，只要把机组的风轮加大就可以了，但能发电不等于可以赚到钱。开发商曾专门做过这方面的投资模型，计算结果表明低风速区域不具有投资价值。

低风速机型必须保证大风轮载荷的推力、弯矩，以及基础的倾覆力与常规1.5兆瓦机组接近，这就是技术挑战。解决其挑战，就可以把人们认为不可开发的低风速区域变得可以开发。

风电机组的设计目标是尽可能多地捕捉风中的能量，但根据基本力学常识，风轮在吸收风中能量的过程中，也会产生机组载荷，吸收的能量越多，对机组产生的载荷就越大。这些载荷可以分为有效载荷和有害载荷，有效载荷是直接推动风轮旋转进行能量转化时对机组结构所产生的载荷，而有害载荷则是由于叶片阻力和升力的轴向分量引起的对能量转换没有贡献的伴生载荷。一般来说，有效载荷越大，有害载荷也会相应增大。风电机组的设计目标，就是通过叶形气动设计和控制策略设计，寻找一个最优的折中方案，最大限度地控制机组在发电过程中所产生的有害载荷，最大可能地增加有效载荷，以提高发电量。而有效地降低有害载荷则可以极大地减少机组，包括塔筒和基础的结构成本。

王晓宇戏称，远景能源设计团队是一群和"超大风轮风"对机组的有害载荷做斗争的战士，他们手中的武器则是远景能源引以为傲的具有极高开发效率的"风电机组载荷控制软件在环仿真平台"。在这

323

个平台上，他们可以尝试各种各样的新颖控制策略，一个新的控制想法和思路以及繁琐的大量控制参数的反复调整，就变得非常容易。在这个平台上，远景能源的控制工程师一天可以验证几个不同的控制思路，当天就能对其控制效果以及对载荷在机组结构上分布变化的影响作出评价。

远景能源研发团队在做了大量的设计和验证之后，专门针对低风速而开发的一系列全新、先进的控制技术最终被应用于 1.5 兆瓦、风轮直径 87 米的机型。这些控制技术包括具有远景能源专利的"动态最优发电量捕获算法"以及远景能源 AdvCont 降载核心控制策略，做到了在提高发电量的同时，卸掉因超大风轮增加的机组结构载荷，达到降低度电成本的目的。

有趣的问题是，风轮直径的增加势必会导致机组的载荷增加，那么增加的这部分载荷究竟转移到哪儿？传统方法是，根据载荷的增加情况，对各个零部件做强度校核，如果强度不够，增加材料、修改设计，这种方法相对简单，只需要了解强度校核和机械设计，但缺点是会带来成本的显著增加。

远景能源这款低风速机型将增加的主要载荷转移到对载荷不敏感或者成本增加不大的零部件上，正是远景能源的创新设计从而避免了其他主要零部件成本的显著增加，也减小了机组总体成本的增加。其实，创新设计不是把载荷彻底消解掉，而是用智慧的方法把载荷转化和分化。否则，多发的电量就要为因为载荷加大而增加的成本埋单了。相对于传统风轮直径 70 米至 80 米的 1.5 兆瓦机组，在成本基本保持不变的情况下，风轮直径 87 米、1.5 兆瓦低风速机组可以有效增加发电量 7% ～ 11%。

向上 170 米

来安低风速风电星火，很快就在我国中东南部地区形成燎原之

来安，"低风速风电是个了不起的创举"

势，更大风轮、更高塔筒的机型出现在更低的风速区域，使得这些地区的风能资源具备了开发价值。

更快的低风速机型代际迭代让期许变成现实。

2017 年，业内注意到江苏地区的两个项目，一个是位于泗洪的风电场，项目采用风轮直径 106 米、1.8 兆瓦机型，另一个是位于高邮的风电场，项目采用风轮直径 115 米、2.0 兆瓦机型，2016 年这两个风电场的全年等效满发小时数均超过了 2000 小时。

这两个风电场项目地理位置相近，85 米塔筒高度年均风速刚过 5 米 / 秒，尽管机组厂家、机型代际不同，但其运行业绩事实已表明 5 米 / 秒风能资源已具有开发价值。

显然，不断进步的机型成为我国低风速风电星火燎原的引擎，一款合适的低风速机型会创造一个时段的刚需。比如金风科技的风轮直径 115 米、2.0 兆瓦机型，在 2015 年 1 月 15 日至 2016 年 9 月 30 日这个时段，已装机容量及在手订单容量合计超过 680 万千瓦。

更高塔筒的风电场项目出现了。2016 年 11 月，在江苏滨海，一座 10 万千瓦、120 米高塔筒、风轮直径 121 米的低风速风电场并网投运，刷新我国低风速高塔风电场新纪录。

更大的惊喜发生于河南兰考，2017 年 5 月 29 日，国内塔筒高度 140 米、风轮直径 121 米、2.2 兆瓦机型并网运行，拉开平原地区低风速、高切变风能资源的开发序幕。

先从项目实际看看兰考地区的风速和风切变情况。下表记录了 2017 年 8 月至 9 月不同高度的平均风速和风切变情况。

2017 年 8 月至 9 月不同高度的平均风速和风切变情况

月　份	140 米高度平均风速	120 米高度平均风速	风剪切
8	5.34 米 / 秒	5.10 米 / 秒	0.298
9	5.71 米 / 秒	5.40 米 / 秒	0.362

来安，"低风速风电是个了不起的创举"

325

续表

月　份	140 米高度平均风速	120 米高度平均风速	风剪切
10	5.86 米 / 秒	5.60 米 / 秒	0.294

注　表中风速为远景能源机组 SCADA 记录的全场共同发电时间段的平均风速。

从兰考项目实际运行数据来看，8 月至 9 月平均风速更低、风切变更高，140 米高度塔筒比 120 米高度塔筒的优势更为明显。也就是说，风速越低、风切变更大的情形下，高塔筒更有优势。

从风能资源角度来说，风速在垂直距离上会发生变化，这种现象在大气学中称为风切变。在风电行业，风切变通常用于表征风速在垂直方向的变化速率，风切变指数大则表示风速随高度增加得快，也就是风速梯度大；风切变指数小则表示风速随高度增加得慢，也就是风速梯度小。高切变意味着风随高度快速增加，而塔筒增高以后就可以利用到更高的风速。事实上风切变的高、低是相对的，一般来说，山区风速切变低，平原相对较高，例如中东南部平原、东北平原等。那么，高塔筒风电机组可以让这些地区具有经济开发价值或获得更高的收益。

2020 年 9 月，160 米高塔筒机型在山东鄄城并网，一举刷新我国风电机组高度纪录。一年后，170 米高塔机型在山东胶州投运，纪录再次被更新。

低风速区域更高的塔筒是为获得更多风能资源技术可开发量。国家气候中心评估结果显示，我国 100 米高度陆上风能资源技术可开发量达 86.94 亿千瓦，到 140 米高度其风能资源技术可开发量则上升到 101.79 亿千瓦。

那么，究竟 170 米高塔筒机型在中东南部平原、东北平原带来多大的风能资源开发量，尽管目前还没有详细的数据，但开发空间一定令人惊喜。

　　到 2021 年年底，我国高塔风电机组主要有全钢柔塔、钢混塔和桁架塔三种技术路线。简单说，风电高塔筒就是把风轮和主机送到高处，以此提高风电机组的发电效益，风轮的轮毂中心就是它的高度，但绝非仅仅得益于塔筒高度的简单提升这么简单，而是涉及机组控制策略、运输、安装、施工等一系列技术问题的整体工程解决方案。

　　因此来说，在增加塔筒高度的同时，还需要一系列技术手段来解决增高塔筒带来的新挑战。从本质上说，在低风速高切变风能资源地区开发风电，其塔筒高度及其技术路线是由其场景和经济性决定的。

2019，黑崖子全场并网拉开平价风电大幕

玉门黑崖子风电场。

2019 年，中核汇能有限公司（简称中核汇能）将风电平价变成了现实。

8 月 24 日，中核汇能玉门黑崖子 5 万千瓦风电场全场并网投运，这是我国首个建成全场并网投运的平价风电示范项目。也就是说，这个项目的上网电价与玉门燃煤发电标杆上网电价 0.3078 元 / 千瓦时持平，成为我国风电进入平价时代的重要里程碑。数据显示，2021 年

1 月 1 日—12 月 31 日，黑崖子风电场年发电小时数超过 4000 小时，业绩亮眼。

黑崖子项目平价上网事实成为我国风电平价最早的亮点。惊喜在于，2020 年我国陆上风电已迈过平价上网之门。由 2020 年平价上溯到 1994 年还本付息电价，我国风电走过了 26 年的探索历程。

黑崖子平价背后的逻辑

中核汇能黑崖子平价风电场的成功，有其内在的必然逻辑。

我国风电平价上网示范始于 2017 年，这年上半年国家能源局在酝酿平价风电项目试水事宜，疑问是当下的风电技术和产品能不能给平价项目足够的支撑。当时，我的判断是没有问题的，只是要保障示范项目上网，不弃风限电，再杜绝非技术成本因素的干扰。为了更有说服力，我和同事还是做了一番调研，基本结论是，2017 年平价风电项目试水来得正是时候，成功的项目可以走完陆上风电平价的最后 1 公里。

从风电制造供应链看，历经十年的发展，我国风电设备设计与制造不仅攻克了大部分关键技术，而且建立了完善的产业供应链，不断提升的国产化水平降低了设备成本，从 2007 年到 2016 年 10 年间，我国陆上风电成本下降 40%。

更重要的是，风电机组技术创新加快了产品迭代，为风电平价提供了技术支撑。2006 年，一款机型可以保持市场地位 5 ～ 6 年，随着市场需求的不断变化，2016 年新机型 2 ～ 3 年就要更新换代。从 2007 年到 2016 年的 10 年间，风电机组风轮直径增长了 60 米，单位千瓦扫风面积提高 52%。2017 年上半年，最新机型轮毂高度已经达到 140 米，更高的 160 米高度样机也在试验中。新机型研发和更新速度的加快，满足了风电场精细化开发对机组的定制化需求，可为不同资源条件、不同气候条件和不同地形条件下的风电项目平价提供解决

329

方案。

从数字化趋势看,大数据、人工智能等数字化技术为风电全寿命周期注入降本的活力,一方面,数字化可对既有风电资产运行实施透明化管理,做到度电必争,创造效益;另一方面,风电场终端的运行数据可反哺风电机组设计,加快机组迭代,为市场提供更低度电成本的风电机组。以金风科技智能化制造和远景能源智慧化风电场管理为代表的技术成果应用已成为行业的新标杆。

具有时间节点意义的是,2017年8月31日,国家能源局发布通知,公布首批风电平价上网示范项目名单,河北、黑龙江、甘肃、宁夏、新疆相关省(自治区)的13个风电平价上网示范项目总规模70.7万千瓦。通知明确指出,示范项目的上网电价按当地煤电标杆上网电价执行,所发电量在本地电网范围内使用。首批风电平价示范项目名单的公布,标志着我国风电平价尝试迈出第一步。

中核黑崖子5万千瓦风电项目是国内首批13个平价上网示范项目之一,得到了中核集团的高度重视。集团明确要求项目建设单位要秉承中核人"敢为人先、勇争一流"的工业精神,以此为契机推动中核新能源项目可持续发展。

中核黑崖子项目2018年7月31日核准,由中核玉门黑崖子新能源有限公司投资建设,实际总投资约2.9亿元,2019年3月25日开工,8月24日全场并网,25台上海电气W2000/126机组矗立在玉门市西南约37公里祁连山脚下的砂砾戈壁滩上,场地风沙多、植被少,气象条件恶劣,正是这座平价风电场给这儿的大陆荒漠性戈壁滩带来浓墨重彩的风景。

2020年1月4日,中国风能奖评审委员会向中核汇能颁发"创领先锋奖",表彰中核黑崖子风电项目的产业标杆引领作用。工程创新和控制造价是该项目的两大亮点。比如风电机组基础采用锚栓基础,有效节省了基础钢材使用量,直接降低了用材成本。同时,通过科学安排施工计划，确保工程建设的统一协调，较计划工期缩短了 36 天，项目造价降至每千瓦 5700 元。

需要补充的一点是，中国风能奖是由《风能》杂志社、国家可再生能源中心、风能行业企业及相关机构共同发起的行业评奖表彰活动，旨在向社会传播风能价值，弘扬风能人艰苦创新精神，凝聚风能行业发展力量，缔造积极进步的产业文化。

后来的运行业绩表明黑崖子风电场无愧于"创领先锋奖"。在投运后的一个完整年，也就是 2019 年 8 月 24 到 2020 年 8 月 23 日，发电小时数超过 3800 小时，成为甘肃省建设风电项目以来发电小时数最多的风电场。

如果细看国家能源局发布的首批 13 个风电平价上网示范项目名单，会发现有一个名为"张家口平价上网风电检测认证实证基地"的项目由鉴衡建设，这表明首批平价上网示范项目已经考虑到技术的支持效应，这不仅对首批项目也对后续的平价上网项目提供了技术支撑。

专业点说，"风电检测认证实证基地"主要是用实测验证的方法为行业提供平价上网的新机型，也就是说投资人将依据实测机型的发电能力作为确定风电平价上网项目的重要依据。2021 年 12 月，基地 9 台机组全部并网，分别进行机组研发测试和型式试验，其中陆上机型单机功率最大为 6.25 兆瓦、风轮直径为 190 米，迭代和优化是这些机型必经的步骤，未来三年它们将成为我国陆上更低度电成本和海上风电平价项目技术成熟、质量可靠的主流机型，其单机功率和风轮组合也会引领新一轮技术探索效应。

这座基地配备了全套符合 IEC 标准要求的试验和测试条件，包括 140 米至 200 米测风塔，全部所有类型的激光雷达、高低电压穿越发生设备、电能质量测试设备、载荷测试设备、噪声测试设备、大功率多功能移动工作站等硬件设备设施，可满足 9 兆瓦海陆机型的测试验证需求。

由于分布在不同的地域，因此首批风电平价上网示范项目中的每一个投运项目都具有启迪或示范效应。可以说，陆上风电平价上网项目打开了风电平价的一道道门，我国陆上风电平价的春天来了。2020年8月5日，国家发展改革委官网发布的数据显示，21个省（自治区、直辖市）和新疆生产建设兵团上报的风电平价项目超过2664万千瓦。

平价大基地项目来了

事实上，规模化的风电平价项目比预想来得快一些。

2018年风电以"大基地平价项目"的方式重回内蒙古大地。这年3月，国家能源局复函同意国家电力投资集团"基地化"开发建设乌兰察布新能源项目，同年12月获得核准。

2019年1月，国家电力投资集团有限公司（简称国家电投）发布"内蒙古公司乌兰察布风电基地一期600万千瓦示范项目风力发电机组设备"招标文件，招标范围分为五个标段，最大规划容量为140万千瓦，最小规划容量为90万千瓦。值得注意的是，招标文件有这样的条款："第6年至第20年风电机组和塔筒的检修维护费用要求每年均不得高于25元／千瓦；第6年至第20年大部件质保费用要求每年均不得高于10元／千瓦。"这表明整机商的报价包括了对项目全生命周期的检修维护和质保费用，也就是说，整机商要对其交付的每台机组负责到底。

3月12日，乌兰察布风电基地600万千瓦示范项目开标，全球共14家风电整机制造商参与投标，国内有浙江运达风电股份有限公司（简称运达风电）、中国船舶集团海装风电股份有限公司（简称中国海装）、中车株洲电力机车研究所有限公司（简称中车株洲所）、远景能源、金风科技、湘电、太原重工股份有限公司（简称太原重工）、上海电气集团股份有限公司（简称上海电气）、明阳智能、联合动力、

东方电气风电有限公司（简称东方风电）等 11 家整机商，国外有
Vestas、GE、歌美飒等 3 家整机商。虽然本次招标单机容量要求在
3 兆瓦以上，投标结果显示，在 33 个参与招标的风电机组机型中，
4 兆瓦以上机型数量为 19 个，占比为 57.6%，陆上机组大型化趋势
明显。

4 月 3 日，国家电投发布乌兰察布风电基地 600 万千瓦示范项目
风电机组招标结果公示，上海电气、金风科技、中国海装、明阳智能、
东方风电分别中标获得一标段（140 万千瓦）、二标段（130 万千瓦）、
三标段（90 万千瓦）、四标段（130 万千瓦）、五标段（110 万千瓦）
的大蛋糕。从五个标段的 13 款中标机型来看，4 兆瓦以上机型为 9 款，
最大单机容量为 5.6 兆瓦。

2019 年 9 月 26 日，乌兰察布风电基地一期 600 万千瓦示范项目
开工建设。2020 年 12 月 25 日，国家电投内蒙古能源有限公司发布消
息称，"12 月 24 日 22 点 38 分，乌兰察布风电基地一期 600 万千瓦示
范项目首台机组成功发电，标志着由国家电投承建的全球陆上单体最
大风电项目、国家能源局批复的首个大规模可再生能源平价上网示范
项目，工程建设取得阶段性成果。"

细心的人会注意到，消息说的首台风电机组"成功发电"，而不
是并网。实际上，首台机组成功发电得益于金风科技提供的"风电 +
储能"发电方案。也就是说，金风科技 GW155–4.5MW 机型是最早
竖立在乌兰察布风电基地的风电机组，但是这台机组等待了"很久很
久"，也没有等到电网的到来，项目几无进展。

按照计划，该项目应于 2020 年年底全部并网投运，所发电量通
过新建乌兰察布至张北 3 回 500 千伏线路，外送至京津冀地区消纳。
2020 年 4 月 2 日，该项目外送工程作为跨省跨区重点项目正式列入国
家能源局 2020 年主网架规划。

等待电网，而电网不来，但乌兰察布风电基地一期 600 万千瓦项

目的参与方依然相信利好改变会发生在项目上。到了 2022 年 7 月，乌兰察布风电基地一期首批 120 万千瓦项目出现了有序推进的景象，"就地消纳"成为项目进展的力量和希望，现场恢复了施工吊装。

与乌兰察布风电基地"等待电网"的尴尬相比，中广核兴安盟 300 万千瓦风电基地项目则幸运得多。该项目 2019 年 5 月 10 日获得核准，2020 年 8 月 18 日由电力规划设计总院（简称电规总院）组织的鲁固直流配套蒙东地区风电送出系统方案，以及中广核兴安盟 300 万千瓦项目一期工程接入系统（一次部分）报告评审收口会议在北京顺利召开，经与会专家评审，一期 100 万千瓦项目接入系统方案顺利通过电规总院和国家电网有限公司审查。

2022 年 6 月 29 日，中广核兴安盟 300 万千瓦风电项目一期 100 万千瓦并网发电，标志着我国首个单体百万千瓦级陆上风电基地正式投产。中广核兴安盟 300 万千瓦风电基地项目位于兴安盟科尔沁右翼前旗和中旗境内，其中科尔沁右翼前旗规划建设 100 万千瓦，科尔沁右翼中旗规划建设 200 万千瓦。本次投产的一期 100 万千瓦项目横跨桃合木苏木、乌兰毛都苏木、阿力得尔苏木及阿力得尔牧场，属山地丘陵风电场。每年等效满负荷利用小时数可达 3058 小时，年上网电量超过 30 亿千瓦时。

该项目实现了我国新能源领域多项行业首创，第一个 500 千伏电压等级接入电力系统的陆上风电项目，第一个同时接收网调、省调多级调度的风电项目，第一个采用 500 千伏三相一体主变压器的风电项目，第一个采用分布式调相机的风电项目，第一个通过特高压外送消纳的新能源项目。

值得提及的是，中广核兴安盟 300 万千瓦风电项目采用金风科技和东方电气的机组，各获得 150 万千瓦的订单。金风科技兴安盟整机装备基地占地 300 亩，规划建设陆地 5 兆瓦级风电整机、叶片智能制造基地，首台 GW155-4.5MW 机型 2020 年 7 月 20 日下线，8 月 27 日

334

发运兴安盟项目现场，确保项目整体工程施工进度。

与金风科技一样，东方风电在兴安盟也建有风电装备制造基地，主要生产陆上4兆瓦以上风电机组，年产能力80万千瓦。2020年7月21日，首台DEW-D4200-155机型下线，响应中广核兴安盟300万千瓦基地批量交付的需求。

中广核兴安盟300万千瓦基地项目，也为兴安盟当地带起一座风电装备制造基地的兴起，主机、叶片、塔架、箱变已经成为产业链条上的关键节点。

2020年大金重工的塔筒"一"字形流水线在兴安盟产业园投产，成为产业创新的亮点之一。"一"字形流水线，就是从入口进入的钢板，在被制作为塔筒后，完成涂装喷漆作业，成品由另一侧出来，共经历了700余米的不间断旅程，全部工序一气呵成，塔筒生产不再像传统的工厂那样，生产一节塔筒需要在车间内频繁搬运，能够兼得低造价与高效率，契合平价风电发展趋势。

335

回望电价26年

电价政策是引导市场发展方向的关键因素。从1994年的还本付息电价到2020年的平价，我国风电走过26年的探索历程，期间经历了经营期平均电价、招标电价、有资源差别固定电价、指导电价，最终走过平价之门，进入风电平价时代。

2005年之前，我国风电上网电价长期实行审批电价，其中包括还本付息电价和经营期平均电价两个阶段。1994年，原电力部决定将风电作为电力工业新的清洁电源，制定了风电并网的规定，风电场可就近上网，电力部门全部收购风电电量，上网电价按发电成本加还本付息、合理利润的原则核定，高于电网平均电价的部分，其差价采取均摊方式，由全网共同负担。

由于投资者利益得到保障，风电场开始步入商业化开发阶段。新疆、内蒙古、辽宁、广东、浙江、山东等地建成一批风电场。2000 年年底，全国风电场装机容量为 34.43 万千瓦。

随着我国电力体制改革的深化，电价改革的目标越加清晰，即逐步实行"厂网分开，竞价上网"。在"竞价上网"改革之前，为约束电力成本上升、降低电价，原国家计委 2001 年发布"国家计委关于规范电价管理有关问题的通知"，对核算上网电价的具体方法作出适当调整，明确要求发电项目按经营期核算平均上网电价，也就是经营期平均电价。

值得回看的是，2001—2002 年我国风电新增装机容量均低于2000 年。为进一步促进风电大规模发展，2003 年国家发展改革委推出风电特许权项目招标，将竞争机制引入风电场开发，以招标方式确定上网电价。到 2007 年共组织了五期特许权招标，总装机容量达到335 万千瓦，其招标电价普遍低于其他核准项目的电价，达到了降低上网电价的目的。

特许权招标经验值得推广。2006 年 1 月 4 日，国家发展改革委发布《可再生能源发电价格和费用分摊管理试行办法》（发改价格〔2006〕7 号），提出"风力发电项目的上网电价实行政府指导价，电价标准由国务院价格主管部门按照招标形成的价格确定。"

在这一文件的要求和指导下，部分省组织了若干省级风电特许权招标，并以中标电价为参考，确定省内其他风电场项目的核准电价；其他未进行风电特许权招标的省，大部分沿用逐个项目核准定电价的做法，个别省采取固定电价政策，制定了省内的风电项目标杆电价。这一阶段，我国在风电电价政策方面处于招标电价、固定电价和核准电价并存的局面。值得一提的是，自 2006 年起，国家发展改革委分四批核准不同地区、上百个项目的电价，为后来形成有资源、区域区别的固定电价政策做了厚实铺垫。

2009 年 7 月，国家发展改革委发布了《关于完善风力发电上网电价政策的通知》（发改价格〔2009〕1906号），即我国首个风电区域固定电价政策，确定了分资源区制定陆上风电标杆上网电价的原则，并按风能资源和工程建设条件，将全国分为四类风能资源区域，相应制定了0.51元/千瓦时、0.54元/千瓦时、0.58元/千瓦时、0.61元/千瓦时的四类风电标杆上网电价。

这一固定电价政策为我国风电发展确立了统一的电价制定标准，也影响和规范了各地风电开发的节奏，使我国风电正式步入成熟、规模化发展轨道。

5年后，风电标杆上网电价迎来下调的时间节点，从2014年到2016年历经三次退坡后，2019年演变为指导电价。

2014年12月31日，国家发展改革委印发《关于适当调整陆上风电标杆上网电价的通知》，将前三类资源区标杆电价每千瓦时下调两分，调整后的标杆上网电价分别为0.49元/千瓦时、0.52元/千瓦时和0.56元/千瓦时，而第Ⅳ类资源区仍维持0.61元/千瓦时。

此次调价政策明显利好第Ⅳ类风能资源区域的风电开发。中国可再生能源学会风能专业委员会发布的《中国风电产业地图2015》显示，2015年第Ⅳ类风能资源区域装机最多，占全年总装机容量的56%。

电价下调，意味着"平价上网"的目标越来越近了。

2015年12月22日，国家发展改革委发布《关于完善陆上风电光伏发电上网标杆电价政策的通知》（发改价格〔2015〕3044号），继续下调陆上风电上网标杆电价，Ⅰ类、Ⅱ类、Ⅲ类区下调幅度较大，2016年均下调2分，但Ⅳ类区下调1分，表明风电发展向第Ⅳ类资源区转移的倾向性。

2016年12月26日，国家发展改革委发布《关于调整光伏发电陆上风电标杆上网电价的通知》（发改价格〔2016〕2729号）（简称《通知》），明确2018年新建陆上风电上网标杆电价，Ⅰ类、Ⅱ类、Ⅲ类和

Ⅳ类区，其上网电价分别下调到 0.40 元 / 千瓦时、0.45 元 / 千瓦时、0.49 元 / 千瓦时和 0.57 元 / 千瓦时。《通知》还明确了海上风电标杆上网电价，对非招标的海上风电项目，区分近海风电和潮间带风电两种类型确定上网电价。近海风电项目标杆上网电价为 0.85 元 / 千瓦时，潮间带风电项目标杆上网电价为 0.75 元 / 千瓦时。

值得提及的是，《通知》鼓励各地通过招标等市场竞争方式确定陆上风电和海上风电业主和上网电价，但通过市场竞争方式形成的价格不得高于国家规定的同类资源区域陆上风电、海上风电标杆上网电价。这意味着，除了标杆电价引领，市场招标电价也是促进风电平价上网的一条路径。

2019 年 5 月 21 日，国家发展改革委发布《关于完善风电上网电价政策的通知》（发改价格〔2019〕882 号）（简称《通知》），明确提出"将陆上风电标杆上网电价改为指导价，新核准的集中式陆上风电项目上网电价通过竞争方式确定，不得高于项目所在资源区指导价；对于分布式项目，参与市场化交易的由发电企业与电力用户直接协商形成上网电价，不享受国家补贴；不参与市场化交易的，执行项目所在资源区指导价。风电指导价低于当地燃煤机组标杆上网电价（含脱硫、脱硝、除尘电价，下同）的，以燃煤机组标杆上网电价作为指导价。"

《通知》规定，2019 年 Ⅰ～Ⅳ类资源区符合规划、纳入财政补贴年度规模管理的新核准陆上风电指导价分别调整为 0.34 元 / 千瓦时、0.39 元 / 千瓦时、0.43 元 / 千瓦时、0.52 元 / 千瓦时；2020 年指导价分别调整为 0.29 元 / 千瓦时、0.34 元 / 千瓦时、0.38 元 / 千瓦时、0.47 元 / 千瓦时。指导价低于当地燃煤机组标杆上网电价的地区，以燃煤机组标杆上网电价作为指导价。

从风电标杆电价到风电指导电价，中国风电用了十年时间。按照《通知》的要求，"2021 年 1 月 1 日起，新核准的陆上风电项目全面实

现平价上网，国家不再补贴。"实际上，2020 年陆上风电已经实现了
全面平价上网的目标。

陆上风电已然平价，海上风电平价的目标也已近在眼前。

2021 年 12 月 16 日，国内首个海上风电平价项目华润电力苍南
1 号在浙江省苍南县附近海域开工，装机容量 40 万千瓦，2022 年 12
月底投产。

2019，黑崖子全场并网拉开平价风电大幕

阳江有了一座世界级海上风电实验基地

国家海上风电装备质量检验检测中心。

为什么中国需要一座世界级风电实验室?

这问题让我回到 2012 年的一次美欧访问活动。在美国,我有幸参观了南卡罗来纳州克莱姆森大学的风电机组传动系统和并网性能试验台。这所大学在美国能源部的资助下筹集资金 1 亿多美元,建设了 7.5 兆瓦和 15 兆瓦可以进行 6 自由度加载的风电传动系统试验台,服务于大容量风电机组研发过程中对机组齿轮箱、发电机和传动系统的试验需求。15 兆瓦的试验平台高 30 米,前端加载器直径超过 20 米,由两台 8.5 兆瓦电动机驱动，可以模拟真实环境中风轮施加在传动系统上的动态载荷，令人震撼。另外，美国国家可再生能源实验室在马萨诸塞州建设了 100 米风电叶片全尺寸试验台。

不只美国，欧洲许多国家也在原来基础上新建和扩建技术领先的试验台。各国之所以下大力气投资建设风电试验台，不仅出于长远的发展考虑，更是机组单机容量做大所必备的技术研发支撑。在与美欧风电界的交流中，有一个基本的共识是，与陆上风电相比，海上风电更需要大容量的机组，而叶片和主轴承则是制约机组容量提升的瓶颈。也正因此，风电先进国家才在实验室能力建设上发力，期望用实验室验证及共性技术助力海上大容量机型快速发展。

共性技术概念最早出现于 1988 年美国先进技术计划（Advanced Technology Program，ATP），布什政府将其定义为可以应用于多个产业的产品或工艺的科学事实。但共性技术突破需要公共实验室的支持。尽管我国风电公共技术研发实验室发展滞后，但也不乏亮点。国家认监委通过认证认可制度推进可再生能源公共技术实验室建设，以支持共性技术研发，促进行业基础技术进步和创新发展。

中国工程院原副院长、院士，国家能源咨询专家委员会副主任杜祥琬建议，通过公共技术实验室破解主轴承、叶片、齿轮箱等大功率零部件的设计与制造瓶颈，加快试验迭代和工业化进程，推进海上风电装备产业链升级，满足市场对高质量低成本供应链的需求，让中国海上风电走在世界强国前列。

中国空气动力研究与发展中心原总工程师贺德馨，希望政府、机构、企业加强共建合作，加快传动链全尺寸地面试验台和大功率部件测试实验室建设，满足 15 兆瓦以上机组全尺寸多自由度试验需求，解决关键部件"卡脖子"技术难题。贺德馨还建议，要对大型海上机组型式试验与监测平台建设作出规划和部署，做到以数据为依据、以结果为导向，为海上风电基础研究与创新赋能。

341

基于现实需求和未来期许，得益于国家认监委、阳江市政府及专家支持，由鉴衡建设和运营的阳江国家海上风电装备质量检验检测中心（简称国检中心）已于 2021 年 1 月投运。这是国内唯一国家级海上风电装备公共技术研发实验室，也是迄今为止世界上最大的叶片检测实验室。

2018 年 5 月 11 日，阳江市政府与鉴衡《海上风电装备检测认证与技术创新基地项目》签约仪式在阳江高新区举行。

为什么是阳江？

我对阳江海上风电的认知是从 2017 年开始的。

这一年，阳江市委市政府提出要积极抢抓国家和省能源发展战略转型的历史机遇，通过制度建设持续打造更具竞争力的营商环境，为来阳江发展的企业提供看得见、摸得着和可确定的未来。

阳江让我想到了埃斯比约港。埃斯比约港位于丹麦日德兰半岛西海岸，辐射半径 1000 公里，业务涵盖海上风电、陆上风电、石油、

阳江有了一座世界级海上风电实验基地

天然气、滚轮船等。港口风电产业作业以东港区为主，占地面积约100万平方米，主要用于海上风电设备的运输、预组装、测试和运维检修，场地配有专业的风电作业相关配套设备。埃斯比约港借助其充足的港区设施、物流条件和技术人才储备，已形成了完整的海上风电产业链，涵盖风电装备制造商、开发商、安装承包商、运维商、服务商、设计检验商、安装船和物流企业等200多家全生态链企业。2020年，约75%的丹麦风电设备从埃斯比约港出口，风电业务占港口全年总营收比重的26%，其中海上风电占22%，陆上风电占4%。

阳江港是国家一类对外开放口岸，如果作为海上风电南中国海母港，阳江港辐射半径1000公里，可覆盖广东、福建、海南、台湾（部分）等省，还可覆盖南海沿岸、台湾海峡、琼州海峡、北部湾等海域，以及菲律宾、越南等国家。如果阳江政府通过制定专门的风电港口规划，构建完整的风电产业链，阳江海上风电定有可以比肩埃斯比约港的美好未来。

也正是对阳江海上风电产业集群未来的憧憬，鉴衡在国家认监委的支持和帮助下，制定了在阳江建设和运营国检中心的计划，提交到阳江相关部门后，很快便得到了和时任阳江市市长温湛滨当面汇报交流的机会。

我记得，那天温市长一入座，说有关材料已看过，随后就向鉴衡提出了几个问题，比如世界级海上风电实验基地的内涵、检验检测的先进性等问题，鉴衡都一一作答。温市长还就海上风电母港、风电研发中心、认证中心、大数据中心、运维中心等内容与鉴衡专家进行了深度交流，并当场拍板说："马上办，干就干好！"

时任阳江市市长温湛滨表示支持鉴衡在阳江的实验基地建设工作，希望鉴衡为阳江海上风电母港和产业集群添加基础创新和应用创新作出积极贡献。

2018年5月26日，国家认监委组织专家组在阳江对鉴衡筹建国检中心的事项进行了论证。论证会上，专家组充分肯定了国检中心的建设工作，并给予了指导。

根据计划，阳江国检中心的能力建设主要包括 150 米叶片全尺寸结构测试平台、海上大型风电机组型式检测试验系统、风电机组油品检测实验室、海上风电大数据平台等一批高精度、高可靠性测试系统与设备，在海上风电装备领域形成覆盖原材料、部件、整机、在役机组的一体化检测能力，通过专业的测试、研发、数据分析和人才培养，促进我国海上风电装备质量提升与技术创新，助力海上风电产业健康持续发展。

我认为，这样的海上风电装备公共服务平台才能配得上阳江，才能助推阳江打造国内权威的海上风电技术发源地和创新示范基地，成为粤港澳大湾区的亮丽名片。

事实上，自 2017 年以来，阳江市委市政府积极抢抓国家和省能源发展战略转型以及粤港澳大湾区建设的历史机遇，通过"链长制"制度建设持续打造更具竞争力的营商环境，为来阳江的海上风电企业及参与者提供了能够看得见、摸得着和可确定的发展未来。

到 2021 年，也就是 3 年时间，一个世界级的全产业链海上风电基地正在广东阳江崛起。阳江海上风电装备出运母港已满足风电整机等设备和大部件的出运需求，尤其海上风电装备质量检验检测中心等产业基础平台已投入使用，为阳江在建 350 万千瓦海上风电项目提供便捷高效服务。

一个集研发设计、装备制造与出运、检测认证、运营维护于一体的阳江海上风电母港和产业集群已初具规模。已有 6 家大型海上风电开发企业、17 家风电装备制造企业落户阳江。明阳整机、明阳叶片、中水电塔筒、粤水电塔架等 4 个项目已经投产；金风整机、山东龙马铸造、鉴衡检测认证等项目正在加快建设；中车电机、东方海缆等 12 个项目已陆续动工。阳江产业基地基本涵盖了从风电整机设计

344

开发到叶片、电机、变桨系统、塔筒、润滑系统、机组基础、海底电缆等全链条风电装备部件，这些项目建成后将成为广东乃至全国规模最大、产业链最完整的海上风电装备制造产业集群，形成互动融合的创新生态圈，为全国海上风电降本和高质量发展提供了产业和技术支撑。

什么是"世界级"？

世界级的实验室一定是解决世界级的问题，其建设水平也必定是世界级。

比如叶片，从欧洲与中国机组叶片的发展历程看，1991年到2015年的24年间，中国机组功率和叶片是跟随者，但到2017年，中国出现了直径171米的风轮，超过欧洲直径164米的风轮。2019年，欧美推出直径为220米的更大风轮。就风轮直径而言，中国和欧洲几乎站到一个平台上，中国海上机组叶片发展以及整机设计进入了"无人区"。相比百年航空业发展，民航飞机最大翼展也还没有超过80米，也就40年历程的风电行业，风轮直径已经达到200米。

我也注意到全球知名《科学》杂志的一个观点，随着海上机组风轮增大，风能行业面临空气动力学、结构动力学和水动力学三大挑战，而这三个领域在基础科学方面的研究已跟不上风轮直径的发展。

实际上，近些年我国整机商和叶片商，都在叶片设计基础理论应用创新和新材料应用上做过有益的尝试，同全球一样在大型叶片设计和碳纤维材料应用方面进入了"无人区"。因此，业内也深刻认知到，大型叶片的设计、工艺、测试验证与供应链把控都需要闭环验证的过程，为市场提供安全可靠的叶片，这种闭环验证又可以反哺大型叶片基础科学层面的研究和突破，助力中国海上风电可持续发展。

基于行业认知，鉴衡在进行国检中心叶片全尺寸实验室项目设计

345

时，首先要做的是结合叶片长度、功率、质量、载荷等因素，构建基于叶片关键参数的预期评估模型，再对 150 米级风电叶片的设计与试验参数进行预判，为项目的强度设计和建设提供依据。

就项目工程设计和建设而言，国检中心是满足 IEC 标准要求的综合性、高规格检测基地，须满足未来十年风电设备测试需求，对设计院、施工方、供应商等项目参与方都提出了史无前例的挑战。

就国检中心叶片试验承台工程而言，这项 7.3 万平方米的毫米级钢混工程，是国内单体最大的风电承台工程，试验台身最大厚度为 3 米、最小厚度为 1 米，整体承载能力为 20 万千牛·米，相当于 180 台布加迪跑车极限拉力的总和。

这是测试能力的刚性要求，因为试验台采用全自动 8 点协同加载系统，也可根据测试需求将加载点数量扩展到 12 点，仅单点加载载荷达 60 吨，超过波音 777 引擎推力，可满足未来 150 米叶片的测试和加载需求。

值得一提的是，试验承载平台的连接部分采用对穿连接的预埋法兰设计。预埋法兰由 4 块钢板拼接吊装而成，8.5 米 ×8.5 米的范围凹凸误差低于 0.5 毫米，其平整度堪比 LED 显示屏。

需要补充的一点是，试验台台身纵横间隔 200 毫米均布直径 32 毫米和 25 毫米的钢筋，且在台身中间 8.5 米 ×8.5 米的钢板区域内穿插 620 根直径 83 毫米的对穿钢管，对穿钢管和钢板的定位、安装、混凝土浇筑精度均在毫米级。所以，业内将试验承台称为钢筋铺就的毫米级工程艺术。

从叶片测试的角度看，国家质检中心叶片实验室全自动静力加载系统采用 BP 神经网络 PID 控制算法，可在线实时调整 PID 控制器参数。与传统测试相比，测试载荷与设计载荷的偏差度由 10% 降低为 4%，加载偏差由 1.5% 降低为 0.5%，试验综合偏差率降低 7%，检测精度达到全球领先水平。

2021年1月，叶片试验台投运。

比如叶片疲劳试验，国家质检中心叶片实验室采用共振激励系统，通过偏心质量的旋转使叶片产生共振，进而达到叶片的疲劳试验载荷要求，且在疲劳试验过程中准确监测叶片应变的变化，保证叶片试验过程中试验数据的准确有效。鉴衡研制的多点疲劳和双轴疲劳激振系统，能够实现叶片挥舞、摆振方向的耦合疲劳测试，真实再现风电叶片在运行中的受载情况，并且可缩短检测周期30%以上，加速叶片产品市场化进程。2022年5月，我国自主生产的首支102米叶片在国家质检中心完成了重量重心、固有频率、静力试验、疲劳测试、疲劳后静力等检测项目。这支叶片由洛阳双瑞风电叶片有限公司设计制造，将匹配10兆瓦海上风电机组。

国家质检中心的整机装备检验实验室可以满足大型机组型式试验要求的载荷测试、功率特性测试、噪声测试、电能质量测试、电网适应性测试以及并网特性测试的要求。在役机组检验实验室可以满足海上在役机组的日常与例行运行维护检验需求。

另外，化学实验室配备的40台/套专业检测设备，具备润滑剂、液压油、变压器油的 22 项理化性能检测能力，可对风电设备在用油状态进行持续有效的监测；具备电子电器产品 6 种限用物质（Restriction of Hazardous Substances，RoHS）检测能力，能满足中国RoHS 以及欧盟 RoHS 2.0 要求。

更利好的行业信息是，鉴衡正在筹建和部署的 35 兆瓦机组传动链全尺寸地面测试系统与部件测试系统、海上风电大数据平台等一批高精度、高可靠性测试系统与设备，可以在海上风电装备领域形成覆盖原材料、部件、整机、在役机组的一体化检测能力，通过专业的测试、研发、数据分析和人才培养，促进我国海上风电装备的质量提升与技术创新，助力海上风电产业健康持续发展。

鉴衡凭什么？

引以为豪的是，鉴衡自 2007 年颁发我国首张风电机组产品认证证书以来，我和团队一直不断加大在风电基础共性技术平台研发上的投入，在鉴衡力所能及的范围内，持续做对做好正确的事。

2010 年，鉴衡在河北保定建成首个叶片检测中心，能够完成长度 100 米叶片的全尺寸测试。这是当时亚洲最大的叶片实验室，将测试验证得来的知识和数据固化到叶片认证实施规则文件中，通过持续改进过程提升叶片设计性能和制造可靠性。

我记得，这座叶片实验室投入运营后不久，国务院参事、可再生能源专家石定寰到现场考察，他提到没有公共实验室的支持，无论一个国家，还是一家企业，都很难产生原始技术创新。对企业而言，自建实验室利用率太低，且成本投入高，经济性不好，这也是单个公司难以建设顶级技术研发实验室的原因。石定寰鼓励鉴衡要继续努力建设公共技术服务平台，帮助更多企业进行技术和产品创新，促进我国风电持续降低度电成本。

从 2005 年到 2010 年的 5 年间，尽管通过引进、消化和吸收外来技术，我国装备技术水平和生产工艺有了长足进步，但在某些关键技术领域与世界先进水平还有较大的差距。也正因此，鉴衡认识到投资并致力于通过实验室服务于企业创新的必要性，这也是政府部门认可鉴衡的原因之一。

2011 年 9 月，国家能源局正式批复依托鉴衡成立国家能源风能太阳能仿真与检测认证技术重点实验室，为行业技术进步和自主创新提供基础服务。

这一年，鉴衡完成了大型风电机组仿真平台系统性能优化，能够更精准地评估机组与风能资源的适应性，以及更精准地为整机与零部件载荷计算及强度校核建模，进一步提升了发电机、齿轮箱、变流器等关键零部件检测与认证的技术能力。另外，通过移动检测设备，鉴衡不但能够开展风电机组并网性能测试，还可进行机械载荷、功率特性、噪声等方面的测试，提升机组并网性能和安全性。

到 2017 年，鉴衡通过保定叶片中心完成 70 多款叶片型式试验，是国内叶片检测最多的实验室；完成机组型式试验 90 多款、在役机组检验超过 5000 台，机型遍布全国 30 个省（自治区、直辖市），覆盖高原、低温、冰冻、草原、沙漠、戈壁、山区、平原、海上等各类工况环境，是国内完成检验检测最多、现场经验最丰富的检测机构。

鉴衡一直在等待一个筹建世界顶级海上风电实验室的契机，到 2018 年终于在广东阳江看到了落地实施的可能，最终得到国家认监委和阳江市政府的同意和支持。也有业内同行问我，"鉴衡凭什么得到政府部门的举荐呢？"

可以负责任地说，除了鉴衡财务基本面，相关政府部门看重是鉴衡的专业能力。到 2018 年 6 月，看科研项目，鉴衡主持和参与国家级科研项目 38 项，其中国家"863 计划"项目 12 个、国家科技支撑项目 9 个、国家科技攻关项目 1 个、国际合作课题 27 项；看标准制定，鉴衡牵头或参与制定 27 项国际标准、63 项国家和行业标准，自

349

主研发技术规范 100 余项；看技术专利，鉴衡在风电和光伏领域拥有 27 项专利，11 项软件著作权；看国际化程度，鉴衡颁发的机组产品认证证书获得全球市场采信，助力中国风电设备销往全球 40 多个国家和地区。

如果您有兴趣研究我国风电技术与产业的发展历程，会发现鉴衡是一个绕不过去的公司，从企业购买国外设计和生产许可证到自行设计开发大兆瓦机组，背后都有鉴衡的身影。

在企业购买国外设计和生产许可证阶段，鉴衡以独立计算方式为企业提供解决方案，督促企业向外方获取全套的设计资料，掌握设计所需要的计算分析方法，帮助企业做好引进技术的消化和吸收工作，打下技术基础。

在与国外公司联合设计阶段，鉴衡充分发挥其在数据和计算分析方面的领先优势，帮企业把好技术关，同时增强其在联合设计中的主动性，以解决国内整机企业和国外机构进行联合设计过程中"知其所以然"的问题，为本地产业化做好知识和技术准备。

在企业自主设计阶段，鉴衡开发了多体动力学分析等新的评估方法和规范，以可靠性技术和评估手段为支点，制定了低温机组、高原机组、抗台机组的认证技术规范，助力企业自主设计开发低风速、高海拔、抗台风等适宜不同地域气候特性的机型，推动了技术应用创新。

在机组设计开发进入大型化阶段，鉴衡通过不断提升整机多柔体动力学仿真模型精度，支持和保障大功率机组设计可靠性，并通过试验台能力建设推进产品创新，与企业和行业一起成长进步，共创清洁能源新时代。

历经几十年的奋斗，我国风电终于在 2020 年实现了平价。值得回看的是，2017 年 8 月 31 日，国家能源局发布通知，公布首批 13 个风电平价上网示范项目名单，其中一个名为"张家口平价上网风电检测认证实证基地"的项目由鉴衡建设，旨在为首批项目，以及后续平

阳江有了一座世界级海上风电实验基地

价上网项目提供技术支撑。

这座基地 2021 年 12 月投运，配备了全套符合 IEC 标准要求的试验和测试条件，包括 140 米至 200 米测风塔，全部所有类型的激光雷达、高低电压穿越发生设备、电能质量测试设备、载荷测试设备、噪声测试设备、大功率多功能移动工作站等硬件设备设施，可满足 9 兆瓦海陆机型的测试验证需求。

漂浮式风电"引领号"并网发电了

拖航中的漂浮式风电"三峡引领号"。

2021 年 12 月 7 日，我国首台漂浮式海上风电机组在广东阳江海上风电场成功并网发电，这是我国风电进军深海领域的信号。

央广网关注了这个事件，在其官方账号上推介称，我国首个漂浮式海上风电平台，搭载 5.5 兆瓦抗台风型浮式机组，组成"三峡引领号"，称"这标志着我国在全球率先具备大容量抗台风型漂浮式海上风电机组自主研发、制造、安装及运营能力，对促进我国海上风电高端装备制造升级、挖潜深远海风能资源具有积极意义。"

这也是全球首个抗台风型漂浮式海上风电机组并网，鉴衡为这台机型做了型式认证。有业外朋友问我什么是漂浮式风电，简单来说就是海上有一个抛锚的漂浮式平台，平台上安装了一台高高在上的风电机组，当海风吹过风轮，机组发出的绿色电力通过海缆送出。具体到"三峡引领号"，5.5 兆瓦抗台风型浮式机组轮毂高度近 110 米，相当于 35 层楼的高度，风轮直径 158 米，撑起这么一个庞然大物的，是一个主体结构 4000 多吨、排水量 13000 吨的漂浮式平台。

要知道，这片海域 50 年一遇阵风风速超过 70 米/秒，这么高的风速作用在机组这么一个庞然大物上，对底部产生的载荷约 40 万千牛·米，相当于 1000 台宝马 x7 车同时把油门踩到底的推动力。

是谁让这个漂浮着的庞然大物"引领号"在海上有了发电的模样？

它源自一个名为"浮式海上风电平台全耦合动态分析及其装置研发"的项目，2018 年 5 月在广东省自然资源厅完成立项，获得广东省促进经济发展专项资金（海洋经济发展用途）的支持，依托中国三峡阳江沙扒海上风电项目，由三峡珠江发电有限公司、三峡新能源阳江发电有限公司、明阳智能、上海勘测设计研究院有限公司和华南理工大学共同完成，其中明阳智能提供 5.5 兆瓦半直驱漂浮式风电机组并参与一体化设计，旨在对浮式海上风电平台关键技术展开研究，开发符合我国南海海洋环境条件、经济适用的新型漂浮式风电机组，并最终形成从设计到施工以及装备的成套技术。

为什么全球都在追逐漂浮式风电？

世界上第一台漂浮式风电机组 2009 年 8 月诞生于挪威斯塔万格，这台名叫 Hywind 的 2.3 兆瓦机组浮在海面上，成为当地的风景。

Hywind 高于海平面约 65 米，海水下的部分被安装在一个 100 多米的浮标上，通过三根锚索固定在海下 120 米到 700 米深处，以便它随风浪移动，迎风发电。让风电机组浮在海上的想法由挪威国家石油公司提出，Hywind 是一个由挪威、丹麦、德国、英国和荷兰等多国

353

参与的国际合作项目，投资约 4 亿克朗，2.3 兆瓦风电机组由西门子公司提供，浮标系统和缆线由法国德克尼普公司和耐克森公司负责生产安装。

此后的几年间，全世界越来越多的人对漂浮式风电的兴趣愈加浓厚，这是因为全球应对气候变化迫在眉睫，实现电力系统快速脱碳，可再生能源技术是其中的关键。国际能源署（IEA）和国际可再生能源署（IRENA）都已给出了答案，2050 年实现"零碳"目标，这之前全球风能和太阳能光伏发电必须提供约 70% 的发电量。要知道，海上风电正是"70% 发电量"的中流砥柱，而漂浮式海上风电已成为一种最具技术潜力且可以大规模部署的技术，只待时间到来。从这个意义上讲，诞生于挪威斯塔万格的 Hywind 是漂浮式海上风电的鼻祖，值得人们尊敬和纪念。

对许多国家来说，固定式海上风电潜力有限，而超过 60 米水深水域拥有 80% 的海上风能资源潜力，深水位置风能资源更好，可固定式基础成本已不能满足深水区域的经济性要求，唯有漂浮式基础可以更好地利用远海深水区域丰沛的风能资源，因此从资源可开发量和市场潜力看，漂浮式海上风电发展空间更加巨大。

也正因此，漂浮式海上风电技术已在多个国家和地区得到积极探索。

这一次，英国走在世界的前列。2017 年 10 月 19 日，位于苏格兰东北海岸的 Hywind Scotland 漂浮式海上风电场开始向苏格兰电网输送电力。这座漂浮式风电场采用单柱式漂浮基础，并通过 1200 吨的锚链固定于海床上，使用了 5 台西门子歌美飒 6 兆瓦风电机组，总装机容量 30 兆瓦，由挪威国家石油公司与阿布扎比未来能源公司 Masdar 共同运营，挪威国家石油公司占股 75%，Masdar 占股 25%。

Hywind Scotland 漂浮式海上风电场投运开启了深水远海风电开发的商业化进程。到 2021 年 10 月，全球最大的苏格兰 Kincardine 风

漂浮式风电"引领号"并网发电了

电场投产。该风电场距离海岸约 9 英里，装机容量 50 兆瓦。该项目主要投资者为 Cobra 集团，采用半潜式平台，安装 5 台 Vestas V164-9.5MW 和 1 台 V80-2MW 机组，成为漂浮式风电新纪录。

不过，这一纪录 2022 年 5 月被刷新，挪威国家石油公司（Equinor）投资建造的 95 兆瓦漂浮式风电项目 Hywind Tampen 首台机组完成吊装，这座风电场将为 Equinor 位于挪威水域的 5 个海上油气作业平台提供电力。

有意思的是，早在 2018 年 5 月，挪威国家石油公司（Statoil）更名为 Equinor，首席执行官埃尔达尔·塞特勒对路透社记者说："含'油'（oil）的公司名称越来越不受欢迎。我们竞争者名字里都不含'油'字。50 年来，这个名字用得一直很好，但是，今后 50 年，我认为它不再是最好的名字。"

塞特勒认为，新名字 Equinor 会吸引更多青年才俊，而他们更感兴趣的很可能是挪威国家石油公司在可再生能源领域的活动，而不是在化石燃料领域取得的成就。

从 2009 年到 2021 年的 12 年间，海上漂浮式风电建设成本下降 86% 左右，千瓦造价接近 4 万元。这表明漂浮式海上风电已经成为全球的重要机遇。

从小批量项目实践看，漂浮式风电机组基础大多选用经过测试验证的方案，其中半潜型基础所占比例最大，这表明一定水深条件下半潜型方案在综合性能方面具有优势。项目系泊方案主要以悬连线式方案为主，只有几个浅水的项目采用半张紧或张紧式系泊，悬连线式系泊在施工和成本上还是具有较大的优势。漂浮式机型选择上，西门子和 Vestas 机组占有优势，这得益于他们海上固定式机组市场的占比优势。

2022 年 1 月，苏格兰皇家资产管理局公布了全球有史以来最大的海上风电使用海域租赁权（相当于拥有海上风电开发权）竞标结果，总计 17 个风电场，预计装机规模可达 25 吉瓦。

由麦格理绿色投资集团、道达尔能源公司、苏格兰开发商 RIDG 组成的联合体 OWPL（Offshore Wind Power Limited）赢得了苏格兰首次海域租赁中的一个项目的开发权，容量为 2 吉瓦。该风电场场址水深范围为 45 ～ 100 米，基础型式采用固定式和漂浮式两种。OWPL 已经与英国国家电网签订了协议，部分电力将送至规划中的 Flotta 氢能中心，用于生产绿色氢气。首批机组有望 2029 年并网发电。

2022 年 3 月，全球风能理事会（GWEC）发布《漂浮式海上风电——全球机遇》报告，明确指出漂浮式海上风电正在迅速成为一个重要的全球机遇，未来在推动全球降低化石能源依赖和实现"零碳"目标中将发挥重要作用。

全球风能理事会对漂浮式海上风电的预测也愈发乐观，其对全球 2030 年的预测值已由 2020 年报告中预测的 6.5 吉瓦提高到 2021 年报告中的 16.5 吉瓦。全球风能理事会从 115 个候选名单中评出了 30 个最有潜力的国家，并从中确定了 5 个具有"追逐集团"之势的漂浮式海上风电市场，它们是爱尔兰、意大利、摩洛哥、菲律宾和美国。

对于漂浮式海上风电的地区分布，全球风能理事会预计欧洲将占 2021—2025 年新增装机总量的 68.2%，其次是亚洲（21.4%）和北美（10.4%），但亚洲国家的全球市场份额在此后十年后半段可能会翻一番以上，使其成为同期新增装机总量最大的地区。

实际上，经过十几年的商业部署和测试，到目前多个国家的市场正在证明，漂浮式技术已基本具备规模交付的能力，只是大量潜在开发商渴望在正确的政策框架到位后提出方案。这表明，这些国家对漂浮式海上风电为全球气候目标作出贡献的未来预期十分乐观。

我国漂浮式风电十年蓄势耐心待发

我国漂浮式海上风电探索始于 2013 年。

当时，国家"863 计划"启动漂浮式风电项目研发，支持了湘电

漂浮式风电"引领号"并网发电了

风能有限公司（简称湘电风能）和金风科技的漂浮式项目，但令人遗憾的是都没有进入到工程示范的阶段，这可视为我国漂浮式海上风电最早的研发时间。

由湘电风能牵头研发的，是基于钢筋混凝土结构的海上风电机组局部浮力基础研制，旨在完成 3 兆瓦海上风电机组一体化载荷分析和机组设计优化，但并没有走到工程实践这一步。由金风科技牵头研制的，是浮筒和半潜平台式海上风电机组浮动基础关键技术研究及应用示范，希望搭载金风科技 6 兆瓦海上机型，完成了载荷分析、水池试验研究工作，却未能继续进行漂浮式样机试制及产业化工作。

作为我国漂浮式海上风电研发储备，以湘电风能、金风科技为代表的研发团队为我国漂浮式海上风电知识和测试积累以及人才培养作出了贡献。

进入"十三五"后，随着海上风电利好政策的实施，我国漂浮式风电研发及研制热情逐渐升高，制氢、养殖、海洋石油平台、孤岛供电也纳入漂浮式风电研发场景。

2016 年，国家发展改革委、工业和信息化部、国家能源局先后出台《能源技术革命创新行动（2016—2030 年）》和《中国制造 2025—能源装备实施方案》，支持漂浮式风电发展，业界看到了远海深水区域风能资源开发的巨大空间。

远海深水区域的风能资源储量究竟有多大？中国工程院院士刘吉臻在 2019 年的一次会议上提到，我国 50 米水深、70 米高度的海上风电预计可开发资源达到 5 亿千瓦。据中国气象局发布的数据，50 米到 100 米水深、离岸 200 公里以内有 20 亿千瓦，潜力也非常巨大。海上风电近临负荷中心，解决电力输送和消纳比较容易；从海上风电装备制造技术以及海洋工程能力来看，我国基本可以做到自主可控，不存在被人"卡脖子"的技术瓶颈问题。这也是我国政府和企业加快研发漂浮式海上风电关键基础技术及应用的底层逻辑。

357

这一年，由上海绿色环保能源有限公司牵头启动"我国首个深远海漂浮式风电示范项目可行性研究工作"，涉及资源勘查、基础设计、施工装备、电力传输系统和机组开发与运维等关键技术。项目团队由上海绿色环保能源有限公司、上海勘测设计研究院有限公司、上海电力大学、上海电力设计院有限公司、同济大学、上海交通大学、中交第三航务工程局有限公司、上海电气、华锐风电等九方组成，基本涵盖了漂浮式风电涉及的主要专业。但令人遗憾的是没有得到"落海"实施。

进入2018年，我国漂浮式海上风电有了两个亮点，前一个亮点是广东省自然资源厅完成立项的"浮式海上风电平台全耦合动态分析及其装置研发"项目，也就是由中国长江三峡集团有限公司（简称三峡集团）牵头，上海勘测设计研究院有限公司、明阳智能等单位参与的"引领号"进入到实质性落实阶段，计划于2021年完成一台单机容量不小于3兆瓦的漂浮式试验样机；后一个亮点是中国海装申报的"海上浮式风电装备研制"项目获得工信部立项，也就是后来的"扶摇号"，计划于2022年在广东省湛江徐闻罗斗沙海域完成示范应用。

到2020年，我国漂浮式海上风电就有点百花齐放的样子啦，龙源电力、中广核、中国大唐集团有限公司（简称大唐集团）等风电开发商也在积极研发漂浮式海上风电项目。龙源电力漂浮式样机项目位于龙源福建南日项目B区，机组额定功率4兆瓦。项目参与方主要包括龙源电力、中国电建集团华东勘测设计研究院有限公司（简称华东院）、烟台中集来福士海洋工程有限公司、上海电气、上海交通大学、中国科学院海洋研究所、福建省水利水电勘测设计研究院有限公司、烟台中集蓝海洋科技有限公司等，浮式风电＋海洋牧场是它的特色。

同样，中广核的漂浮式风电也与海洋牧场相融合，项目名称为"漂浮式海上风电与海洋牧场融合关键技术研究"，成为广东省自然资源厅"2020年省级促进（海洋）经济发展专项资金"支持的项目。这

漂浮式风电"引领号"并网发电了

个项目由中广核研究院牵头，联合大连理工大学深圳研究院、清华大学深圳国际研究生院和惠州益晨网业科技有限公司共同申报，重在开展漂浮式海上风电与海洋牧场融合新型结构、耦合动力分析及智能运维技术研究，完成样机研制和试验验证，提出产业化推广方案，最终形成一套漂浮式海上风电与海洋牧场融合发展技术方案，为解决国内这方面的工程应用奠定坚实基础。

与中广核等其他开发商开展漂浮式海上风电研究稍有不同的是，大唐集团更看重地域的合作方。大唐未来能源科技创新中心与海南省三亚市崖州湾科技城合作，开展"漂浮式基础平台风机关键技术研究"科研项目攻关，主要围绕漂浮式海上风电机组设计、选型、建设、运维等关键技术，开展机组结构型式、系泊系统、动态电缆、施工安装等关键部件技术指标和一体化仿真技术研究，这几乎覆盖了漂浮式风电整体产业链，显得相当宏大。值得注意的是，三亚崖州湾科技城是三亚市重点推进的海南自由贸易试验区 12 个先导项目之一，已有大批国家级科研机构、知名企业及一流大学入驻，科研实力强劲。所以，这种合作也可以视为大唐集团对深海项目研究与示范应用，进而实现海上风电产业"十四五"期间快速发展的一种布局。

尽管我国漂浮式海上风电起步晚于欧洲，但固定式海上风电平价比预期来得早一些。我相信，集全国研发之力和工程实践以及借鉴他国先进技术经验，我国可以走出比欧洲国家更快的漂浮式风电平价之路，有望 2030 年之前实现平价目标。

"引领号"后"扶摇号"也要漂浮了

三峡集团和明阳智能成为我国漂浮式海上风电先行者，是由其战略追求决定的。作为风电整机制造商，明阳智能一直走在海上风电的前列，无愧本土制造领域的领军企业。作为风电开发商，三峡集团在海上风电开发上后发先至，成为中国最大的海上风电开发商，与明阳

漂浮式风电"引领号"并网发电了

智能合作并将明阳 MySE5.5MW 机型安装在三峡阳江沙扒风电场半潜式基础平台上，也就是三峡集团心中的"三峡引领号"，除了引领我国深远海风电开发，还将探索海上风电与海洋牧场、海水制氢等产业的融合发展新模式。

从海上风电产业价值链看，"引领号"的诞生标志着我国在全球率先具备大容量抗台风型漂浮式机组自主研发与制造、工程基础及安装运营能力，对促进我国海上风电高端装备制造升级、挖潜深远海富集风能资源开发以及与其他海洋产业融合发展意义重大。

鉴衡有幸成为这条价值链上的一环，为明阳智能 MySE5.5MW 海上漂浮式机型提供了型式认证，包括机组部件在浮体上的各种位移、倾角、振动加速度等适应性，以及控制系统对浮体控制的匹配性验证，以保障漂浮式机组运行的安全性和可靠性，可防御 17 级台风侵袭。

近几年，鉴衡在漂浮式海上风电系统认证上加大研发力度，覆盖了风电机组、浮体平台、系泊系统等漂浮式风电系统的整体认证。鉴衡认为，对于漂浮式风电系统，每一个具体的场址都需要定制化浮体结构和系泊系统，因此不依据具体场址进行的风电机组型式认证意义不大，而必须考虑场址条件以及相匹配的浮体和系泊系统才是有价值的认证。

值得注意的是，对于沿用原有陆上成熟机型的漂浮式机组，需要接入更多的传感器和信号，以防止浮体的过度位移或者倾斜，所以机组的控制设计更为复杂，设计风险更大，那么认证过程的复核就相当重要。

漂浮式系统的系泊系统关系到整个平台的动力学响应、定位与安全，是载荷传递到海床的关键承载部件，也是目前漂浮式系统中最易破坏和疲劳的部件。鉴衡注意到，在实际项目中，系泊系统的实际效果与场址地质和海洋水文关系密切，与设计期望往往存在巨大偏差。因此，系泊系统的设计评估以及测试对比是关系到整个漂浮机组安全的重要内容。

事实上，漂浮式风电系统涉及风电和浮体两个专业，为了系统安全，必须采用一体化方式进行设计，同时予以水池试验在缩比进行试验验证。当前国内在漂浮式风电系统方面存在"多龙治水"情况，机组方面为市场认证，浮体方面为船舶海事检验，但对于机组和浮体耦合性极强的漂浮式风电系统来说，机组载荷受浮体运动影响显著，浮体受到的机组风载也不像船舶行业较为简化。一体化认证能够从总体上确保漂浮式风电系统的安全可靠。

漂浮式海上风电样机工程三峡"引领号"是一个由风电机组、漂浮式基础平台、系泊系统及动态电缆、锚固设施组成的整体系统，"不倒不沉"是由它的稳定性设计决定的。值得注意的是，现阶段稳定性的规范要求直接借用海洋漂浮式平台，但对于漂浮式风电，其适用性仍需要研究，这也是"引领号"的工程示范价值。

"不跑"是靠系泊系统实现的。"引领号"位于广东阳江阳西沙扒海上风电场，是目前全球水深最浅、机组载荷最大的漂浮式风电试验项目。对于海洋工程而言，一个常识是，波高与水深有一个比值，比值越小越稳定，也就是说水越深漂浮式平台越稳定。阳江阳西沙扒海平均水深 30 米，当台风来袭时波浪高度达 20 米，水浅浪高，没有现成的经验借鉴，在全世界都是一个难题，历经十几次的设计改进，最终采用悬链线系泊系统，这不仅为我国中浅水域漂浮式风电提供典型范本，对深水区漂浮式风电成本控制也有启迪。

还有就是"不破"，也就是漂浮平台结实可靠，这是由"引领号"的结构与疲劳设计决定的。漂浮式平台载荷属于典型波浪特征载荷，涉及多种计算工况，其结构与疲劳强度的耦合分析法是漂浮式风电技术需要探索的方向。

这一切，都是为了让漂浮式风电机组安全和平稳发电。可对漂浮式风电机组来说，它运行在一个摆动的平台上，不仅要考虑来风，还要考虑波浪周期，也就是具备避开共振的运动性能，以满足风电机组对发电工况、极限工况和拖航等的要求。

从时间节点上看，2018年5月"引领号"启动，经过两年时间完成总体设计和关键核心技术攻关，2020年5月正式开始试验样机的工程设计及建设，2021年7月完成海上基础平台、风电机组一体化安装，8月完成动态海缆安装，12月7日并网发电。值得提及的是，"引领号"的实时运行状态已纳入"北斗"监测系统，其数据化轨迹会为我国漂浮式海上风电发展提供技术支撑。

就在三峡"引领号"投运并网后的第三天，中国海装"扶摇号"漂浮式平台在东莞下线。2022年5月27日"扶摇号"在茂名广港码头完成总装，并成功起航，行至湛江市徐闻罗斗沙平均水深65米的深海海域完成示范应用，这是我国首个深远海漂浮式海上风电项目。

位于平均水深65米机位点的"扶摇号"漂浮式风电机组。

"扶摇号"浮式平台总长72米、型深33米、型宽80米，搭载海装6.2兆瓦抗台风型I类风电机组，机组轮毂中心高度96米，风轮直径 152 米，浮体和机组总重量超过 4000 吨，为目前国内最大浮式风电机组。鉴衡为中国海装"扶摇号"颁发了我国首张漂浮式海上风电系统样机认证证书。此外，"扶摇号"主要部件 90% 以上在国内完成配套，进一步提升了我国在风电和海洋工程装备领域的国际竞争力。

就在我打算写这篇文章的时候，想到了最早开始研发漂浮式海上风电项目的金风科技，董事长武钢告诉我说，金风科技和温州市政府合作在温州海域大力推进深远海大兆瓦漂浮式海上风电示范项目建设，解决深远海漂浮式风电技术重大科研与技术难题，持续降低漂浮式海上风电成本，让深远海漂浮式海上风电商业化早日成为现实。

这样，在风电制造领域至少有明阳智能、中国海装、金风科技"三驾马车"拉起了漂浮式海上风电前行的速度，那么中国深远海风电开发的春天就不远了。

漂浮式风电"引领号"并网发电了

苍南 1 号送出海上风电平价
第一缕春光

2021 年 12 月 16 日，苍南 1 号开工典礼。

我对海上风电平价预期的研究，还得从 2019 年 8 月上海奉贤 20 万千瓦海上风电项目竞标说起。这是国内首个海上风电竞价项目，龙源电力报出了 0.65 元 / 千瓦时的上网电价，比当年 0.80 元 / 千瓦时的指导电价下降了 0.15 元 / 千瓦时，让我吃惊也让我感到惊喜。

相较于上海奉贤 20 万千瓦海上风电项目，十年前的上海东海大桥 10 万千瓦海上风电项目上网电价为 0.97 元 / 千瓦时，造价 24000 元 / 千瓦。十年发展，我国海上风电投资成本逐步下降，"十三五"投资降幅在 15% ～ 20%。就单位千瓦投资而言，江苏在 14400 ～ 16300

元、浙江在 15600 ～ 17500 元、福建在 17300 ～ 18500 元、广东在 16200 ～ 17600 元之间。现实是，沿海主要省份脱硫煤标杆电价低至 0.39 ～ 0.45 元 / 千瓦时，若以此为平价标准，海上风电降本压力还是比较大的。

值得比对的是，假若按照欧洲电价每年下降幅度 5% ～ 8.3% 来计算，广东快可在 2023 年至 2024 年间实现平价，慢则要到 2026—2027 年间实现平价。按照下降幅度 8.3% 来计算，江苏、福建、山东可在 2024—2025 年间实现平价，问题是我国的海上电价降幅能不能达到预期。

惊喜来了，2021 年 12 月 16 日，华润电力控股有限公司苍南 1 号海上风电平价项目在浙江省苍南县附近海域施工平台举行开工仪式。这是我国第一个开工建设的海上风电平价项目，装机容量 40 万千瓦，安装 49 台中国海装抗台风型海上风电机组，其中 25 台中国海装 10 兆瓦、风轮直径 210 米的机组，2022 年 6 月 15 日首台机组完成吊装，整个项目将于 2022 年 12 月底投产。这是我国海上风电进入平价时期的第一面旗帜，意味着比海上风电平价上网预期来得更早些。

2021 年，我国海上新增风电装机容量 1690 万千瓦，累计装机规模达到 2638 万千瓦，跃居世界第一。

试验拉近海上未来

我国海上风电试验是从 2007 年开始的。

这年的 11 月 8 日，由中海油和金风科技建设的我国首个海上风力发电站在渤海湾绥中油田建成发电。简单说，这个电站是将一台金风科技 1.5 兆瓦风电机组安装在离岸 70 公里、30 米水深海域的导管架上，与一台柴油机互补形成一个供电系统，专为海上石油平台提供电力。因其科研价值高于商业价值，所以这次试验并不能回答海上风电项目的基础设计及成本问题，但有两点重要的启示，一是海上风能

苍南 1 号送出海上风电平价第一缕春光

资源的情况比预计得要好；二是海上风电机组的防腐适应性是必须解决的问题。

2008年4月，国家能源局下发文件，要求沿海各省份进行海上风电发展规划。5月，龙源电力在江苏组建海上风电项目筹建处，正在筹划龙源电力如东潮间带试验风电场的进程中迎来利好消息：2009年6月10日，时任国务院总理温家宝召开国务院常务会议，讨论并原则通过了"江苏沿海地区发展规划"，会议强调要积极发展风电产业。

这就是龙源电力建设如东潮间带试验风电场的内在逻辑。

2010年3月龙源电力成立江苏海上龙源风力发电有限公司（简称江苏省上龙源），专门推进如东潮间带试验风电场项目建设。可问题是，在潮间带建设风电场全球尚无先例，没有现成的施工技术可以借鉴。潮间带涨潮受淹、退潮见滩，在此区域建设风电场，常规的陆上和水上装备几乎没有使用价值。从一台风电机组立在潮间带的工作流来看，施工装备、施工设计是其中的核心要素，而这两点恰恰是全球风电行业欠缺的。

当初，试验项目的组织者有这样一个基本的判断：潮间带风电场项目就是一个施工决定设计、装备决定施工的项目，也就是说设计再好，施工做不到也白瞎；施工方式再好，装备不给力也没价值。正是基于这样的判断和建立产业链的发展思路，就有了后来龙源电力和三一重工的合作，造出了水陆两栖专业装备，以及再后来龙源电力和上海振华重工（集团）股份有限公司联合成立江苏龙源振华海洋工程有限公司（简称江苏龙源振华），期望以更强的施工装备推进潮间带风电施工技术进步。

尽管有了专用施工装备，但施工技术试验却很不顺利。混凝土承台基础是潮间带试验风电场最先尝试的基础。当时的装备条件，也只能采取这种基础型式。简单说，这种基础是通过围堰把海水挡在外侧，在潮间带营造陆域工况，但要付出比陆上更高的成本。仅从"做成"

的角度看，这种基础型式算是成功的，但从立一台机组花费了约 800 万元的施工成本看，显然很不经济，而且做好这样一个基础至少需要 44 天的施工时间，效率让人难以接受。

也正因此，组织者尝试多桩导管架基础，这是一个填补国内风电施工技术空白的做法。但有两个难题：一个是在"一会儿是海水一会儿是陆地"的环境中，如何对钢结构基础进行防腐？另一个是如何计算风轮旋转给基础角架节点造成的疲劳？这种形式的基础节点很多，一旦节点出现裂纹，海水向里渗透，会产生越腐蚀越疲劳的恶性循环。在解决关键技术细节问题的过程中，组织者特别注重整合全球的技术资源，最终让这些问题得以解决。

这种基础带来的改变是，大量的现场工作转为陆上进行，减少了海上作业量，也就减少了海上施工装备的使用费用，13 天便可使基础具备机组安装的条件，比混凝土承台基础少用 21 天。在试验风电场安装的 16 台机组中，有 9 台机组采用了多桩导管架基础。

改变不止于此。江苏海上龙源尝试把欧洲海上风电单桩基础技术引入到试验项目中来，并于 2010 年 8 月 13 日试桩成功。尽管这种"有过渡段"单桩基础没有得到推广，但却引发了龙源电力海上风电施工技术创新。

需要说明的是，欧洲单桩基础大多采用过渡段，即由"钢管桩 + 过渡段 + 高强灌浆料连接"组成。必须考虑的风险是，这种单桩基础在 2010 年批量中出现过渡段灌浆连接失效，每基修复费用约为 12 万欧元。还有一点是，如果推广这种单桩基础，就要从欧洲进口灌浆材料，每基单桩的材料费用在 70 万元人民币左右。

正是考虑到有过渡段单桩基础的技术风险和成本，由龙源电力、江苏海上龙源、江苏龙源振华、华东院组成的技术团队，开始研究海上风电无过渡段单桩基础的设计和制造技术，与其配套的大型扶正导向架、多功能一体化浅吃水可坐底潮间带风电施工船等相关施工装备也已研制成功。

实际上，30 兆瓦潮间带试验风电场为国产海上风电机组提供了验证技术以及运行质量的一个重要平台。2009 年 10 月 20 日，首批 2 台明阳智能 1.5 兆瓦机组并网发电。此后，2 台远景能源 1.5 兆瓦机组、2 台联合动力 1.5 兆瓦机组、2 台上海电气 2.0 兆瓦机组、2 台三一电气 2.0 兆瓦机组、2 台中国海装 2.0 兆瓦机组、1 台金风科技 2.5 兆瓦机组、2 台华锐风电 3.0 兆瓦机组、1 台明阳智能紧凑型 2.5 兆瓦机组先后并网发电。也就是说，如东潮间带试验风电场项目安装了 8 个厂家的 9 款机型、16 台风电机组，实际装机容量 32 兆瓦。

对于起步较晚且海洋地质及风况资源不同于欧洲的我国海上风电而言，试验具有"中国实际"价值和意义。2008 年开始建设的龙源电力如东试验风电场解决了我国海上风电发展中海上机型"有和能比对"以及基础方式的可行问题。2017 年开工建设的三峡福清兴化湾海上风电试验场，重在解决我国远深海风电大功率机型选型问题及建设成本优化，助力我国"十四五"实现海上风电平价目标。

这座由海峡发电有限责任公司投资建设的三峡福清兴化湾海上风电试验场，俨然是一场海上"风电大戏"的前奏。公开资料显示，海峡发电有限责任公司成立于 2015 年 9 月 29 日，福建福能股份有限公司占股 35%，中国三峡新能源有限公司占股 65%。

风电试验场位于福清市江阴半岛东南侧和牛头尾西北侧海域，2017 年 3 月开工建设，2018 年 7 月全部投运，共安装 8 个厂家的 14 台机组，包括 2 台金风科技 154-6.7MW、2 台太原重工 153-5MW、2 台中国海装 128-5MW、3 台 GE 150-6MW、1 台上海电气（西门子）154-6MW、1 台东方风电 140-5MW、1 台湘电 140-5MW、2 台明阳智能 155-5.5MW，总装机容量为 77.4 兆瓦。

早在 2016 年 11 月 5 日，时任三峡集团董事长、党组书记卢纯就在福清市沙埔镇牛峰村码头召开的建设动员大会上，宣布福清兴化湾海上试验风场项目正式启动建设。在三峡集团看来，兴化湾海上试验风场就是大型海上风电机组的赛场，通过厂家同台竞技，遴选出适合福建地区海洋地质和风况特点的最优机型，既为集中连片规模化开发福建地区海上风电提供验证的机型和工程支撑，又为推进我国海上风电整体发展添加新动力。

福清兴化湾海上风电试验场属于福清兴化湾海上风电场项目一期工程，福清兴化湾海上风电试验场二期又安装 1 台金风科技 175-8.0MW 样机、1 台明阳智能 180-8.3MW 样机、1 台东方电气 185-10MW 样机，继续进行大功率海上机型的试验和验证。

值得提及的是，2020 年 7 月在福清兴化湾二期成功并网运行的东方电气 185-10MW 样机，在当时是我国自主研发单机功率最大也是亚太地区最大的海上风电机组，标志着我国具备 10 兆瓦大功率海上机组自主研发设计与制造、工程安装与调试的能力，迈出风电重大装备国产化的重要一步。

369

竞价探求电价现实

对我国海上风电而言，2019 年是个重要年份，各省陆续推出竞争性配置办法，推动海上风电技术进步与成本下降。这一年的海上风电上网指导价为 0.8 元 / 千瓦时。

根据我们团队的研究结果，在当年现有技术水平下，按照资本金收益率 8% 测算，海上风电电价与煤电标杆电价至少有 0.1 ～ 0.2 元 / 千瓦时的差距。降本的路径主要包括集中连片规模化开发、大功率机型选型与布置优化、基础选型设计与优化，这些举措几乎全都成为海上风电探求盈亏平衡点的因素。

规模究竟大到多大才是最佳规模效益，据华东院副总工程师赵生校提供的一项数据表明，100 万千瓦以上的规模化开发可降低项目投资 3% ～ 5%，项目上网电价可降低 0.02 ～ 0.03 元 / 千瓦时。所以集中连片开发，分摊送出海缆及升压站投资，是后续风电开发的必由之路。至于海上机组国产化、大型化及设计精细化，也不是问题。明阳智能、中国海装、东方电气、金风科技都已发布大功率海上机型，通过合理搭配单机功率、风轮直径和载荷控制策略，开发适于各类海域的定制化机型是完全可以做到的事情。这为海上风电竞争性配置提供了产品技术和工程支撑。

2019年已经竞争性配置的项目及上网电价主要分布在浙江温州和上海，在温州有苍南1号，装机容量30万千瓦，申报电价0.785元/千瓦时；苍南1号二期，装机容量10万千瓦，申报电价0.785元/千瓦时；瑞安1号，装机容量15万千瓦，申报电价0.77元/千瓦时；苍南4号，装机容量20万千瓦，申报电价0.77元/千瓦时；苍南4号二期，装机容量20万千瓦，申报电价0.77元/千瓦时。在上海，奉贤项目的装机容量20万千瓦，申报电价0.73元/千瓦时。

上述这些项目中，上海奉贤20万千瓦项目是我国首个竞争性配置海上风电项目，上海电力及上海绿色环保能源有限公司（简称上海绿能）组成的联合体以0.73元/千瓦时的价格成为这个项目的最终得主。

奉贤海上风电项目是上海市重大建设工程，是继东海大桥和临港项目之后上海第三个大型海上风电项目。该项目位于上海杭州湾北部海域，中心距离岸线约12公里，安装32台金风科技184-6.45MW海上机组，总装机规模20.6万千瓦，2020年12月开工建设，2021年12月全场整体并网，投产后预计年发电量约6亿千瓦时。

值得复盘研究的情况是，上海电力并不是奉贤海上风电项目报价最低的竞标者。在5家海上风电开发企业及联合体参与竞标中，龙源电力报价为0.65元/千瓦时，是5家申报者中报价最低的，比政策指导电价低0.15元/千瓦时。

0.65元/千瓦时，龙源电力的报价成为行业的爆点，有担忧也有赞赏。

苍南1号送出海上风电平价第一缕春光

　　担忧者对龙源电力报出的低电价比较意外，很容易想到了早期的特许权招标项目，认为国内首个海上风电竞价项目具有示范指导作用，过低的电价会降低开发企业的投资热情，且最终将把压力传导至整机及供应链企业，这不利于海上风电稳健发展。

　　在龙源电力看来，国内海上风电的技术水平是可以支撑价格下行的。他们报出 0.65 元 / 千瓦时的初衷，是希望把海上风电的价格压下来，逐步摆脱对补贴的依赖，既是减轻国家的财政负担，也能让海上风电的路越走越宽。

　　时任龙源电力党委书记黄群坦言，他们报出的低价格，是基于他们此前海上风电的项目经验，以及对奉贤项目的精细化设计与测算。奉贤项目场址区 95 米高度年平均风速约为 7.2 米 / 秒，龙源电力的测算方案选用 38 台单机功率 5.2 兆瓦的机组，年等效满负荷小时数约3076 小时。在设计上他们采用了国内领先的布机方案，降低尾流，提高发电量；在机组基础方案上，比选了单桩、高桩承台、导管架等多个方案，最终推荐了经济性最好的单桩基础方案；在升压站设计方面，也是在多角度比选的基础上，推荐了"海上升压站 + 陆上集控中心"的方案，而且对海上升压站的具体位置也进行了多方案遴选。此外，通过对已运行风电场建设运行数据分析，还精细估算了建设和运维成本。这增强了他们报出 0.65 元 / 千瓦时这一上网电价的信心。

　　黄群说，按照 0.65 元 / 千瓦时的报价，奉贤项目的单位千瓦工程造价是 15780.13 元，项目资本金内部收益率可以超过 12%，这已是不错的利润空间。黄群认为，0.65 元 / 千瓦时的报价甚至还有一点保守，即便是一年的时间也会有新技术的出现，也许价格还可以更低。但他说，在奉贤项目上，还是希望能够基于现状先把电价降下来，让行业能够看到海上风电作为可再生能源是可以长期投资的。这样看，为奉贤项目多让点利也是值得的。

　　龙源电力确实是让利最多的竞标者，从公开的总投资财务内部收

371

益率看，龙源电力收益率为 6.94%，是 5 家竞标者中最低的。从行业角度来看，龙源电力拉低上网电价的行为值得称赞。毕竟只有上网电价降下来，海上风电平价之日才会早日到来。

但是，报出 0.65 元 / 千瓦时最低价的龙源电力没有中标。

上海市发展改革委发布的《奉贤海上风电项目竞争配置工作方案》中的项目评分标准显示，奉贤项目采用综合评分法竞价，竞价要素包括企业能力（25 分）、设备先进性（15 分）、实施方案（20 分）和上网电价（40 分）。

依据项目评分标准，电价水平满分为 40 分，以参与竞争配置企业申报的最低上网电价作为基准电价，申报电价高于基准电价 0.1 元 / 千瓦时以内的部分，每偏差 0.01 元 / 千瓦时扣 0.2 分。以此测算，龙源电力申报的 0.65 元 / 千瓦时电价获得 40 分满分，上海电力和上海绿能联合体申报 0.73 元 / 千瓦时电价，比龙源电力高出 0.08 元 / 千瓦时，比龙源电力少 1.6 分。

在"设备先进性"机组容量中，龙源电力选用机组单机功率为 5.2 兆瓦，可得 3 分。上海电力与上海绿能联合体使用机组单机功率为 6.45 兆瓦，可得 5 分，比龙源电力多拿 2 分。

这样看，龙源电力报出的 0.65 元 / 千瓦时上网电价，在评分中并没有彰显出明显优势。更何况从上海市发展改革委出台的竞价项目评分标准来看，上网电价是最不重要的一环，尽管所占分值（40%）高于其余指标，但分差最小，几乎所有竞标方得分都位于 38 ～ 40 分之间。

所以，此次竞价中上海电力最终击败呼声较高的龙源电力也算是正常操作。对上海市政府而言，奉贤项目是上海第三个海上风电基地，他们知道自己想要的结果。但对风电行业来说，2019 年出现海上风电 0.65 元 / 千瓦时的上网电价，以及 6.45 兆瓦的海上机型，这意味着，海上风电更低的上网电价和更大功率机型的到来。

总要有一个平价项目率先立足

　　看似横空出世的华润电力苍南 1 号海上风电平价项目，实际上是一个与时俱进的产物，折射了竞价到平价的轨迹。

　　这是华润电力第一个获得核准的海上风电项目，位于苍南县东部海域炎亭至大渔海岸线外侧，于 2018 年 12 月启动，原装机容量 30 万千瓦。2019 年 7 月，浙江省发展改革委修编浙江省海上风电规划，11 月 4 日浙江省能源局批复同意苍南 1 号海上风电项目规划容量由 30 万千瓦增容至 40 万千瓦；11 月 12 日，温州市发展改革委发布温州 2019 年海上风电竞争配置结果的公示，该项目的电价为 0.785 元 / 千瓦时。

　　2019 年 12 月 17 日，华润电力苍南 1 号 40 万千瓦海上风电项目获得核准，2020 年 6 月 9 日华润电力发布该项目中标结果公告，远景能源中标，中标价为 29.0570 亿元，折合单价 7264.25 元 / 千瓦，2020 年 11 月 10 日至 2021 年 8 月 10 日，平均每月供货不少于 6 套。

　　值得注意的是，这样的供货时间段正是我国海上风电抢装期，如果无法按期并网，将直接面对平价的压力，浙江省标杆煤电价格为 0.4153 元 / 千瓦时，减半的上网电价迫使华润电力不得不变招卸载压力。

　　2022 年海上风电国家补贴取消，总要有一家海上风电开发企业的平价项目率先在海上立足，苍南 1 号 40 万千瓦项目是华润电力的首个海上风电项目，华润电力何不手持我国第一面海上风电平价旗帜下海呢？于是，2021 年 9 月华润电力决定将苍南 1 号 40 万千瓦项目海上风电机组采购重新招标，10 月发布项目中标结果公示，中国海装为第一中标候选人，报价为 162440 万元，单价为 4061 元 / 千瓦；远景能源为第二中标候选人，报价为 191880 万元，单价为 4797 元 / 千瓦。

　　需要补充的是，东方风电、明阳智能、电气风电也参与了这个项目的投标，投标单价分别为 4418 元 / 千瓦、4518 元 / 千瓦、5020 元 /

373

千瓦，包括中国海装和远景能源在内的五家企业投标均价为 4562 元 / 千瓦。

除了机组价格大幅下降，在可用机位点范围内，最大程度选用单桩基础和导管架基础，采用符合安全载荷计算的微观选址机位及投标机型方案，从产品技术和工程的角度支持项目实现平价目标，华润电力做了可做的一切，就为做一个海上风电平价的项目。华润电力特别提到，项目批量应用中国海装 H210-10MW 机型，对实现平价目标起到了关键作用。

2021 年 9 月 17 日，我受邀参加了中国海装 H210-10MW 机型的下线仪式，感到十分震撼。这款机型是当时国内风轮直径最大、全球单位千瓦扫风面积最大且适合我国海况特点的 10 兆瓦级别平台型产品，这个平台具有超强的扩展性，在适应性修改的基础上风轮直径可提升至 270 米，功率等级兼容 6 ~ 16 兆瓦，基础型式兼容固定式和漂浮式，实现我国滩涂、近海、深远海等各类风区海域的全覆盖，它的下线是中国海装发展的里程碑，也是中国风电行业的大事件，标志着国内海上风电步入 10 兆瓦级的时代，"向海图强"不仅是中国海装也是中国海上风电的愿望。

2021 年 12 月 16 日，华润电力苍南 1 号海上风电项目正式开工，作为海上风电进入平价时期的第一面旗帜，鼓舞更多的企业加入到国内海上风电平价项目的开发与建设中来，从一片海域到另一片海域，这就是首个海上风电平价项目的意义。

海上风电国补取消后，已有广东、上海、山东、浙江出台了海上风电发展支持政策，彰显发展海上平价风电的决心和态度，但其补贴并不是这些省市海上风电平价项目兴起的关键因素，起决定性作用的是国内海上风电产业价值链已到了可以支撑海上风电平价工程项目的阶段，有实力的企业更有信心推进平价项目开发与建设，到 2022 年 4 月全国海上风电平价项目容量已超过 400 万千瓦，令人不能不想象我国海上风电平价的春天来了。

令人惊讶的是，上海金山海上风电场一期项目上网电价为 0.302 元／千瓦时，低于上海煤电基准价 0.1135 元，被称为海上风电后平价时代的一次探索。

该项目是上海市首个平价上网的海上风电项目，也是全国首个探索低于煤炭标杆电价的竞争性配置海上风电项目，中国长江三峡集团有限公司、上海绿色环保能源有限公司、中海油融风能源有限公司联合体为项目业主。项目位于漕泾东航道西侧，场址中心距离岸线约 19.5 公里，装机容量 30 万千瓦，2023 年年底前全容量建成并网。

尽管项目规模比较小，低于标杆电价的电价究竟能否真正盈利还有待时间验证，但从项目业主构成来看，似乎是在用强强联合的方式向世界告白，他们正在探索上网电价低于煤电基准电价的海上风电新时代。

后　记

　　能够完成这部书稿首先要感谢接受访问的行业同仁，以及他们给予我的支持和帮助，他们都是我的良师益友。遗憾的是，由于各种原因，有些值得记录的人和地标没能记录下来，希望以后能在其他书里予以弥补。访谈和记录风能人的故事，这样一件事，我和同事坚持做了十多年，感谢于贵勇、薛辰等同事对我的默默支持。

　　两年前，我把这部书稿大致的人物和项目提纲告诉薛老师时，得到了他的支持。此后的时间里，我说得多，而大部分的文字工作是薛老师完成的，他的认真和热情令我感动，在这里我向他致以深深的谢意。书稿完成后，我希望合著署名，薛老师婉拒，这一点我尊重。

　　完成这部书稿之后，我仍感到意犹未尽，不禁畅想未来风电会像空气一样，成为人类经济生活每时每刻的呼吸。地标与风能人的故事连接了中国风电"上一个50年"的经历，"下一个50年"的漫漫征途，需要一群走在前面的人夯实路基、立好路标、点起篝火，好让走在后面的人看见前面的远和近，踏踏实实奔赴风能美好未来。

　　美好未来是一代代人奋斗来的，能成为一代风能人中的一员，我深感荣幸和幸运。我相信风电与时间并存，风电在与时间的前行中，除了自身的技术演进，其他行业的技术成果，也会助力风电一路技术进步与产业创新。

　　近年，风电大型化趋势显著，也带来生产制造模式的变革。今年16兆瓦机组量产、18兆瓦机组下线，明年20兆瓦以上机组会出现在我国深蓝海域。风电大型化到来，上下游一体化的产业集群应运而生。

"研发设计一体化、工艺流程一体化、生产制造一体化、检测认证一体化"的风电全产业链产业集群基地已在汕头开工建设,向世界呈现了"中国风能样本"。

因为热爱和渴望,更因看见"30·60"大目标,来自全球的风能人在 2020 年北京国际风能大会上发布了《风能北京宣言》,提出未来5 年中国风电年均新增装机容量 5000 万千瓦以上的目标,且到 2030年至少达到 8 亿千瓦,到 2060 年至少达到 30 亿千瓦。我认为,这是北京国际风能大会自 2008 年举办以来少有的高光点,但却受到不少质疑,这可以理解,因为有些人因为看到而相信,有些人因为相信而看到,来自全球 400 余家风能企业的代表相信风能人奋斗的力量,看见了趋势和可量化的前景。

放眼"下一个 50 年",会有更多精彩的故事,请允许我借用一位名人的话来作"后记"的结尾:"我们已经取得的进步,足以使人振奋。但与未来我们将拥有的一切相比,今天的一切微不足道。"

秦海岩

2023 年 7 月 20 日